"十三五"普通高等教育本科规划教材

商品学

U0643323

主　编　蔡玉秋　肖晓旭

副主编　王　丽　钟海岩

编　写　张　墨　杨　环　许洪砖　贾晓晨

主　审　王刚毅

中国电力出版社

CHINA ELECTRIC POWER PRESS

内 容 提 要

本书为"十三五"普通高等教育本科规划教材。

本书共分十章，主要内容包括商品与商品学认知、商品分类与编码、商品的品种与质量、商品标准与标准化、商品质量管理与质量监督、商品质量认证、商品检验、商品包装、商品储运与养护、商品与环境等。体例设计上，在介绍各章理论内容的基础之上增加了学习目标、实务目标、导入案例、知识拓展等板块，并且在各章结尾处附加本章小结、案例分析、理论考察和同步实务等板块，这样既利于教师教学又便于学生自学。

本书可作为普通高等院校经济与管理类等专业的本科生及专科生教材，也可作为有关业务人员的培训教程和参考书。

图书在版编目（CIP）数据

商品学 / 蔡玉秋，肖晓旭主编. —北京：中国电力出版社，2016.2（2019.10重印）

"十三五"普通高等教育本科规划教材

ISBN 978-7-5123-8647-1

Ⅰ. ①商…　Ⅱ. ①蔡…②肖…　Ⅲ. ①商品学－高等学校－教材　Ⅳ. ①F76

中国版本图书馆 CIP 数据核字（2016）第 019477 号

中国电力出版社出版、发行

（北京市东城区北京站西街 19 号　100005　http://www.cepp.sgcc.com.cn）

北京天宇星印刷厂印刷

各地新华书店经售

*

2016 年 2 月第一版　　2019 年 10 月北京第六次印刷

787 毫米×1092 毫米　16 开本　13.5 印张　327 千字

定价 **40.00** 元

前　言

　　商品学是一门以自然科学为主,将社会科学、经济学融合起来的应用性学科,是研究商品价值与使用价值及其变化规律的学科。商品学研究内容是由商品学的研究对象所决定的。根据商品学的研究对象,其研究内容以商品体为基础,以"商品—人—环境"为系统,以商品使用价值在质和量上的表现形式——商品质量和商品品种为中心。

　　本书体现了商品学教学的理论框架,融合了当今商品学各学派的最新学术成果,阐释了商品学的基本原理和研究方法,内容充实,针对性强。

　　本书设计中突出应用性和实践性,资料新颖翔实,叙述深入浅出,力求做到理论性、科学性和实用性的有机结合。在体例设计上,编者在介绍各章理论内容的基础上增加了学习目标、实务目标、导入案例、知识拓展等板块,在各章结尾处附加本章小结、案例分析、理论考察和同步实务等板块,既利于教师教学又便于学生自学。

　　本书由东北农业大学蔡玉秋、黑龙江农业职业技术学院肖晓旭担任主编,大连市金融中等职业技术专业学校王丽、黑龙江东方学院钟海岩担任副主编,东北农业大学张墨参编,东北农业大学杨环、许洪砖、贾晓晨参与收集资料。各章编写写作分工如下:蔡玉秋编写第 1 章,肖晓旭编写第 7 章、第 9 章、第 10 章,王丽编写第 3 章、第 4 章,钟海岩编写第 5 章、第 6 章、第 8 章,张墨编写第 2 章。

　　本书由东北农业大学王刚毅担任主审。本书编写过程中,借鉴了国内外学者大量的最新研究成果,特别选编了一些经典案例,但未能一一说明出处,在此谨向各位学者、专家及相关作者致谢。

　　限于作者水平,本书难免存在不足之处,敬请各位有关专家、读者批评指正。

编　者

2015 年 12 月

目　　录

前言

第1章　商品与商品学认知 ………………………………………………………… 1
　1.1　商品 …………………………………………………………………………… 2
　1.2　商品的使用价值 ……………………………………………………………… 5
　1.3　商品学的研究对象、内容与任务 …………………………………………… 7
　1.4　商品学的发展 ………………………………………………………………… 9
第2章　商品分类与编码 …………………………………………………………… 20
　2.1　商品分类 ……………………………………………………………………… 20
　2.2　商品目录与商品编码 ………………………………………………………… 26
　2.3　商品条码 ……………………………………………………………………… 29
　2.4　商品分类编码标准 …………………………………………………………… 33
第3章　商品的品种与质量 ………………………………………………………… 42
　3.1　商品品种 ……………………………………………………………………… 42
　3.2　商品质量 ……………………………………………………………………… 49
第4章　商品标准与标准化 ………………………………………………………… 59
　4.1　商品的标准分类与作用 ……………………………………………………… 60
　4.2　商品标准的分级 ……………………………………………………………… 62
　4.3　商品标准的基本内容、制定与实施 ………………………………………… 67
　4.4　商品标准化 …………………………………………………………………… 73
第5章　商品质量管理与质量监督 ………………………………………………… 81
　5.1　商品质量管理的产生与发展 ………………………………………………… 81
　5.2　商品质量管理的依据和内容 ………………………………………………… 85
　5.3　全面质量管理 ………………………………………………………………… 87
　5.4　商品质量监督 ………………………………………………………………… 91
第6章　商品质量认证 ……………………………………………………………… 98
　6.1　商品质量认证分类与认证机构 ……………………………………………… 99
　6.2　产品质量认证 ………………………………………………………………… 102
　6.3　质量体系认证 ………………………………………………………………… 104
　6.4　环境管理体系认证及其他认证 ……………………………………………… 110
第7章　商品检验 …………………………………………………………………… 118
　7.1　商品检验的内容与种类 ……………………………………………………… 119
　7.2　商品抽样与抽样检验方法 …………………………………………………… 124
　7.3　商品质量检验的方法 ………………………………………………………… 128

7.4 商品品级 ··· 135

第 8 章 商品包装 ·· 142

8.1 商品包装的功能和分类 ·· 142

8.2 商品包装设计的原则 ··· 146

8.3 商品包装的材料 ·· 148

8.4 商品包装的方法和技术 ·· 152

8.5 商品包装的标志与商标 ·· 156

第 9 章 商品储运与养护 ·· 167

9.1 商品储运与养护概述 ··· 168

9.2 商品的质量变化 ·· 170

9.3 商品储运管理 ··· 175

9.4 商品养护技术 ··· 181

第 10 章 商品与环境 ·· 189

10.1 商品与环境污染 ·· 190

10.2 商品的生态设计 ·· 194

10.3 商品的清洁生产 ·· 197

10.4 商品生产经营的绿色理念 ·································· 201

参考文献 ··· 209

第1章　商品与商品学认知

学习目标

1. 理论目标

理解商品的概念及本质属性；

掌握商品学的研究对象和研究内容；

了解商品学的产生和发展历程。

2. 实务目标

能够区分商品与产品、物品、用品，明确商品使用价值的本质和结构层次；

能够运用商品使用价值理论指导以后的学习和商务活动。

导入案例

席卷全球的苹果手机

苹果首次进入手机市场是在 2005 年，当时苹果与摩托罗拉合作推出了一款 iTunes 手机——Motorola Rocr E1。尽管理论上，这款设备将移动与音乐进行了融合，但实际上，它并没有引起消费者多大的兴趣。

2007 年 1 月，苹果公司发布第一款 iPhone 手机，成功地开了智能手机的先河，到该年 9 月就达到了 100 万台的销量；2008 年苹果公司的 iPhone 3G 在推出的第一个月销量就达到了 300 万台，赶超第一代产品在整个一年生命周期内的全部销量。作为 iPhone 3G 的提升，3GS 中的 S 代表 speed；2010 年 iPhone 4 横空出世引得消费者疯狂抢购，引发了全球狂潮。2011 年 10 月，苹果发布了第五代 iPhone，即 iPhone 4S。这款手机采用了 iOS 5 系统，并与 Twitter 进行了整合。此外，iOS 5 系统中还推出了语音助手 Siri。2011 年，美国苹果公司在第二季度成为世界第一大智能手机制造商。

2012 年 9 月，苹果发布了 iPhone 5，这款手机的屏幕尺寸增加至 4 英寸。iPhone 5 引入了 iOS 6 系统，其中整合了 Facebook。苹果在 iOS 6 系统中用自家的地图服务替代了谷歌地图，但却因一些"乌龙"数据和图片，遭到了用户的各种"吐槽"。苹果 CEO 蒂姆·库克对此特向用户做出道歉，并承诺将及时做出修补。

2013 年 9 月，苹果打破传统，发布了两款新手机——iPhone 5S 和 iPhone 5C。iPhone 5S 采用 64 位 A7 处理器，支持指纹扫描解锁和支付功能，其中 iPhone 5C 提供多个色彩版本。

2014 年 9 月，iPhone 6 和 iPhone 6 plus 两个版本上市。相比之前几代 iPhone，全新的 iPhone 6 在设计上回归最初，采用金属材质打造机身，机身中框部分采用了弧形设计，类似初代 iPhone。iPhone 6 Plus 是拥有 5.5 英寸屏幕的产品，它成为了目前苹果推出的最大的 iPhone 产品。iPhone 6 Plus 保持了和 iPhone 6 完全一致的外观，不同的是 iPhone 6 Plus 的机身厚度稍有增加，达到 7.1 毫米，屏幕分辨率达到 1920 像素×1080 像素。更大的屏幕能让 iPhone 6 Plus

显示更多的内容，苹果此次在两款手机上都强化了横屏显示的功能，iOS 8 在 iPhone 上可以实现类似 iPad 的横向显示效果。

苹果手机的成功充分地说明了商品使用价值的重要性。企业要想在激烈的市场竞争中立于不败之地，就要不断对商品进行创新，不断改进商品的使用价值，从而才能创造出更多的价值。

1.1 商　　品

1.1.1　商品的内涵

商品是指用来交换，并能满足人们和社会某种消费需要的劳动产品，包括实物、知识、服务、利益等。商品是人类社会生产力发展到一定历史阶段的产物，是为了交换或出卖而生产的劳动产品。商品具有使用价值和价值两种属性，是使用价值和交换价值的统一体。

商品的二重性是由生产商品的劳动二重性决定的。商品生产者有目的的具体劳动，形成商品的使用价值，抽象劳动则形成商品的价值。商品使用价值构成社会财富的物质内容，同时，它又是商品交换价值的物质承担者，反映了人与自然的关系；商品价值是商品的社会属性，人们按照价值交换商品，即交换各自的劳动。商品的二重性在市场交换中得到高度统一。

《辞海》对"商品"的全面解释是："商品是为交换而生产的产品，具有使用价值和价值二因素。为自己消费不是为交换而生产的劳动产品不是商品，为他人生产但不经过交换的劳动产品也不是商品。商品是在一定经济条件下产生和存在的历史范畴。"

1.1.2　商品的特征

1. 商品是具有使用价值的劳动产品

某些天然物品，如空气、河水等，虽然具有使用价值，但因其不是劳动产品，因而不能称为商品。而没有使用价值的劳动产品，如废品、过期的药品等，也不能算作商品，只有经过人类劳动加工后，才能成为商品，如自来水厂生产的水、制氧车间制造的氧、装袋或装车出售用于建筑材料的河沙。

2. 商品不是供生产者自己消费，而是为了交换供他人和社会消费的劳动产品

马克思指出："一个物可以用，而且是人类劳动产品，但不是商品。谁用自己的产品满足自己的需要，他生产的就只是使用价值，而不是商品，它不仅要生产实用价值，而且要为别人生产使用价值，即生产社会的使用价值。"所以自产自用的劳动产品不能称作商品。例如，农民留下自用的粮食、蔬菜，不能成为商品，只有用来出卖，才是商品。

3. 商品通过交换，使其使用价值和价值得以实现

商品是为交换而生产的劳动产品，它对商品生产者来说，只是交换价值的物质承担者，没有直接的使用价值，否则他就不会把它拿到市场上去出售。而要交换就必须进入市场，并且受市场规律的支配。在交换过程中，产品转化为商品，产品的使用价值与商品的价值得以实现。

列宁指出："商品是这样一种物，一方面，它能满足人们某种需要，另一方面，它能用来交换别种物。"因而，为他人无偿提供的劳动产品，如农民向地主交租的粮食不是商品；以交换为目的生产的产品，因为种种原因，在市场上得不到消费者和用户的承认，即卖不出去，

也不是商品；在交换完成以后，商品进入消费领域成为一个有用的物品，也不再是商品，而只单纯拥有使用价值。由此可见，劳动产品只有通过交换才能构成商品，在交换之前，尽管产品是为交换而生产的，它也只能是潜在的商品，而不是现实的真正意义的商品。

为自己消费而生产的产品不是商品，为他人生产的产品，如不经交换也不是商品。因为这类劳动产品，只有使用价值而无价值，不能体现货币形式。商品是供他人或社会消费，而不是供生产者或经营者自身消费的劳动产品。商品必须是通过交换而到达别人手中的劳动产品，也就是说商品必须用于交换。例如，服装厂加工制作的服装，还没有进入市场时，服装是产品；消费者购买服装与商家发生交换时，服装是商品；而穿在身上的服装，只发挥着服装应有的使用价值，这时的服装是有用的物品。这表明商品不是单纯的物，也不是单纯的劳动产品，一旦脱离交换过程，商品就不成为商品，它所具备的使用价值也就不能体现出社会的使用价值。

4. 商品要满足人和社会的需要

商品生产、流通、消费的最终目的是满足人和社会的物质和文化需要，商品是人类有目的的劳动产品，是人和社会需要的物化体现。在消费需要的动因之下，基于各种物质技术和经济条件，人类创造出丰富多彩的商品世界。商品体本身已不像自然物品那样是一个客观、永恒的范畴，而是一个主客观统一、反映人和自然关系、体现人与人之间的社会关系的历史范畴。

商品必须具有"满足需要"和"通过交换"两种属性，劳动产品才转化为商品，使价值和使用价值同时得以实现，这就是商品的本质。

商品种类繁多、形式各样。随着社会生产和科学技术的迅速发展，以及新技术、新设计的不断应用，现代商品种类不断快速增加。而伴随着知识形态、资金形态、劳务形态等产品，如技术成果、股票、债券、服务等，纷纷进入市场交换，人们认识到商品不仅单纯指物质形态的劳动产品，而是发展到能够满足人们某种社会消费需要的所有形态。商品可以包括实物、知识、服务、利益等，既有诸如生产资料商品和生活资料商品等实物商品，也有如科学技术商品、文化艺术商品、信息商品等无形商品。

1.1.3 商品的整体概念

消费者购买商品，本质上是购买一种需要，这种需要，不仅体现在商品消费时，而且还表现在商品购买和消费全过程。商品不仅是使用价值和价值的统一，而且还是有形和无形的统一。商品能给人们带来的实际利益和心理利益部分，构成了商品整体。因此，实物商品的整体应包含以下四个层次的内容。

1. 商品的功能/效用

商品的功能/效用是指商品为满足消费者的一定需要所能提供的可靠的、必需的职能或效用。例如，人们购买照相机，并非是要照相机镜头、机身本身（收藏除外），而是要购买记录瞬时场景的能力，即摄取画面的功能；消费者购买香蕉，是因为它能满足胃口，能为人体提供营养元素。商品对人的有用性是以商品的功能为基础的。商品功能是商品达到用途要求所必须具备的能力，这种能力是由商品性质所决定的，商品功能或者说商品的有用性是商品整个概念中最基本和最主要的部分。

2. 商品体

商品体是商品功能/效用的载体，是指人们利用原材料，通过有目的、有效的劳动投入（如市场调查、设计、生产等）而创造出来的具体劳动产品。不同的使用用途要求有不同的商品功能/效用，而功能/效用又是商品体在不同使用条件下所表现出来的各种性能，如物理性能、化学性能、生物学性能等。商品体具有哪些性能，是由商品体的成分和形态所决定的，所以商品体是由多种相互作用和联系的因素构成的有机整体，是商品使用价值形成的客观物质基础，是商品在市场上与消费者接触，使消费者产生印象的因素总和。

3．有形附加物

商品的有形附加物包括商品名称、商标及其标记或品牌、商品条码、专利标记、商品产地标志或证明、商品包装及包装标志、质量标志、安全卫生标志、环境标志、生产许可证、检验合格证、使用说明书、保修单、发票（购物凭证）等。它们是满足商品流通需要、消费需要以及安全和环境保护需要所不可缺少的。其中，商品包装、商标本身也是一种商品，是使用价值与价值的统一体。商品包装的价值是通过商品的价值得以实现的，商标还会随着生产技术进步和经营管理水平的提高而增值。

4．无形附加物

无形附加物是指人们购买有形商品进而所获得的附加利益和服务。例如，提供送货上门和信贷、免费安装调试、售后技术服务、质量保证措施、信息咨询、附加财产保险等。善于开发和利用适当的无形附加物，不仅有利于使消费者获得最大限度的满足，使消费者称心如意地购买商品，而且有利于同类商品生产经营企业在激烈的商品竞争中立于不败之地。

【知识拓展】

商品常见的种类

商品学研究的商品主要侧重于生产劳动所创造的有形物质商品中的生产资料商品，即与人民生活密切相关的吃、穿、用等方面的日用消费品商品。常见的商品种类如图 1-1 所示。

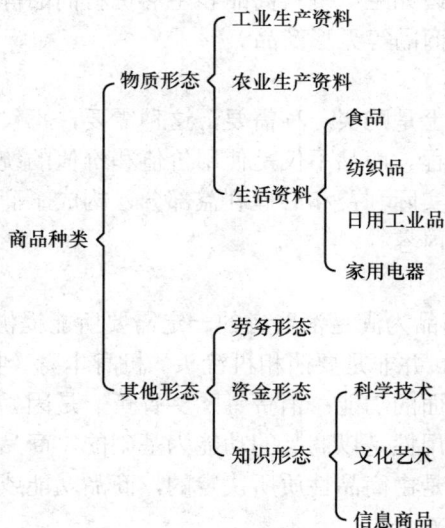

图 1-1 商品常见的种类

1.2　商品的使用价值

商品学的研究对象是商品的使用价值。商品学是在商品使用价值和商品交换价值的对立统一中研究商品使用价值的。

1.2.1　商品使用价值的整体概念

商品首先是物，商品使用价值的概念来源于物的使用价值。商品使用价值是指商品对于其使用者（包括社会）的意义、作用或效用，如服装能保暖和满足人对美的追求，食品能充饥和满足人体的营养需求。

商品使用价值反映了商品属性与人或社会需要之间的满足关系，对于不同的对象其含义不同，是一个相对的概念。然而商品又不同于一般的物，它是通过交换满足他人或社会消费需要的劳动产品。对于消费者和用户来说，商品的使用价值是消费的最重要目的，因此也是消费者和用户最关心的；而对于生产者和经营者来说，没有直接的消费使用价值，但是有间接的使用价值，商品的成功交换，是商品为企业贡献经济效益的源泉。要顺利实现商品的交换，商品使用价值也必然成为生产者和经营者关心的核心问题。马克思把这种使用价值称为形式使用价值。为了反映这种使用价值的客观存在及其本质，我们把它称为商品的交换使用价值。

在商品的交换使用价值中，政治经济学意义上的价值充当了自己的对立物——使用价值的角色，加之作为特殊的有用性，满足了商品生产者、经营者的交换需要。马克思把商品对其消费者、用户所具有的直接的消费使用价值称为实际使用价值。它是由具体劳动赋予商品以各种有用性而产生的，是由商品的有用性在实际消费中所产生出来的满足消费者需要的作用而形成的。我们把这种使用价值称为商品的消费使用价值。

商品的交换使用价值反映了商品有关属性与人们的交换需要之间的满足关系；商品的消费使用价值则反映出商品有关属性与人们的消费需要之间的满足关系。

商品学研究的商品客体，贯穿于生产领域、流通领域和消费领域的全过程之中。生产者、经营者和消费者所面对的是同一商品客体，商品本身并无变化，因此商品学研究的使用价值，实质是一个广义的、全面的使用价值，具有商品的形式使用价值和实际使用价值的两重性，包含商品的交换使用价值和商品的消费使用价值。通常人们所说的商品使用价值是狭义的商品使用价值，仅指商品的消费使用价值。

广义的、全面的商品使用价值是商品学的研究对象，它反映了商品使用价值的二重性。需要指出的是，商品使用价值是随着科学技术的发展和人们经验的不断丰富而陆续被发现的，商品使用价值是一个动态的、综合性的概念，因而必须准确而全面地理解商品使用价值，以指导商品的生产、经营和消费，这对发展我国社会主义市场经济具有重大的现实意义。商品自然属性的相对稳定性和商品社会经济属性的相对变化性，决定了商品生产者、经营者要不断调整商品结构，一切从市场出发，从消费者需求出发，生产适销对路的商品，使企业主观上求利润和客观上生产、经营具有社会使用价值的商品有机地结合成一体。

1.2.2　商品使用价值的结构系统

商品使用价值是一个具有复杂结构的系统，包括不同的方面、不同的层次和不同的要素。

通常可以分为静态和动态两类系统。

1. 商品使用价值的静态系统

把商品使用价值作为静态的系统来考查，可以发现，它是由不同种类、不同层次的使用价值构成的：

（1）从满足需要的性质来看，包括商品的物质使用价值和精神（文化）使用价值。

（2）从主体的社会层次来看，包括商品的个人使用价值和社会使用价值。

（3）从客体的层次来看，包括商品的个体使用价值和群体使用价值。

（4）从主客体发生作用的地位来看，包括商品的主要使用价值和次要使用价值。

（5）从主客体发生作用的性质来看，包括商品的正的使用价值和负的使用价值。

（6）从实现的客观依据来看，包括商品的现实使用价值和潜在使用价值。

商品使用价值的静态系统是一个纵横交错的立体系统。全面地分析商品使用价值的静态结构，认识商品使用价值的各个方面，把握商品交换或消费活动的综合价值，对于我们选择商品交换或消费的目标具有重大意义。

2. 商品使用价值的动态系统

商品使用价值的实现要经历一个过程，即由潜在的使用价值向现实的使用价值转化的过程，我们把该过程称为商品使用价值的动态系统。

商品需经过设计、生产、流通、消费和废弃的全过程。商品设计和生产是商品使用价值形成阶段，这时的商品一般叫作产品。商品与人的需要之间未发生价值关系，只能说商品具有了潜在的使用价值。商品流通是商品使用价值转移阶段。商品消费是商品使用价值实现阶段。商品在交换时完成了从产品到商品的转化，商品在交换和使用过程中完成了它的实际效用，使商品具有了实在的使用价值。进入消费领域的商品失去了它的商品性，成为有用的物品。商品废弃是商品使用价值消亡阶段，商品废弃物不应产生危害自然环境和社会环境的副作用，如果商品废弃物产生污染和公害，必然通过自然界的生态系统危害人们赖以生存的环境和人类自身，这样的商品我们认为具有负的使用价值。

商品使用价值有其形成、转移、实现和消亡的运动历程，它的运动规律正是商品学所要研究的。在商品使用价值的运动历程中，商品使用价值的实现是关键，这关系到能否最大限度地满足人们日益增长的物质和文化生活需要，这也是社会主义市场经济条件下，从事经济活动的出发点和归宿。

【知识拓展】

马克思关于商品的认知

马克思在《资本论》中对"商品"作了深刻而精辟的分析："商品首先是一个外界的对象，一个靠本身属性来满足人的某种需要的物。""每一种这样的物，都是许多属性的总和，因此，可以在不同方面（物质需要或精神需要）有用。""物的有用性使物成为使用价值。但这种有用性不是悬在空中的，它决定于商品体的属性，离开了商品体就不存在。因此，商品体本身，如铁、小麦等，就是使用价值或财物。"

1.3　商品学的研究对象、内容与任务

1.3.1　商品学的研究对象

商品学是研究商品使用价值及其变化规律的科学。商品的自然属性是商品使用价值形成和实现的物质基础和必要条件。商品的社会属性则是商品使用价值形成和实现的充分条件。商品的社会属性对于满足社会需要、市场交换需要是必不可少的。商品是人类有目的的劳动产物。随着人的认识的深入，科学技术的进步，社会经济的发展，人和社会需要的内容不断变化，商品的属性也必须去适应这些变化。

所以，商品学的研究对象是商品的全面使用价值，既包括作为社会财富物质内容的使用价值，也包括作为交换价值承担者的使用价值。其特征表现为：商品使用价值首先是社会的使用价值；商品使用价值具有交换使用价值和消费使用价值二重性；商品使用价值与商品价值对立统一，是相对的、动态的、发展的，因而属于历史的范畴。

1.3.2　商品学的研究内容

商品学的研究内容是由商品学的研究对象所决定的。商品学的研究对象是商品的使用价值，商品的使用价值是通过商品本身的各项质量指标来表现的，商品各项质量指标又是通过商品标准来要求的，一般概括为商品的性能、寿命、安全性、经济性等。这些指标既是某一商品质量的表达方式，又是商品使用价值的具体表现，是衡量商品使用价值的尺度和标准。在市场经济中，商品竞争主要是质量、品种与价格的竞争，质优价廉的商品才能在市场上求得生存与发展，商品的使用价值方能得以实现。商品学研究的中心内容是商品质量和商品品种，如果把品种问题理解为质量问题的一部分，也可以说，商品学研究的中心内容是商品质量。

商品使用价值的研究，其质的方面，内容主要通过商品质量来体现。商品质量一般是指个体商品满足人或社会需要的特性的总和。商品的质量等级和质量水平反映了商品特性满足人或社会需要的程度，是对商品质量优劣或好坏的区分。商品质量及其有关的各种问题是商品学研究的核心内容。

商品使用价值的研究，在量的比例、关系方面，其内容主要通过商品品种（包括规格、形式等）来体现。商品品种一般是指群体商品满足人或社会需要的特征总和。商品品种结构合理，品种规格丰富齐全且适销对路，才能满足不同的消费结构、消费层次和消费水平的要求。商品品种及其有关问题的研究，是商品学的又一个核心内容。

商品质量和商品品种问题包含着商品使用价值内涵纵横两方面的问题，成为商品学研究的中心内容。

根据商品学的研究对象，其研究内容以商品体为基础，以商品—人—环境为系统，以产品使用价值在质和量上的表现形式——商品质量和商品品种为中心，以商品属性不断满足商品交换和消费需要以及其他社会需要为主线，具体包括：商品的成分、结构、性质，商品分类与编码，商品品种及其演变规律，商品质量及其影响因素，商品质量管理与质量监督，商品标准与标准化，商品质量法规，商品质量认证，商品检验，商品包装与商标管理，商品储运与养护，商品与资源、环境，商品开发等。

　　商品学研究商品使用价值的目的是为商品经济发展提供决策依据。为此，必须从系统的角度分析商品与商品、商品与人、商品与自然、商品与社会、商品与技术、商品与经济效益等结合方面的问题，处理好局部与全局的关系，实现系统的整体优化。

1.3.3　商品学的研究任务

　　商品学不仅有独特的研究对象和内容，也有其他学科不可替代的独特的研究任务。

　　商品学是为政府和企业对商品从规划开发、生产、流通、消费到废弃的全过程实行科学管理和决策服务的一门应用学科，是阐明商品质量形成、评价、维护、实现和再生的内外因素及规律，解决与商品质量密切相关的问题，使商品使用价值得以充分实现的学科。商品学的总任务是：反馈商品信息，促进商品生产、经营和销售，促进生产力的发展，提高社会主义现代化管理水平，满足人民日益增长的物质文化生活需要。为此，商品学围绕商品使用价值具体研究以下几方面的内容：

　　1. 指导商品使用价值的形成

　　商品学通过商品资源和商品市场的调查与预测、商品需求研究等手段，为政府部门实施商品结构调整、商品发展规划、商品科学分类、商品的进出口管理与质量监督管理、商品的环境管理，制定商品标准及政策法规等提供决策的科学依据；通过对商品属性的研究，促进对商品个体使用价值的把握和群体使用价值构成的了解，从而为企业提供有效的商品需求信息，提出商品基本质量要求和品种要求，指导商品质量改进和商品开发，促进高新技术成果的商品化，提高经营管理素质，保证市场商品物美价廉、适销对路。

　　2. 评价商品使用价值的高低

　　商品质量是企业的生命，又与消费者的切身利益紧密相关。商品学通过商品检验与鉴定手段，保证商品品种和商品质量符合规定的标准或合同要求，维护正常的市场竞争秩序，创造公正、平等的商品交换环境，从而保护买卖双方的合法权益。

　　3. 维护商品使用价值的安全

　　商品学通过确定适宜的商品包装、运输、保管的技术和方法，防止商品质量发生不良变化而造成损失；或者通过采用现代化的电子信息技术，提高商品开发、生产、流通对市场需求的快速反应能力，防止商品因过时而造成的损失，保证商品交换的正常进行。

　　4. 促进商品使用价值的实现

　　商品学是通过多种途径促进商品使用价值实现的。商品学一方面通过商品市场、商品信息、商品广告、商品消费心理等方面的研究，推动商品交换使用价值的实现；另一方面通过大力普及商品知识和消费知识，使消费者认识和了解商品，学会科学地选购和使用商品，掌握正确的消费方式和方法，从而促进商品消费使用价值的实现。

　　5. 推动商品使用价值的发展

　　随着社会的不断进步和科技的高速发展，企业投放到市场中的新产品数量越来越多，投放速度越来越快，使商品使用价值处在动态发展之中。商品学通过商品信息与预测、商品开发、可持续发展性商品的研究推动商品使用价值的发展。

　　6. 培养使用价值研究的经济管理专业人才

　　商品学是我国高等院校经济管理专业的一门重要的基础课，它是从事商品经营与管理工作的专业人员的必修课。商品学为经济管理专业人才获得必备的商品学理论知识，培养造就新一代具有商品学科学知识和管理能力的专业队伍奠定基础。

【知识拓展】

商品学常见的研究方法

商品学常见的研究方法主要包括科学实验法、社会调查法、对比分析法、技术指标法、系统分析比较法和现场实验法。

科学实验法是一种在实验室内或一定试验场所，运用一定的实验仪器和设备，对商品的成分、构造、性能等进行理化鉴定的方法。

社会调查法是指为了全面考查商品的使用价值需要进行各种社会调查，在实际调查中既可以将生产信息传递给消费者，又可将消费者的意见和要求反馈给生产者。社会调查法主要有现场调查法、调查表法、面谈法、定点统计法。

对比分析法是将不同时期、不同地区、不同国家的商品资料收集积累，加以比较，从而找出提高商品质量，增加花色品种，扩展商品功能的新途径。

技术指标法是一种在分析实验基础上，对一系列同类产品，根据国内或国际生产力发展水平，确定质量技术指标，以供生产者和消费者共同鉴定商品质量的方法。

系统分析比较法就是将商品纳入整个社会大系统中进行分析、研究、考查，了解商品与人、商品与环境、商品与国民经济的关系。

现场实验法是一些商品学专家或有代表性的消费者群，凭人体的直觉，对商品的质量及其与商品有关的方面作出评价的研究方法。

1.4　商品学的发展

商品学是随着商品生产与交换的出现，适应商品经济与经营贸易的需要而逐渐形成的一门独立学科，它在欧洲已有200余年的历史，在我国也有百年的历程。

商品学特定的研究对象是商品，因而商品学的产生和发展与商品经济的产生和发展密切相关，它是商品经济发展到一定阶段的必然产物。随着商品经济的逐步深化，商品学的研究领域也不断地拓展，商品学自身也处于不断的深化发展之中。

1.4.1　商品学的发展历程

在原始社会阶段，生产力低下，人类处于自给自足的自然经济条件下，没有剩余的劳动产品用于商品交换，商品学自然不存在产生的条件。随着社会生产力的不断发展，有了剩余的劳动产品用于交换，从而出现了商品经济，人类社会由此进入了商品和货币交换时代。商品经济的快速发展，提高了人类的科学文化技术水平，商品学开始处于萌芽阶段，以后逐渐地形成了商品学这门科学。商品学的产生与发展大约可分为三个阶段，即萌芽阶段、创立阶段和深化发展阶段。

1. 萌芽阶段

商品学诞生之前，商品的研究是商学研究的一个重要组成部分。在早期的商学书籍中包含大量的商品知识内容，以便商人在经商过程中认识商品的品种、产地，鉴别商品质量的优劣和真伪，这促使商品学处于一种萌芽状态。

据考证，世界上第一本包含有商品学内容的商学书籍是阿拉伯人阿里·阿德·迪米斯基编著的《商业之美》（1175 年出版）。此后，欧洲的商业中心意大利也出版了许多包括商品知识的商学书籍。例如，Fr.B.佩戈罗弟编著的《商品贸易指南》一书中详细阐述了从意大利输入中国的商品及其性质、质量、品种规格、贸易方法等。医药商品和药材是自然科学家和医学家最早系统研究的贸易商品。1553 年，意大利的 F.波那费德教授首次在帕多瓦大学开设了"生药学"课程，讲授的内容主要包括药材的名称、产地、分类、性质、成分、鉴别、用途和保管等知识。为便于进行教学和科学研究，他还于 1594 年创建了药材商品教研室。17世纪，在法国百科全书学者的影响下，J.萨瓦里于 1675 年编著出版了《商业大全》，书中详细论述了纤维制品、染料等商品的产地、性能、包装、储存、保管、销路等方面的知识。当时，这部专著在欧洲负有盛名，并先后译成德文、英文、意大利文、西班牙文等。这些商品知识为商品学的诞生奠定了坚实的基础。

2. 创立阶段

商品学最早产生于德国。18 世纪初，德国的工业迅速发展，利用进口的原材料加工成工业品并出口到外国，从而扩大了工业原材料和商品的贸易，这就要求商人必须具有系统的商品知识才能胜任商品贸易工作。因此，当时对商业教育，特别是商人的培养提出了系统讲授商品知识的要求，以提高青年商人的业务素质，保证商品贸易中的商品和原材料质量。在当时德国出版的许多商学书籍和专著中，都包括系统的商品学知识，如 P.J.马佩格编著的《博学商人》、路德维希教授的《全面商人概论》和《全面商人大全》等。在商人和学者的共同努力下，德国于 18 世纪中叶在大学和商业院校中开始讲授商品学课程，并开展商品学研究。商品学这个词也是来自德文 Warenkunde，译成英文为 Commodity Science。

1772 年和 1774 年，德国自然史学家和经济学家约翰·贝克曼教授先后在哥廷根大学首次开设了技术学和商品学课程。在教学和科学研究的基础上，他于 1777 年编著出版了《技术学导论》，并在 1793—1800 年编著出版了《商品学导论》，该书分为两册：第一册主要是商品生产技术方法、工艺学等方面的知识；第二册主要叙述商品的产地、性能、用途、质量规格、分类、包装、鉴定、保管、主要市场等。约翰·贝克曼在《商品学导论》中还明确指出了商品学作为一门独立学科的任务：①研究商品的分类体系；②商品的鉴定和检验；③说明商品的产地、性质、使用和保养以及最重要的市场；④叙述商品的制造方法和生产工艺；⑤阐明商品品种的价格和质量；⑥介绍商品在经济活动中的作用和意义。

《商品学导论》创立了商品学的学科体系，使商品学成为一门独立学科，至今已有 200多年的历史。因此，约翰·贝克曼教授被誉为商品学的创始人，他所创立的商品学体系被称为"贝克曼商品学"或"叙述论的商品学"。为纪念贝克曼教授对商品学和技术学的贡献，1987年德国成立了"国际贝克曼学会（JBG）"，并每年举行一届学术研讨会。

自 19 世纪以来，德国古典商品学相继传入俄罗斯、日本、中国以及东欧和西欧的一些国家，使商品学得到迅速发展，商品学的教育和研究也不断深入广泛。据文献记载，1810 年俄罗斯莫斯科商学院开始讲授商品学课程；1824 年波兰华沙综合技术大学开设商品学课程；1866 年奥地利维也纳工业大学开始讲授商品学课程；1887 年匈牙利布达佩斯商学院开设商品学课程；1884 年日本东京商业学校正式开设商品学课程；1902 年我国商业教育中把商品学作为一门必修课。

3. 深化发展阶段

商品学由德国传入世界各国后，在其发展过程中产生了两个研究方向：一个是从自然科学和技术科学角度研究商品使用价值，研究的中心内容是商品质量，称为自然科学商品学或技术论商品学；另一个是从社会科学和经济科学角度，特别是从市场营销和消费需求方面，研究与商品和品种相关的问题，称为社会科学商品学或经济论商品学。

自然科学商品学起源于意大利波那费德教授的生药学，18 世纪中叶由约翰·贝克曼教授创立，至 19 世纪初为技术论商品学时代；工业革命之后，商品经济活动重点从商业流通转向工业生产，这就需要对原料、半成品和成品进行严格的鉴定和检验，以保证原材料、商品的质量。因此，对原材料、商品的鉴定和检验就成为当时急需解决的问题。这种形势迫使自然科学商品学进入到材料论的商品学、鉴定论的商品学或品质论的商品学时代；进入 20 世纪，自然科学商品学有了进一步的发展，其理论体系更趋完善，内容更适合贸易实践的需要，主要包括商品分类、商品标准、商品质量、商品鉴定与检验、商品包装、商品养护等。

第二次世界大战之后，为适应商品经济的新发展，自然科学商品学进入综合科学、集合科学、边缘科学或交叉科学的商品学时代，称为复合型商品学、现代商品学或商品科学。它是从自然科学和技术科学以及社会科学和经济学方面，综合研究商品使用价值和全面评价商品质量。社会科学商品学或经济商品学的概念，首先由德国科隆大学商业经济教授索费特提出，受到该大学几位教授的响应，于 1961 年创建了商品研究所，进行经济商品学的教学和研究工作。他们认为，经济商品学是以自然科学为基础，从经济的观点，特别是从消费者和市场需求的观点研究商品质量和商品品种，也称为企业经济商品学。由此而发展成为产品市场营销学，即以市场和消费需求为基础进行产品预测、研究产品开发与产品营销等，为产品适销对路提供科学依据。

自然科学商品学的发展历史较长，其理论体系不断完善，内容不断更新和拓宽，在国际上占主导地位，世界各国的商品学基本都是按照自然科学商品学体系发展。从自然科学商品学派生出商品分类学、商品检验学、商品养护学、商品包装学、商品品种学等分支，作为商品学的专门研究领域和重要组成部分；社会科学商品学或经济商品学，是经济科学的一个分支，在国际商品学界占次要地位，目前只在德国、日本等少数国家中进行教育与研究，其学科体系还包括经营商品学、企业商品学、市场商品学、政策论商品学、社会商品学、消费者商品学等。由此可见，商品学作为集合学科，在不同发展阶段涉及不同学科，构成一个完整的知识体系，如图 1-2 所示。

自 20 世纪 80 年代开始，商品的"商"和"品"两重性格越来越受到人们的重视，世界商品学开始进入以"商"为主的经济论商品学和以"品"为主的技术论商品学相互交融的现代商品学时代。现代商品学以商品体为基础，以商品—人—环境为中心，从技术、经济、环境、资源、市场和消费需求等多方面，系统地、综合地和动态地研究商品使用价值及商品的质量和品种，为商品开发决策、商品质量提高、商品品种发展、商品质量评价、商品质量保证、商品质量管理与监督、环境保护与资源开发利用、商品经营管理等提供科学依据。

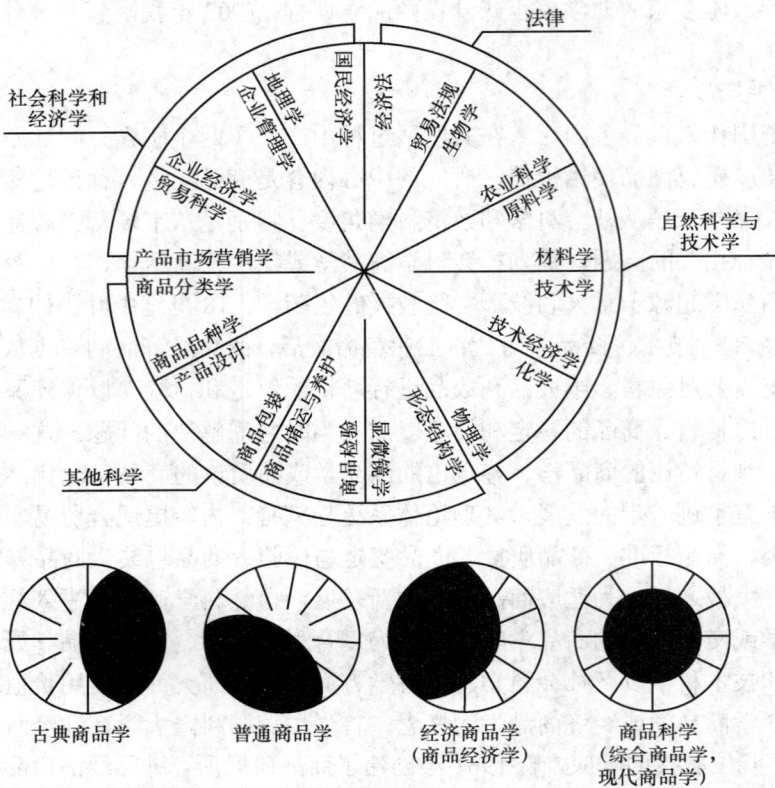

图 1-2　商品学所涉及的学科体系

1.4.2　我国商品学发展概况

中国是世界上经济文化发展最早的国家之一，商业的起源也比较早。我国商品学的产生与发展是和我国商业的起源与发展紧密联系在一起的。在古代，随着商品生产的发展与商品交换的扩大，出现了商人和都会市场。商人在招揽生意和辨别货物真伪时深切感受到商品经营知识的重要性，于是将散落的关于商品知识的只言片语逐步汇集成书。

据记载，春秋时代（公元前 770—前 476 年）的《禽经》一书，旧题师旷撰，晋张华注。书中记载禽鸟的种类、特点、习性，亦间及滋味，如云："山禽之味多短，水禽之味多长。"此书应算作较早一部有关禽类商品知识的著作。

晋朝时期（265—420 年）戴凯之著的《竹谱》，是一部有关竹类商品知识的著述。

唐朝时期（618—907 年）是经济繁荣、商业发达时期，茶叶成为贸易交换的主要商品之一。种茶的茶农和经商的茶商，都迫切需要了解茶叶的种植、采摘、加工、品质评定、饮用功能及储藏方法等方面的知识。公元 760 年湖北复州的陆羽著有《茶经》一书。《茶经》分上、中、下三卷十节。主要内容为：一之源，二之具，三之造，四之器，五之煮，六之饮，七之事，八之出，九之路，十之图。该书对茶叶的栽种、采集、制作、泡茶、饮法、用水、饮具、产地以及茶的功能、特点、作用、识别方法和历史上有关饮茶的逸事等都作了较为全面的叙述。《四库全书总目》称"言茶者莫精于羽"，时人甚至称为"茶神"。《茶经》便成为我国乃至世界最早的一部茶叶商品学专著。

继《茶经》之后，宋代是我国栽茶兴盛时期，有关茶的著作颇多，如蔡襄著的《茶录》（分上、下两篇，上篇论茶，下篇论茶器，主要谈茶的烹试方法）、黄儒著的《品茶要录》（专谈制茶之法，特别指出制茶之失，共分十篇，一采选过时、二白合盗叶、三入杂、四蒸不熟、五过熟、六焦釜、七压叶、八清膏、九伤焙、十辨壑源沙溪。前后还有总论。所论均是作者家乡建安之茶）、熊蕃著的《宣和北苑贡茶录》（其子熊克出版，专论建安茶园采焙入贡的方法，并附采茶诗十章，另有图三十八幅）。以后有关茶的论著越来越多，如明代何彬然著的《茶约》（效仿陆羽《茶经》体例，简略介绍了茶叶的种植、采集和冲饮知识，分种法、审候、采摘、就制、收储、择水、候汤、器具、酾饮九则，附茶九难一则）、明代许次纾著的《茶疏》（全书共三十九则，论茶的采摘收贮烹点的方法颇为详细）等。

陆羽著的《茶经》对我国茶叶的生产发展和对外贸易起了非常重要的推动作用。我国在世界上素有"茶叶故乡"之称，陆羽也被誉为"茶的始祖"。从 9 世纪开始，我国茶叶生产技术先后传入日本、印度尼西亚、印度、斯里兰卡、苏联等国。

在古代史上，宋朝时期很注重农业发展，因此，从宋朝开始，有关农业技术研究、农产品知识乃至饮食知识著作较多，如宋朝韩彦直著的《桔录》（全书三卷，上卷载桔品八，橙品一；中卷载桔品十八，以泥山乳柑为第一；下卷叙种植桔柑之法）、僧赞宁著的《笋谱》（书仿陆羽《茶经》体例，分为五类：一之名、二之出、三之食、四之事、五之说。说明了笋的栽培、品种、调治、保存等方法，是一本系统的论笋专著）、蔡襄的《荔枝谱》（专论福建荔枝，共七篇：一原本始、二标尤异、三志贾鬻、四明服食、五慎护养、六时法制、七别种类，是最早的荔枝谱）、元代的《馔史》（食谱）、明代王磐的《野菜谱》、鲍山的《野菜博录》等，都显现出当时食品商品知识的普遍应用。

明代医药学家李时珍，一生从事医药采集和研究工作，经 30 多年努力，参考 800 多种有关文献，在实际调查采访的基础上，于公元 1578 年完成《本草纲目》一书。全书共分 16 部，60 类，收录药物 1892 种，是我国药物学、植物学的宝贵遗产。公元 1590 年刊印后，有多种外文译本在国外广为流传。日本的《宜禁本草》就是根据《本草纲目》编写的。

18 世纪以后，我国又有许多商品学著作问世，这些商品学著作均反映了我国商品学研究的发展历史，如 1796 年清朝江西商人吴中孚著《商贾便览》；1890 年王秉元著《万宝全书》；1908 年李漱将日本的《商品学》译成商品学教材《新译商品学》出版；1914 年曾慵编著《商品学教本》，盛在珣著《商品学》；1923 年王溥仁著《商品学》；1928 年潘吟阁著《分业商品学》；1934 年刘冠英著《现代商品学》；1937 年万嘉禾著《商品研究通论》。

随着商品经济的快速发展，对外贸易交易频繁，市场竞争日益激烈，经营手段日趋复杂，急需培养一批熟悉商品产地、性能与商品检验的专业人员，以满足商品流通需要。清朝末年，有人提出创立商学，研究商品交易之道。为了培养商业人才，1902 年废除科举考试制度之后，开始出现学校式的商业教育。当时颁发的商业学堂章程中规定，在本科以及中等或初等商业学堂课程中，商品学均列为必修课程之一。商品学随之诞生。1922 年，当时的中国大学首次开设了商品学课程。从 1936 年起，天津的津沽大学、上海的沪江大学、广州的暨南大学相继开设商品学课程，重点是培养商品检验技术人员。

1949 年中华人民共和国成立后，国民经济逐步恢复与发展，科技教育事业陆续展开，商品学学科建设也得到了蓬勃发展。1950 年开始，我国高等财经院校、高等商业院校，根据专业需要相适应地开设了商品学课程。1951 年中国人民大学首先创办了商品学系，开设了商品学研究生班。1959 年开始，哈尔滨商业大学（原黑龙江商学院）相继设置了日用工业品、纺织品、食品商品、电工商品、机械商品、中药商品、石油商品等专业。当时的湖北财经学院、天津财经学院、大连财经学院、上海财经学院、内蒙古财经学院、安徽财贸学院等院校都设置了商品学专业，开设了商品学课程。全国各地相继创办了 300 余所商业中等专业学校。

20 世纪 50 年代末 60 年代初是我国商品学学科创建发展的兴盛时期，商品学学术研究活动比较活跃。1961 年 7 月开始，《大公报》开辟专栏进行商品学学术讨论，并刊载许多商品知识。1963 年 9 月，在哈尔滨市召开了全国第一届商品学学术讨论会，这次会议在我国商品学发展史上具有非常重要的意义，对推动我国商品学的发展起到了明显的促进作用。1964 年，在大连市召开了全国第二届商品学学术讨论会。

1966—1976 年，"文化大革命"期间，教育受到严重破坏，商品学学科建设发展同样遭到严重破坏，处于停滞状态。

1978 年党的十一届三中全会召开以后，我国的高等教育得到了恢复与发展，商品学也得到了迅速发展。20 世纪 80 年代初，我国商品学学术活动重新开始活跃起来。1983 年 5 月，天津市商品学会诞生，同年 7 月在吉林财贸学院举行了第一次东北地区商品学教学讨论会；1984 年西安商品学会成立；1985 年黑龙江和内蒙古的商品学会相继成立；1986 年河南商品学会成立；1987 年上海市商品学会成立。各省、市商品学会不定期召开学术讨论会。1992 年 8 月，中国人民大学商品学系举办商品学教学与理论发展研讨会暨第五届全国商品学学术讨论会，会上同时成立了中国商品学会筹备组。同年，中国人民大学商品学系正式加入国际商品学会。

1995 年 7 月，中国商品学会成立，标志着我国商品学已经进入一个崭新的发展时期。中国商品学会的成立得到了国家有关领导人的重视和支持。袁宝华同志担任中国商品学会的名誉会长，吴仪、王忠禹、陈锦华等当时的许多领导人担任了第一届理事会的顾问，许多部、委领导人担任了第一届理事会的副会长。

中国商品学会主要由全国的大专院校和科研院所从事商品学及其相关专业教学与研究的学者和教授组成，此外还广泛吸纳了商检、海关、质量监督检验检疫、工商行政管理和消费者协会等部门的专家和部分企业家。中国商品学会的主要宗旨是推动和发展商品学的基础理论及应用研究，并参与商品质量及其相关的咨询和培训等活动。近年来，中国商品学会先后承接了几十项国家部委的科研项目，多次举办各种展览会、研讨会、培训班及各种服务于社会、服务于企业的活动。中国商品学会还代表中国参加国际商品学会的活动，广泛开展国际交流活动，是第十四届国际商品学会会长单位。

【知识拓展】

全球经济一体化促进商品学发展

全球经济一体化的快速发展，带动了生产现代化的发展，使物流和供应链理论被人们深刻认识和广泛应用，提高了商品的社会化程度，同时也给商品学提出了新的研究方向，即以商品使用价值为主线，将商品生产、流通和消费三者之间的关系形成延续和循环。

在此背景下，2010 年 1 月 9～10 日，中国商品学会第十三届学术研讨会在哈尔滨商业大学举行。中国商品学会在国民经济主战场上正在发挥自己的重要作用。目前，我国已与德国、意大利、波兰、奥地利、日本、韩国等国家的商品学会及高等院校中的商品学教学、科研工作者建立了学术交流与往来关系。

据中国商品学会的不完全统计，截至 2014 年年底，在全国各类院校中设置商品学专业或开设商品学课程的已达 500 余所。随着社会主义市场经济的深入发展，商品学面临着新的机遇与挑战，它在国民经济中的应用将越来越广泛。

🌱【本章小结】

商品是商品学的基础，具有价值和使用价值两种基本属性，与物品、产品和用品有所区别，具有"满足需要"和"用于交换"两种本质特征。现代商品的整体概念包括商品的功能/效用、商品体、有形附加物和无形附加物四个层次的内容。商品学的研究对象是商品的使用价值。商品使用价值具有交换使用价值和消费使用价值二重性，同时商品使用价值又分为静态系统和动态系统，因此商品使用价值是一个动态的、综合性的概念。商品使用价值决定了商品学的具体研究内容，应该以商品质量和商品品种为中心。商品学研究商品使用价值的目的是为商品经济发展提供决策依据，具有其他学科不可替代的独特的研究任务。

🎧【案例分析】

不朽的诺基亚为什么失败

2013 年 9 月 3 日上午，微软和诺基亚正式联合宣布，微软以 71.7 亿美元并购诺基亚手机业务部门，并获得相关的专利授权。这意味着，诺基亚失去了其昔日最为耀眼的明珠，只剩下了地图和网络通信两块非核心业务。在经历了近 5 年来以安卓手机和苹果手机为代表的智能手机的反复冲击之后，曾经的手机业老大诺基亚终于为这段无望的挣扎画下休止符。

历史总有惊人的巧合，三年前，8 月 15 日，Google 收购摩托罗拉，价格是 125 亿美元，一天后，小米 1 手机发布；三年后，微软以 71.7 亿美元收购诺基亚，9 月 5 日，小米发布小米 3 手机。诺基亚作价 71.7 亿美元，而小米公司最新一轮估值超 100 亿美元。相比之下，这天壤之别，让人唏嘘感怀不已。

其实，诺基亚和微软，说到底是一对在移动互联时代出现战略误判的难兄难弟。过去 5 年，诺基亚丢掉智能手机市场，微软失去移动互联操作系统市场。它们的合作，既属意料之外，也在情理之中。二者的合并能否如两家公司的公开信所言，"标志着一个革新创举的新时刻"，前景难料。而"逆水行舟，不进则退"，成了诺基亚败走全球智能手机市场最好的诠释，也为近年以来形势不错的中国智能终端厂商敲响了一记警钟。

1. 微软的算盘能否如愿

不到 72 亿美元的收购价格，对拥有 770 亿美元现金的微软来说，并未有太大资金上的负担。而收购诺基亚，也明确了微软未来"软硬结合"的战略方向。但是，移动智能化浪潮"洗白"了诺基亚的传统神话。曾经诺基亚连续 15 年稳居全球手机市场份额第一，如今在全球整体手机市场占有率不到 20%，在全球智能手机市场中仅位列第七。同样，在苹果和谷歌的封堵前，微软急需杀开一条血路。但吞下诺基亚手机业务的微软，是否会让其他手机合作伙伴与它背离？在 Surface 上未能证明自己的微软，在拿下又一个庞然大物的硬件之后，就能改变苹果、谷歌分割移动领域的格局吗？

　　我们知道，2007 年以来，智能手机和平板电脑等新兴移动终端蚕食的不仅仅是硬件市场，安卓和苹果分别建立起的系统，对传统的以 Windows 操作系统为核心的市场造成巨大冲击，而微软的应对十分迟缓，在 Windows8 和 surfacert 这一软一硬两款产品销售不佳之后，对诺基亚的收购实在是微软的无奈之举。虽然目前微软仍是操作系统行业的老大，但在移动互联操作系统领域，安卓和苹果已经瓜分了 90%以上的市场份额。利润方面，有数据显示，2013 年一季度苹果和三星囊括了该产业 100%的利润，具体到生态系统，苹果的 iOS 占据了手机产业利润的 57%，三星占 43%（几乎等同于安卓系统的利润），这暗示着包括微软在内的其他生态系统是没有利润，甚至是亏损的。因此，微软也还没有吸引足够多的手机硬件制造商愿意生产运行 Windows Phone 的产品。同时，软件开发商们已决定集中精力在 Android 和 iOS 上，而不是微软的移动操作系统。现在，微软就是希望用 71 亿美元收购的诺基亚手机和服务业务来改善这种情况。

　　其实，从微软的角度来说，收购诺基亚是其移动战略的一种补充拓展。微软一直宣称自己要从一个软件公司向一个硬件和服务性公司转型。微软中国一位高管认为，此次微软收购诺基亚就是微软希望加强自己硬件和服务的体现。一位美国微软前员工认为，微软在消费者层面比较薄弱，而转型移动不可缺少消费者层面上的支持，借助诺基亚，微软可以获得一部分渠道和发展中国家的用户资源，有利于微软的移动策略继续推进。

　　微软已经意识到计算机将一直朝着移动方向发展。它的问题和诺基亚的不同。微软公司的问题在于它从来都不知道如何适应移动计算世界。这家公司在文字处理、电子数据表和演示文稿领域的核心产品 Word、Excel 和 PowerPoint 是为台式机设计的。诚然，一些在平板电脑上也运行得很好，但在手机上就不行了。更重要的是，微软对这些产品的依恋可能让它无法接受与这些产品竞争的第三方软件。

　　简言之，微软在 PC 软件市场的主导地位并不能提供给它很多适应智能手机移动计算世界的经验和知识。微软不止一次地尝试涉足手机业务，但却无法摆脱"PC 软件公司"这一定位的束缚。"将诺基亚的设备知识和微软的 PC 知识放在一起"看起来也不大可能生产出卓越的智能手机。科学发展历史表明，一个时代的优势公司不大可能在下一个时代继续保持其优势。在计算领域的几乎每一个技术过渡期，现任的佼佼者往往丢失市场份额。现在两个过去的科技领域佼佼者结合在一起成为一家公司，其结果可能也不会有太多的不同。

　　这项交易也是手机史上最大的一次收购行为。这次收购在中国引起了众多网友的热议。有中国网友唏嘘："曾经，周围每个人都有部诺基亚；曾经，手机可以当防身利器。"有网友说，作为诺基亚的忠实用户，两年前在买了诺基亚最新款智能手机后不得不放弃，微软能否让我这样的十年以上忠实粉丝重新回来？

　　而此次宣布收购诺基亚手机业务，至少在战略上明晰了微软"软硬整合"的方向。一位资深业内分析师称，移动互联网的趋势已从互联网的应用体验转向了软硬一体的服务体验。在苹果开创了"软硬一体"的模式后，谷歌通过收购摩托罗拉也在向该方向迈进。而微软虽然不一定能打破谷歌和苹果在移动领域 80%以上的市场占有率格局，但这至少是微软可以尝试的最后机会。

　　此外，收购诺基亚不会让其他手机厂商背离微软也是此次收购的重要原因。谷歌收购摩托罗拉后，其他手机厂商依然使用 Android 系统，当然，这与 Android 的免费有关；但也因为使用 Android 系统的厂商较多，出于差异化的战略考虑，微软的 Windows Phone 也依然会成为厂商的第二选择。不过，Windows Phone 的扩张速度仍值得关注。

微软收购诺基亚，手机市场将出现三分天下的局面。业内人士纷纷表示，目前最看好的仍是谷歌产业链。目前，苹果增长放缓趋势已经显现，此前股票遭到富达等大机构的大幅减仓。形成鲜明对比的是，机构却在大幅加仓谷歌股票。而正在整合中的微软和诺基亚，在软硬件的合作上仍然存在一些漏洞，且市场认可度仍待观察。

2. 曾经不朽的诺基亚

诺基亚成立于 1865 年，诞生之初主要从事造纸生意，伴随企业不断扩大，业务类型不断增多，最终才定位在了移动服务。从 1996 年开始，在长达 14 年的时间里，诺基亚始终占据着世界手机份额第一的位置，在其辉煌巅峰的 2000 年，市值达 2500 亿美元。遗憾的是，从 2011 年起诺基亚手机销量全球第一的地位逐渐被苹果和三星超越，自此诺基亚的手机销售额开始滑坡，而且对如何应对激烈的市场竞争少有办法。

作为一家源自芬兰的全球公司，诺基亚的基因来自北欧，基因决定其管理模式就是相对松散的。诺基亚另一个基因就是硬件，这也导致其在向软件、互联网转型的过程中被甩在后面。因为硬件基因，在诺基亚内部对软件工程师并不是很重视，诺基亚始终没有组建起很强的软件团队，这也导致其产品开发总是很慢，不能按计划完成，并且做出来的东西追不上潮流。用动态竞争理论讲，公司要善于把握机会，放弃自己的优势，以创造新的优势。这一点诺基亚没有做到，当它成为全球霸主之后，傲慢也随之滋生。追求规模，严控成本，使诺基亚在产业发生巨变的时候，只能顺着自己的惯性滑下去，很难掉头。

而早在 2013 年 6 月，《华尔街日报》报道称，由于价格原因，微软对诺基亚的收购谈判已经破裂。而不久前微软 CEO 鲍尔默宣布即将退休，也将市场的注意力全部吸引过去。这桩不被看好的收购在这时突然宣布，的确让人意外。但在市场看来，诺基亚退出手机市场更是顺应时势的选择：诺基亚的战略误判和一系列决策失误，不仅使其在智能手机市场难以露头，也让其在颇具优势的功能手机市场节节败退，曾经市场占有率第一的位置让位给了三星。更为糟糕的是，利润不断下滑甚至是负增长使诺基亚的现金储备出现问题，不得不出售在赫尔辛基的总部大楼来改善财务状况，有分析认为"诺基亚可能在未来几年耗光所有现金储备"。不过，卖掉设备和服务部门的诺基亚却也丢掉了包袱，有了做好地图和网络设备等业务并迎来破茧重生的机会。

思考：

1. 结合商品学的知识分析诺基亚为什么会失败。
2. 诺基亚的失败给中国制造业将带来何种启示？

【理论考察】

1. 单项选择题

（1）商品学的研究对象是（　　）。

　　　　A. 使用价值　　　　　B. 价值　　　　　　C. 劳动二重性　　　　D. 价格

（2）商品的（　　）包括商品名称、商标及其标记或品牌、商品条码、专利标记、商品产地标志或证明、商品包装及包装标志、质量标志、安全卫生标志、环境标志、生产许可证、检验合格证、使用说明书、保修单、发票等。

　　　　A. 功能/效用　　　　B. 商品体　　　　　C. 有形附加物　　　　D. 无形附加物

（3）（　　　）是指个体商品满足人或社会需要的特性的总和。

    A．商品功能　　　　B．商品质量　　　C．商品作用　　　D．商品效用

（4）商品使用价值的研究，在量的比例、关系方面，其内容主要通过（　　　）来体现。

    A．商品价值　　　　　B．商品功能　　　C．商品品种　　　D．商品质量

（5）商品使用价值的实现要经历一个过程，即由潜在的使用价值向现实的使用价值转化的过程，我们把该过程称为商品使用价值的（　　　）。

    A．动态系统　　　　B．静态系统　　　C．混合系统　　　D．复杂系统

2．多项选择题

（1）商品的整体概念主要包括（　　　）。

    A．商品的功能/效用　　　　　　　　B．商品体

    C．有形附加物　　　　　　　　　　D．无形附加物

（2）按照商品的物质形态，商品可以分为（　　　）。

    A．工业生产资料　　　　　　　　　B．农业生产资料

    C．生活资料　　　　　　　　　　　D．劳务形态

（3）商品使用价值是一个具有复杂结构的系统，包括不同的方面、不同的层次和不同的要素。可以分为（　　　）。

    A．动态系统　　　　　　　　　　　B．静态系统

    C．混合系统　　　　　　　　　　　D．复杂系统

（4）从主体的社会层次来看，商品的使用价值包括商品的（　　　）。

    A．个人使用价值　　　　　　　　　B．现实使用价值

    C．社会使用价值　　　　　　　　　D．潜在使用价值

（5）从主客体发生作用的地位来看，商品的使用价值包括商品的（　　　）。

    A．个人使用价值　　　　　　　　　B．现实使用价值

    C．主要使用价值　　　　　　　　　D．次要使用价值

3．判断题

（1）商品使用价值是指商品对于其使用者（包括社会）的意义、作用或效用。（　　　）

（2）商品的功能/效用是指商品为满足消费者的一定需要所能提供的可靠的、必需的职能或效用。（　　　）

（3）商品体是商品功能/效用的载体，是指人们利用原材料，通过有目的、有效的劳动投入（如市场调查、设计、生产等）而创造出来的具体劳动产品。（　　　）

（4）在商品使用价值的运动历程中，商品价值的实现是关键，这关系到能否最大限度地满足人们日益增长的物质和文化生活需要。（　　　）

（5）商品的自然属性则是商品使用价值形成和实现的充分条件。商品的社会属性对于满足社会需要、市场交换需要是必不可少的。（　　　）

4．简答题

（1）商品的特征有哪些？

（2）商品学的研究任务有哪些？

（3）商品学的研究内容是什么？

5. 论述题

论述商品学的发展历程及各阶段的特征。

【同步实务】

商品学发展历程汇报

实务描述：

结合所学知识，并到图书馆和利用互联网查阅资料，了解商品学的产生和发展，并制作 PPT 汇报研究成果。

实务分析：

（1）分析商品学发展的不同阶段及特征。

（2）掌握商品学的代表著作及代表人物。

（3）了解我国商品学产生和发展的历程，分析其特色。

实务要求：

（1）明确任务分工，分别收集相关资料。

（2）在资料的整理过程中不能照搬书上原文，应能概括总结。

（3）将收集的资料进行汇总、分析，以小组讨论的方式最终形成结论。

实务步骤：

（1）制订工作计划，并进行任务分工。

（2）根据计划和工作任务进行资料的收集。

（3）组员进行资料的汇总和讨论。

（4）根据结论制作 PPT，并在课堂汇报学习成果。

（5）指导教师对汇报结果进行评价和总结。

实务评价：

填写评分表（表 1-1）。

表 1-1　　　　　　　　　　　　　　　评　分　表

学生姓名	自评得分	小组评分	教师评分	总分

注：① 每人总分为 100 分；

　　② 学生自评满分为 20 分，小组评分满分为 30 分，教师评分满分为 50 分；

　　③ 三项分数相加为学生本次实务的最后得分。

第2章　商品分类与编码

学习目标

1. 理论目标

理解商品分类和编码的概念；

了解国内外主要的商品分类和编码标准；

理解商品分类和商品编码的基本原则和方法；

熟悉商品条码及其应用。

2. 实务目标

能够运用所学的知识进行常见商品的经营分类；

能够了识别不同的分类标志，并会正确使用。

导入案例

天猫启用商品条形码管理功能

天猫于 2015 年 3 月在其商家中心发布公告称将启用商品条形码管理功能，如若发现条码错误将对商家进行惩罚。据悉，淘宝网、天猫等网购平台方面已于 3 月 14 日在商品编辑功能中提供了商品条形码入口，并且提供了淘宝助理的商品补充功能，3 月 27 日淘宝网又提供了相应的手机插件供卖家进行扫描补码。

此外，天猫商家中心公告还提示卖家，淘宝网和天猫已开通中国物品编码中心官方群，为商家提供"商品条码在线咨询"。公告中还提醒商家，该功能启用后商家需确保上传的条码准确无误，如果发现条码错误将会对商家进行处罚。

商品条形码是国际通用的产品符号，各国统一编码，可以标出商品的生产国、制造厂家、商品名称、生产日期、分类号、类别、日期等信息，主要用于对零售商品、非零售商品及物流单元的条码标识，天猫、淘宝网等平台加入此功能后将方便消费者查到产品的相关信息。此前，在工商行政管理总局从 2014 年年底到 2015 年的几次抽检当中，天猫平台已相继出现不同类别的产品不合格，天猫此举或将改善这一现象。

2.1　商 品 分 类

2.1.1　商品分类的概念和意义

1. 商品分类的概念

宇宙事物、现象乃至抽象的概念等都是概括一定范围的集合总体。任何的集合总体都可以根据一定的标志和特征逐次归纳成若干个概括范围更小、特征更趋一致的局部集合体，直到划分成最小的单元。这种将集合总体科学地、系统地逐次划分的过程称为分类。分类是人类社会发展的必然产物，是科学研究的重要方法，分类水平反映着科学技术水平。科学的分类使复杂的事物和现象系统化、条理化，从而深化人们的认识能力，更有效地认识和研究事物发生、发展的规律，推动人类社会不断向前发展。

商品分类是指根据一定的目的，为满足商品生产、流通、经济管理以及人们生活等的需要，以商品的原料组成、生产方法、功能用途、性能特点等为分类标志，科学、系统地将商品集合逐级划分为大类、中类、小类、品类、品种乃至细目的过程，如表 2-1 所示。

表 2-1　　　　　　　　　　　　　　商品分类层次及实例

商品分类层次	实例 1	实例 2
商品大类	食品	工业品
商品中类	动物性食品	日用化学商品
商品小类	乳和乳制品	洗涤用品
商品品类或品目	牛奶	肥皂
商品品种	脱脂牛奶	洗衣皂
商品细目	完达山脱脂牛奶	奇强透明皂

不同国家、不同历史阶段商品所概括的范围并不完全相同，因此，商品分类的对象也不尽相同，商品分类的层次也不一样。目前，我国把商品分成了 4 个级别，依次是大类、中类（品类）、小类（品种）和细目。其中大类体现了商品生产和流通领域的行业分工；对大类进一步细分，得到品类，品类体现了具有若干共同性质或特征的商品；对品类进一步细分得到品种，品种体现了具体商品的名称；对品种再细分，就得到了细目，细目包括商品的规格、花色、质量等级等。

2．商品分类的意义

商品分类是商品学的研究内容之一，也是商品经济管理和商品经营管理的一种手段。随着科学技术的进步以及商品经济的不断发展，商品的种类日趋增多，商品分类的意义也就越来越大。

（1）商品的科学分类是实现管理现代化的基础。

商品的种类繁多、特征多样、价值不等、用途各异，只有将商品进行科学的分类，从生产领域到流通领域的各种计划、统计、核算、税收、物价、采购、运输、仓储、销售等管理活动才能顺利进行，商品统计数据才具有实用价值。在国际贸易业务中，不同的商品类别，其关税的规定也不同。进出口商品分类的科学性与换汇和税收的关系很大。电子计算机在商品经济管理中的广泛应用，为商品的科学分类、编码提出了更高的要求。

在一些发达国家的贸易往来中，都利用了计算机和商品信息系统查询商品的性能、生产国别、厂商、价格、货源量、存放地点、贸易资料等商品信息，以实现商品信息流和物流管理的现代化。在超级市场，对商品进行自动计价结算和盘结，也是依靠科学的商品分类、编码以及商品分类编码管理系统来实现的。因此，商品的科学分类为实现经营管理现代化奠定了基础。

（2）商品的科学分类有利于商品的标准化实施。

进行科学的商品分类，可使商品的名称和类别统一化、标准化，从而避免同一商品在生产和流通领域的不同部门由于商品名称不统一而造成的困难，便于安排生产和流通，并有利于发展国际贸易，以及提高经济管理水平和经济效益。制定各种商品标准时，必须明确商品的分类方法、商品的质量指标和对各类商品的具体要求等，所有这些都应建立在商品科学分类的基础上。

（3）商品的科学分类便于消费者和用户选购商品。

在商品销售环节中，通过科学的商品分类和编制商品目录，能有序地安排市场的供给，合理地安排货架分区和商品的摆放，正确地引导消费者进行合理的识别和挑选，进而有利于消费者对商品的选购。

（4）商品的科学分类有利于开展商品研究。

由于商品品种繁多、特征及性能各异，它们对包装、运输、储存的要求也各不相同，只有通过对商品的科学分类，将研究对象从个别商品特征归结、综合为某类商品的类别特征，才能深入分析和了解商品的性质和使用性能，全面分析和评估商品质量以及研究商品质量的变化规律，从而有助于商品质量的改进和提高，有利于商品检验、包装、运输、保管和科学养护，以及加强流通领域的商品质量保证和防止商品损失损耗。进行商品的科学分类，还有利于对商品品种和品种结构进行研究，从而为商品品种发展和新型商品的开发提供科学的依据。

2.1.2　商品分类的原则

1. 目的性

强调商品分类要能够满足分类的目的和要求，有利于商品的生产、管理、研究和销售，最大限度地方便经营者管理和消费者选购，满足消费者的需求。

2. 包容性

强调商品分类要能够划分规定范围内的所有商品，将总体范围内的商品一个不漏地囊括在不同系统中，与此同时还留有足够的空位，以便安置不断出现的新产品，不至于打乱已建立的分类体系或将原分类体系推倒重来。

3. 唯一性

强调商品分类要能够从本质上区别商品，保证分类清楚，各类界限明确，有明显的区别；保证商品所属类别具有专一性，即商品分类后每个品种只能出现在一个类别里，不准把同一个商品分在不同类别里。

4. 简明性

强调分类结构要紧密，眉目清晰，一目了然，编码方法及代码形式要简单明了，既便于手工操作，又便于计算机处理。

2.1.3　商品分类的基本方法

商品分类所采用的方法通常有线分类法和面分类法两种。在建立商品分类体系或编制商品分类目录时，常常结合使用这两种分类方法。

1. 线分类法

线分类法也称层级分类法，是将确定的商品集合总体按照一定的分类标志，逐次地分成相应的若干个层级类目，并排列成一个个有层次的、逐级展开的分类体系。它的一般表现形式是大类、中类、小类、细类等，将分类对象逐层地具体地进行划分，各层级所选用的分类标志可以不同，各个类目之间构成并列或隶属关系。线分类法属传统的分类方法，适用范围广泛，国际贸易和我国商品流通领域中许多商品分类均采用线分类法。例如，家具可以按线分类法进行分类，如表 2-2 所示。

表 2-2　　　　　　　　　　　　　　　　　线分类方法实例

大类	中类	小类
家具产品	木制家具产品	床
	金属家具产品	桌
	软体家具产品	凳
	塑料家具产品	椅
	藤编家具产品	柜
		架
		其他

线分类法的优点是层次性好，逻辑性强，信息量大，符合传统应用的习惯，既方便手工处理，又便于计算机处理；缺点是结构柔性差。所以，采用线分类法编制商品分类目录时，必须预先留有足够的后备容量。

2. 面分类法

面分类法又称平行分类法，是把分类的商品集合总体按不同的分类标志划分成相互之间没有隶属关系的各个分类集合（面），每个分类集合（面）中都包含了一组类目。将某个分类集合（面）中的一个类目与另一个分类集合（面）中的一个类目组配在一起，即形成了一个新的复合类目，如表 2-3 所示的服装分类。

表 2-3　　　　　　　　　　　　　　　　　面分类方法实例

第一面：面料	第二面：式样	第三面：款式
纯毛	男式	中山装
纯棉	女式	西服
化纤		连衣裙
混纺		夹克

面分类法的优点是结构性好，对其处理时适应性好，缺点是不能充分利用容量，组配的结构复杂，不便于手工处理。目前一般都把面分类法作为线分类法的辅助。

2.1.4　商品分类的常用标志

在进行商品分类时，分类标志的选择非常重要。商品分类标志是编制商品分类体系和商品目录的重要依据。可供选择的商品分类标志很多，在商品分类实践中常用的分类标志有以下几种。

1. 以商品的用途作为分类标志

商品用途与消费者的需要密切相关，以商品的用途作为分类标志在实际中应用最普遍。

商品用途是体现商品使用价值的重要标志，也是探讨商品质量和商品品种的重要依据。

以商品用途作为分类依据，适合对商品类别、品种的进一步划分。例如，商品按用途划分，可分为生活资料商品和生产资料商品，生活资料商品按用途可分为食品、纺织品、日用品、家用电器等；日用品按用途又可分为鞋类、玩具类、洗涤用品、化妆品类等；化妆品类按用途可分为面部化妆品、发用化妆品、身体化妆品等；面部化妆品按用途又可分为彩妆类、洗面类、护肤类等……如此可以继续细分下去。

按商品用途分类，便于比较相同用途的各种商品的质量水平和产销情况、性能特点、效用，能促使生产者提高质量、增加品种，并且能方便消费者对比选购，有利于生产、销售和消费的有机衔接，但对储运部门和有多用途的商品不适用。

2. 以商品的原材料作为分类标志

商品的原材料是决定商品质量和引起商品质量变化的重要因素。以商品的原材料作为分类标志在实际中也应用广泛。例如，皮鞋按原材料分为牛皮鞋、猪皮鞋、羊皮鞋、人造革皮鞋等；服装面料按原材料分为棉织品、毛织品、麻织品、丝织品、人造棉织品、涤纶织品、锦纶织品等。此分类方法从原料的特点上来表示各类商品的区别。

以原材料为标志分类的优点很多，它分类清楚，还能从本质上反映出各类商品的性能、特点，为确定销售、运输、储存条件提供了依据，有利于保证商品流通中的质量，但对那些由多种原材料组成的商品（如汽车、电视机、洗衣机、电冰箱等）不宜用原材料作为分类标志。

3. 以商品的生产加工方法作为分类标志

很多商品即使采用相同的原材料制造，由于生产方法和加工工艺不同，所形成商品的质量水平、性能、特征等都有明显差异，因此，对相同原材料可选用多种加工方法生产的商品，适宜以生产加工方法作为分类标志。例如，酒类按生产加工方法可分为蒸馏酒、发酵酒、配制酒等；茶叶按生产加工方法可分为发酵茶、半发酵茶、不发酵茶等。

该方法的优点是因为生产方法、工艺不同，突出了商品的个性，有利于销售和工艺的革新。但对于那些生产方法有差别，商品性能、特征却无实质性区别的商品则不宜采用。例如，使用粮食发酵法和工业合成法制得的酒精并无实质差别。

4. 以商品的化学成分作为分类标志

商品由于化学成分不同，在特征上存在着显著的差异，在用途和效用上也有很大的区别，并要求有不同的保管方法。因此采用此种方法进行分类，便于研究和了解商品的特征、用途和效用，许多商品都适宜采用此种方法分类。例如，纺织品按成分分为纤维素类织品、蛋白质类织品等，化肥分为氮肥、磷肥、钾肥等。

该方法的优点是能反映商品的本质特性，对于深入研究商品的特性、保管和使用方法以及开发新品种、满足不同消费者的需要等具有重要意义，但对化学成分复杂的商品或化学成分区分不明显的商品则不适用。

2.1.5　商品分类的体系

在实际分类工作中，常常是先选择一个主要标志，将商品分成大类，然后再按不同的标志依次将商品划分成中类、小类直至细目等，这样就形成一个完整的商品分类体系。我国常采用的商品分类体系有基本分类体系、应用分类体系、国际标准分类体系、国家标准分类体系四大体系。

1. 基本分类体系

基本分类体系是以商品的基本使用价值即商品的用途作为分类标志，将商品分为生活资料商品（供衣、食、住、行、用等的商品）和生产资料商品（工业生产资料商品、农业生产资料商品）两大类。基本分类体系对于组织生产和消费水平的宏观调控具有重要作用，如图 2-1 所示。

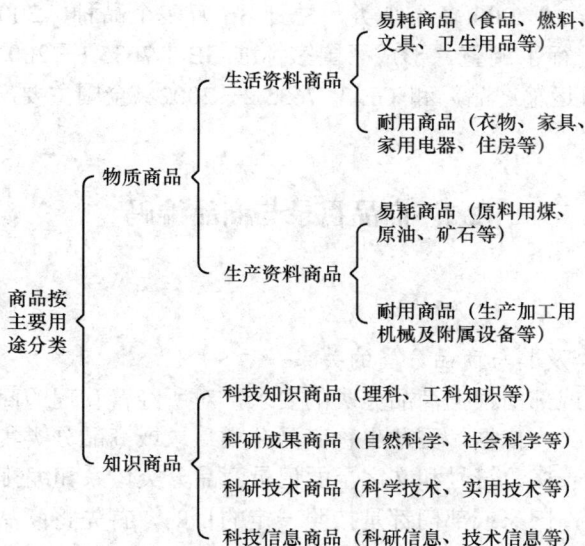

图 2-1 基本分类体系实例

2. 应用分类体系

应用性分类体系是以实用性为原则，为满足使用者的需要进行分类所形成的分类体系。这种分类体系是从处理商品方便角度出发的，没有统一的分类标志，而是根据商品的某些共性加以分类，可以适应不同分类目的的需要，是一种实用性很强的分类体系。例如，可以按照以下体系划分。

（1）按原料来源分类：植物性商品、动物性商品、矿物性商品等。

（2）按加工程序分类：粗制品和精制品。

（3）按行业分工分类：农产品、林产品、水产品、畜产品、工业品等。

（4）按产地分类：进口产品、国内产品、地方产品等。

（5）按使用期限分类：耐用商品和易耗商品。

（6）按质量分类：优质产品、名牌产品和一般产品等。

3. 国际标准分类体系

世界各国间的贸易活动以及各国在海关管理、征收关税、市场及关税研究、贸易经济、贸易管理、商情研究、进出口业务及制度贸易政策等方面都需要有一个统一的国际贸易商品分类体系。目前，由有关国际组织主持编制、发布和实施，具有相当高的科学性和完整性，在国际上被公认并广泛采用的国际商品分类体系有如下三个，即《海关合作理事会商品分类目录》、《国际贸易标准分类》和《商品名称及编码协调制度》。

4. 国家标准分类体系

国家标准分类体系是为适应现代化经济管理的需要，以国家标准形式对商品进行科学、系统的分类编码所建立的商品分类体系。1987 年，我国颁布了国家标准 GB/T 7635—1987《全国工农业产品（商品、物资）分类与代码》，这是全国各部门、各地区必须一致遵守的商品分类与商品编码准则。该体系把我国生产的全部工农业产品、商品、物资划分为 99个大类、1000 多个中类、7000 多个小类，总计 36 万多个品种。2002 年，在原有国家标准分类体系基础上又进行了调整，形成了国家标准 GB/T 7635.1—2002《全国主要产品分类与代码　第 1 部分：可运输产品》和 GB/T 7635.2—2002《全国主要产品分类与代码　第 2部分：不可运输产品》。

2.2　商品目录与商品编码

2.2.1　商品目录

1. 商品目录的概念及其与商品分类的关系

商品目录是指国家或部门根据商品分类的要求，对所经营管理的商品编制的总明细分类集。商品目录以商品分类为依据，因此也称商品分类目录或商品分类集。商品分类是在商品逐级分类的基础上，用表格、符号和文字全面记录商品分类体系和编排顺序的书本式工具。

在编制商品目录时，国家或部门都是按照一定的目的，首先将商品按一定的标志进行定组分类，再逐次制定和编排。没有商品分类就不可能有商品目录，只有在商品科学分类的基础上，才能编制层次分明、科学、系统、标准的商品目录。商品目录的编制就是商品分类的具体体现，商品目录是实现商品管理科学化、现代化的前提，是商品生产、经营、管理、流通的重要手段。

商品分类是编制商品目录的前提和基础，商品目录是商品分类的结果和具体体现，可以用于推广运用。可以说，在商品科学分类的基础上编制的商品目录，有利于经营管理的科学化，可以提高商品管理的标准化程度。

2. 商品目录的种类

由于商品目录编制目的和作用不同，形成了很多种类。例如，按商品用途不同，编制的目录有食品商品目录、纺织品商品目录、交电商品目录、化工原料商品目录等；按管理权限不同，编制的目录有一类商品目录、二类商品目录、三类商品目录等。在这里主要介绍按适用范围不同编制的目录，包括国际商品目录、国家商品目录、部门商品目录、企业商品目录四种。

（1）国际商品目录。

国际商品目录是指由国际上有权威的各国际组织或地区性集团编制的商品目录，如联合国编制的《国际贸易标准分类目录》、国际关税合作委员会编制的《商品、关税率分类目录》、海关合作理事会编制的《海关合作理事会商品分类目录》和《商品名称及编码协调制度》等。

（2）国家商品目录。

国家商品目录是指由国家指定专门机构编制，在国民经济各部门、各地区进行计划、统计、财务、税收、物价、核算等工作时必须一致遵守的全国性统一商品目录，如由国务院批准原国家标准局发布的国家标准 GB/T 7635—1987《全国工农业产品（商品、物资）分类与代码》、由原对外经济贸易部编印的《对外贸易出口业务统一商品目录》等。

（3）部门商品目录。

部门商品目录是指由行业主管部门即国务院直属各部委或局根据本部门业务工作需要所编制并发布的仅在本部门、本行业统一使用的商品目录。可以在国家统计局和商业部官方网站公布的"公开目录"中进行查询，使得部门商品目录的编制尽可能与国家出台的商品目录保持一致。

（4）企业商品目录。

企业商品目录是指由企业在兼顾国家和部门商品目录分类原则基础上，为充分满足本企业工作需要，而对本企业生产或经营的商品所编制的商品目录。企业商品目录的编制，必须符合国家和部门商品目录的分类原则，并在此基础上结合本企业的业务需要，进行适当的归并、细分和补充，如百货公司编制的百货商品目录，对百货商品进行目录细分，以适应业务工作需要。

2.2.2　商品编码

1. 商品编码的概念和种类

（1）商品编码的概念。

商品编码又称商品代码，或商品代号、货号，是在商品分类的基础上，赋予某种或某类商品以某种代表符号或代码的过程，对某一类商品赋予统一的符号系列称为商品代码化或者商品编码化。

商品分类和编码是分别进行的，商品分类在先，编码在后。商品科学分类为编码的合理性创造了前提条件，而编码是否科学得当也会直接影响商品分类体系的实用价值。

（2）商品编码的种类。

商品代码主要有数字型代码、字母型代码、混合型代码和条码四种。

1）数字型代码。数字型代码，是用阿拉伯数字对商品进行编码形成的代码符号。数字型代码是将每个商品的类别、品目、品种等排列成一个数字或一组数字。其结构简单，使用方便，易于推广，便于利用计算机进行处理，是目前各国普遍采用的一种代码。例如，GB 7635—1987 标准采用的就是数字型代码，它是全国工农业产品（商品、物资）分类与代码标准，由原国务院国民经济统一核算标准领导小组办公室和原国家标准局信息编码研究所编写。

2）字母型代码。字母型代码，是用一个或若干个字母表示分类对象的代码。按字母顺序对商品进行分类编码时，一般用大写字母表示商品大类，用小写字母表示其他类目。字母型代码便于人们识别信息，但不便于机器处理信息，特别是当分类对象数目较多时，常常出现重复现象。故字母编码常用于分类对象较少时的情况，在商品分类编码中较少使用。

3）混合型代码。混合型代码又称数字、字母混合型代码，是由数字和字母混合组成的代码。它兼有数字型编码和字母型编码的优点，结构严密，具有良好的直观性和表达性。但编码组成形式复杂，给计算机输入带来一定的不便。字母常用于表示商品的产地、性质等特征，可放在数字前边或后边，用于辅助数字代码，如"H1226"代表浙江产的杭罗；"C8112"表示涤粘中长纤维色布。

2. 商品编码的原则和方法

（1）商品编码的原则。

商品编码的目的在于方便使用，因此，在编码时必须遵循一定的原则：

1）唯一性原则，每一个代码应与指定的商品类目一一对应。

2）可扩性原则，代码结构中应留有足够的备用码，以适应新类目的增加和旧类目删减的需要。

3）简明性原则，尽可能使代码的长度最短。

4）稳定性原则，代码一经确定后就不要变更。

5）层次性原则，代码应能清晰地反映商品分类体系和分类目录内部固有的逻辑关系。

6）统一协调性原则，编码应与国家商品分类编码标准相一致，与国际通用商品分类编码制度相协调。

7）自检能力，代码必须具有检测差错的自身核对性能，以适应计算机处理。

（2）商品编码的方法。

商品代码的编制方法主要有顺序编码法、层次编码法、平行编码法和混合编码法等。

1）顺序编码法。顺序编码法，是按商品类目在分类体系中出现的先后次序，依次给以顺序代码的一种编码方法。这种编码比较简单，常用于容量不大的编码对象集合体。其优点是使用方便，容易管理。缺点是没有给出任何有关编码对象的其他信息。

2）层次编码法。层次编码法，是按商品类目在分类体系中层次顺序，依次赋予对应的数字代码的编码方法。它主要应用于线分类体系，编码时将代码分成若干层次，并与分类对象的分类层次相对应。代码从左到右表示层级由高至低，各层次的代码常采用顺序码或系列顺序码。

国家标准 GB/T 7635.1—2002《全国主要产品分类与代码 第 1 部分：可运输产品》和 GB/T 7635.2—2002《全国主要产品分类与代码 第 2 部：不可运输产品》，就是采用的层次编码法。其中，GB/T 7635.1—2002 全部采用数字编码，其长度是 8 位，代码结构分成 6 层，各层分别命名为大部类、部类、大类、中类、小类和细类。其中，第 1 至第 5 层各用一个数字表示，第 1 层代码为 0～4，第 2 层、第 5 层代码为 1～9，第 3 层、第 4 层代码为 0～9；第 6 层用 3 位数字表示，代码为 001～999。第 5 层和第 6 层代码之间用圆点隔开，如图 2-2 所示。

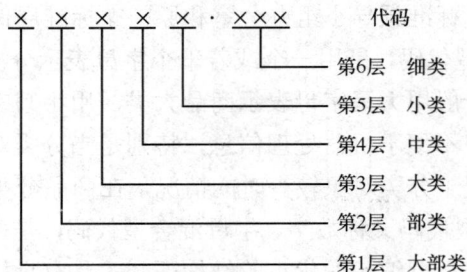

图 2-2　GB/T 7635.1—2002 的代码结构

层次编码法的优点是代码较简单，逻辑关系好，系统性强，信息容量大，能明确地反映出分类编码对象的属性、特征及其隶属关系，容易查找所需类目，便于管理和统计。缺点是弹性较差，为了延长使用往往要延长代码长度，预先留出一定数量的备用码。

3）平行编码法。平行编码法也称特征组合编码法，是指将编码对象按其属性或特征分为若干个面，每一个面内的编码对象按其规律分别确定一定位数的数字代码，面与面之间的代码没有层次关系或者隶属关系，最后根据需要选用各个面中的代码，并按预先确定的面的排列顺序组合成复合代码的一种编码方法，它多应用于面分类体系。

平行编码法的优点是编码结构有较好的弹性，可以比较简单地增加分类编码面的数目，必要时还可更换个别的面。但这种编码也有编码容量利用率低的缺点，因为并非所有可组配的复合代码都有实际意义。

4）混合编码法。混合编码法是由层次编码法和平行编码法组合而成的一种编码方法。编码时先选择分类对象的各种特征，然后将某些特征用层次编码法表示，其余特征用平行编码法表示。

2.3　商　品　条　码

2.3.1　条形码技术的应用

1. 条形码技术的原理

条形码是由宽度不同、反射率不同的条和空，按照一定的编码规则（码制）编制成的，用以表达一组数字或字母符号信息的图形标识符。它是一组粗细不同，按照一定的规则安排间距的平行线条图形。常见的条形码是由反射率相差很大的黑条（简称条）和白条（简称空）组成。

商品条码采用条码符号表示信息，条、空颜色不同，对光形成不同反射率而产生较大反差，扫描器利用光来扫读条码符号，将光信号转换为电信号，然后由译码器将获得的电信号译成相应的数据代码输入计算机，计算机就能确定出商品的代码、名称、品种和生产厂等信息。随着计算机应用的不断普及，条形码的应用得到了很大的发展。

2. 条形码技术的应用领域

条形码技术的应用主要在以下几个领域。

（1）在商业自动化系统中的应用。

商业是最早应用条码技术的领域。在商业自动化系统中，商品条码是关键。POS（Point of Sales）是一个商业销售点实时系统，该系统以条码为手段，以计算机为中心，实现对商店的进、销、存的管理，快速反馈进、销、存各个环节的信息，为经营决策提供信息服务。

（2）在仓储管理中的应用。

立体仓库是现代工业生产中的一个重要组成部分，利用条形码技术，可以完成仓库货物的导向、定位、入格等操作，提高识别速度，减少人为差错，从而提高仓储管理水平。另外，条形码技术还广泛地应用于交通管理、金融文件管理、商业文件管理、病历管理、血库血液管理以及各种分类技术方面的管理。条形码技术作为数据标志和数据自动输入的一种手段已被人们广泛利用，渗透到计算机管理的各个领域。

3. 条形码技术的优点

条形码读取信息有很多优点，如操作简单易行，准确度高（错误率仅为三百万分之一）；

输入速度快，是键盘输入速度的 20 倍；灵活实用，可自动扫描识别，也可手工键盘输入；利用条形码实现了高效的销售管理，降低了商品流通成本，进而增加了企业效益；商品条码可以有效防止假冒，保护消费者的利益。所以使用条形码技术给各方都带来了好处。

（1）给制造商带来的好处：提高商品在国际、国内市场的竞争力；便于搜集销售信息，了解消费趋势，有效制订生产、销售计划；改善库存管理水平；提高工作效率。

（2）给批发商带来的好处：迅速准确地处理订货、送货业务；改善库存管理，防止资金积压；提高服务质量；掌握商情，增加竞争力。

（3）给零售商带来的好处：掌握商品信息，改善商店管理，提高经济效益。

（4）给顾客带来的好处：节省购货时间，增强信赖感，获得理想的购物环境。

2.3.2　常用的商品条码和店内条码

1. 常用商品条码及其产生与发展

（1）常用商品条码的产生与发展。

商品条码是由国际物品编码协会规定的，用于表示零售商品、非零售商品、物流单元、位置标识代码的条码。商品条码中，其条、空组合部分称为条码符号，其对应的供人识别的字符也就是该条码符号所表示的商品标识代码。

目前，世界上应用的商品条码主要有国际通用商品条码（European Article Numbering System，EAN 条码，欧洲物品编码系统）和北美通用产品条码（Universal Product Code，UPC）两种。UPC 是 1973 年美国统一代码委员会（UCC）在美国和加拿大地区推广使用的商品条码，目前世界各国出口到美国和加拿大的商品必须印有 UPC。EAN 条码是欧洲物品编码协会在吸取 UPC 经验的基础上开发出的与 UPC 兼容的欧洲物品编码系统。为了在世界范围内推行条码系统，协调条码在各国的应用，1981 年欧洲物品编码协会更名为国际物品编码协会。

没有 EAN 条码的商品难以在国际市场上流通，也不能进入超级市场销售。1991 年 4 月，中国物品编码中心代表我国加入国际物品编码协会 EAN。目前，EAN 码已在我国国内广泛推行使用。这为统一我国商品的标识，准确、有效地采集、处理、传递商品信息，满足我国出口商品的需要及实现商品在流通领域中的现代化管理提供了保障。

【知识拓展】

中国物品编码中心的工作职责

中国物品编码中心是统一组织、协调、管理我国商品条码、物品编码与自动识别技术的专门机构，隶属于国家质量监督检验检疫总局，1988 年成立，1991 年 4 月代表我国加入国际物品编码协会，负责推广国际通用的、开放的、跨行业的全球统一编码标识系统和供应链管理标准，向社会提供公共服务平台和标准化解决方案。

中国物品编码中心在全国设有 47 个分支机构，形成了覆盖全国的集编码管理、技术研发、标准制定、应用推广以及技术服务为一体的工作体系。物品编码与自动识别技术已广泛应用于零售、制造、物流、电子商务、移动商务、电子政务、医疗卫生、产品质量追溯、图书音像等国民经济和社会发展的诸多领域。

中国物品编码中心的部分工作职责为：统一协调管理全国物品编码工作，负责组织、协调、管理全国商品条码、物品编码、产品电子代码（EPC）与自动识别技术工作；对口国际物品编码协会，推广全球统一标识系统和我国统一的物品编码标准；开展物品编码与自动识别技术科研标准化工作，提出并建立国家物品编码体系，推动汉信码成为国际 ISO 标准；推动物品编码与自动识别技术在零售、物流等领域的广泛应用；提供全方位的物品编码高品质服务。

（2）常用商品条码的类型。

1）EAN 条码。EAN 条码是国际物品编码协会制定的一种条码，通用于全世界。中国的通用商品条码就是这种结构，其结构与国际物品编码协会推行的 EAN 条码相同。这种条码常用的有标准版（EAN-13）和简化版（EAN-8）两种，如图 2-3 所示。EAN 条码是当今世界上广为应用的商品条码，已成为电子数据交换的基础。

图 2-3　EAN-13 和 EAN-8 条码实例

2）UPC。UPC 是美国统一代码委员会制定的一种代码，主要用于美国和加拿大。这种条码常用的有 UPC-A 和 UPC-E 两种。

UPC-A 也称标准的（或完整）UPC，用于商品销售和商品储运两种包装，由 12 位字符代码组成。UPC-A 符号由左侧空白区、起始符、左侧数据符、中间分隔符、右侧数据符、校验符、终止符、右侧空白区 8 个部分组成，但其在各部分的分布与 EAN-13 不同。

UPC-E 也称为缩减版的 UPC，用于商品销售包装，由 8 位字符代码组成。只有当商品很小，无法印刷 UPC-A 时，才允许使用 UPC-E，如香烟、胶卷、化妆品等商品。UPC-A 和 UPC-E 示例如图 2-4 所示。

图 2-4　UPC-A 和 UPC-E 示例

2. 店内条码

在自动扫描商店中，为便于 POS 对商品的自动扫描结算，商店对没有商品条码或商品条码不能识读的商品自行编码和印制条码，并只限在自己店内部使用，通常将这类条码称为商店条码，又叫店内码。我国国家标准 GB/T 18283—2008《商品条码 店内条码》将"店内条码"定义为"前缀码为 20～24 的商品条码，用于标识商店自行加工店内销售的商品和变量零售商品"。我国对店内条码的使用有严格的规定，其中《商品条码管理办法》第二十二条规定："销售者应当积极采用商品条码。销售者在其经销的商品没有使用商品条码的情况下，可以使用店内条码。店内条码的使用，应当符合国家标准 GB/T 18283—2008 的有关规定。生产者不得以店内条码冒充商品条码使用。"

店内码可分为两类，一类是用于变量消费单元的店内码，如鲜肉、水果、蔬菜、熟食品等商品是按基本计量单位计价，以随机数量销售的，其编码的任务不宜由厂家承担，只能由零售商完成。零售商进货后，要根据顾客需要包装商品，用专用设备对商品称重并自动编码和制成店内码，然后将其粘贴或悬挂到商品外包装上。另一类是用于定量消费单元的店内码。这类商品是按商品件数计价销售的，应由生产厂家编印条码，但因厂家生产的商品未申请使用条码或其印刷的条码不能被识读，为便于扫描结算商店必须制作使用店内码。店内条码的编码，按照其码位可分为 13 位代码（标准码）和 8 位代码（缩短码）两种。

（1）不包含价格等信息的 13 位代码（PLU-13）。PLU-13 代码由前缀码、商品项目代码和校验码组成，其结构如表 2-4 所示。其中，$X_{13}X_{12}$ 为前缀码，其值为 20～24；X_{11} 到 X_2 为商品项目代码，由 10 位数字组成，由商店自行编制。X_1 为校验码，为 1 位数字，根据前 12 位计算而成，用于检验整个代码的正误。

表 2-4　　　　　　　　　　　　不包含价格等信息的 13 位代码结构

前缀码	商品项目代码	校验码
$X_{13}X_{12}$	$X_{11}\ X_{10}\ X_9\ X_8\ X_7\ X_6\ X_5\ X_4\ X_3\ X_2$	X_1

（2）包含价格等信息的 13 位代码（NON PLU-13）。NON PLU-13 代码由前缀码、商品种类代码、价格或度量值的校验码、价格或度量值代码和校验码 5 部分组成，其中的价格或度量值的校验码可以缺省。包含价格等信息的 13 位代码共分 4 种结构，如表 2-5 所示。其中，$X_{13}X_{12}$ 为前缀码，其值为 20～24。商品种类代码由 4～6 位数字组成，用于标识不同种类的零售商品，由商店自行编制；价格或度量值代码由 4～5 位数字组成，用于表示某一具体零售商品的价格或度量信息。第三种和第四种包含价格或度量值的校验码，为 1 位数字，根据价格或度量值代码的各位数字计算而成，用于检验整个价格或度量值代码的正误。X_1 为校验码，为 1 位数字，根据前 12 位计算而成，用于检验整个代码的正误。

表 2-5　　　　　　　　　　　　包含价格等信息的 13 位代码结构

种类	前缀码	商品种类代码	价格或度量值的校验码	价格或度量值代码	校验码
第一种	$X_{13}X_{12}$	$X_{11}\ X_{10}\ X_9\ X_8\ X_7\ X_6$	无	$X_5\ X_4\ X_3\ X_2$	X_1
第二种	$X_{13}X_{12}$	$X_{11}\ X_{10}\ X_9\ X_8\ X_7$	无	$X_6\ X_5\ X_4\ X_3\ X_2$	X_1
第三种	$X_{13}X_{12}$	$X_{11}\ X_{10}\ X_9\ X_8\ X_7$	X_6	$X_5\ X_4\ X_3\ X_2$	X_1
第四种	$X_{13}X_{12}$	$X_{11}\ X_{10}\ X_9\ X_8$	X_7	$X_6\ X_5\ X_4\ X_3\ X_2$	X_1

（3）8 位代码。8 位代码由前缀码、商品项目代码和校验码组成，其结构如表 2-6 所示。其中，前缀码由 1 位数字组成，其值为 2；X_7 到 X_2 为商品项目代码，由 6 位数字组成，由商店自行编制。X_1 为校验码，为 1 位数字，根据前 7 位计算而成，用于检验整个代码的正误。

表 2-6　　　　　　　　　　　　　　8 位代码结构

前缀码	商品项目代码	校验码
2	$X_7 X_6 X_5 X_4 X_3 X_2$	X_1

在店内条码的符号表示和要求方面，与 EAN-13 商品条码相同，具体参见国家标准 GB 12904—2008《商品条码　零售商品编码与条码表示》相应条款。

★【知识拓展】

二维条码的发展

由于一维条码所携带的信息量有限，如商品上的条码仅能容纳 13 位（EAN-13 条码）阿拉伯数字，更多的信息只能依赖商品数据库的支持，离开了预先建立的数据库，这种条码就没有意义了，因此在一定程度上也限制了条码的应用范围。基于这个原因，在 20 世纪 90 年代，二维条码诞生了。目前，二维条码应用在国防、公共安全、交通运输、医疗保健、工业、商业、金融、海关及政府管理等多个领域。二维条码依靠其庞大的信息携带量，能够把过去使用一维条码时存储于后台数据库中的信息包含在条码中，直接通过阅读条码得到相应的信息，二维条码还有错误修正技术及防伪功能，增强了数据的安全性。二维条码可把照片、指纹编制于其中，可有效地解决证件的可机读和防伪问题。因此，可广泛应用于护照、身份证、行车证、军人证、健康证、保险卡等。

从外观来看，二维条码通常为方形结构，不单由横向和纵向的条码组成，而且码区内还会有多边形的图案，同样二维条码的纹理也是黑白相间，粗细不同，为点阵形式。二维条码不但具备识别功能，而且可显示更详细的商品内容。如果把一维条码和二维条码相比较，一维条码的优点为技术成熟、使用广泛、设备成本低廉，缺点为信息量少、只支持英文或数字、需与计算机数据库结合；二维条码的优点为使用点阵图形、信息密度高、数据量大，具备纠错能力、安全性高，支持多种文字，其缺点包括需要编码专利权，二维条码生成后不可更改等。一维条码和二维条码因其优缺点不同，各自在不同领域发挥作用。

2.4　商品分类编码标准

2.4.1　国际贸易商品分类目录

各国的海关税则及贸易统计商品分类的商品名称、商品编码、项目编排、分类原则等方面存在差异，给贸易活动和经济对比带来许多困难。为了适应国际贸易的发展，需要制定一个统一的国际贸易商品分类体系，为此，各国政府、有关国际组织和商品分类专家对国际贸易商品分类开展了多年的研究，取得了重大成果。目前，在国际上公认并广泛采用的国际贸易商品分类体系有五个。这五个国际贸易商品分类体系均由有关国际组织主持编制、发布和实施，具有较高的科学性、完整性。

1. 《国际贸易标准分类目录》

《国际贸易标准分类目录》（Standard International Trade Classification，SITC）为用于国际贸易商品的统计和对比的标准分类方法。现行 SITC 于 1950 年 7 月 12 日由联合国经济社会理事会正式通过，目前为世界各国政府普遍采纳的商品贸易分类体系。到 2006 年为止，该标准分类经历了四次修改，最近的一次修改为第四次修订版，于 2006 年 3 月获联合国统计委员会第三十七届会议通过。该分类法将商品分为 10 大类、63 章、223 组、786 个分组和 1924 个项目。在它的编号中第一位数字表示类，第二位数字表示章，第三位数字表示组，第四位数字表示分组。如果对分组再进行细分，第五位数字即表示品目，第六位数字表示细目。其名目如表 2-7 所示。

由于各个国家的贸易情况不同，对商品概括的范围也不完全相同，商品分类方法也不尽相同。因此，商品分类所采取的标准、依据也是不同的。当前在国际贸易商品交往中，除世界上大部分国家和地区广泛采用国际贸易分类标准外，有些国家的商品贸易分类采取不同方式。例如，西欧、非洲和南美洲的一些国家采用布鲁塞尔税则分类方法分类；原经济互助委员会国家采用集团分类型的统一类标准；美国、乌拉圭既采用国际分类标准，也采用本国制定的混合分类型分类标准；加拿大采用自己国家制定的本国分类型标准分类。

表 2-7　　　　　　　　　　　　　　　　SITC 名目

类　码	名　目	类　码	名　目
0	食品和活畜	5	化学品及有关产品
1	饮料和烟草	6	按材料分类的制成品
2	非食用原料（燃料除外）	7	机械和运输设备
3	矿物燃料、润滑剂和相关材料	8	杂项制品
4	动物和植物油、油脂和蜡	9	其他商品

2. 《海关合作理事会商品分类目录》

海关合作理事会（Customs Cooperation Council，CCC）是世界各国为统一关税制度、简化海关手续而建立的政府间贸易协调组织，是负责关税和海关手续的国际组织。该组织最高权力机构是理事会，下设技术、商品分类税则目录、估价和财政等专门委员会和事务总局。

《海关合作理事会商品分类目录》（Customs Co-operation Council Nomenclature，CCCN）自 1950 年产生以来，先后于 1965 年、1972 年和 1978 年 3 次修订。目前为止有成员 150 多个国家和地区，我国于 1983 年 7 月 18 日加入理事会。现已被世界 150 多个国家和地区所采用，我国海关税则于 1985 年 3 月采用《海关合作理事会商品分类目录》。

根据归类原则，所有国际贸易商品被划分为 21 类 99 章，1011 税目，每一项税目下又分若干子目。该商品分类体系采用 4 位数字编码，前两位数字是该税目所属的章号，后两位数字表示税目在这一章内排列的顺序。

3. 《商品名称及编码协调制度》

《商品名称及编码协调制度》(Harmonized Commodity Description and Coding System, HS)，是在 CCCN 和 SITC 的基础上，参照国际其他主要的税则、统计、运输等分类目录制定的多用途国际贸易商品分类目录。商品名称及编码协调制度的最大特点就是通过协调，适合于与国际贸易有关的各个方面需要，成为国际贸易商品分类的一种"标准语言"，其优点是完整、系统、通用、准确。

所谓"完整"，是由于它将目前世界上国际贸易主要品和分类列出，同时为了适应各国征税、统计等商品目录全向型的要求和将来发展的需要，它还在各类、章列保留了"其他"项目，使任何进出口商品，即便是目前无法预计的新产品，都能在这个体系中找到自己适当的位置。"系统"则是因为它的分类原则既遵循了一定的科学原理和规则，将商品按人们所了解的生产部类、自然属性和用途来分类排列，又照顾了商业习惯和实际操作可行性，容易理解、易于归类和方便查找。"通用"则是指它在国际上有相当大的影响，已为上百个国家使用，这些国家的海关税则及外贸统计商品目录的项目可以相互对应转换，具有可比性。它既适于作海关税则目录，又适于作对外贸易统计目录，还可供国际运输生产部门作为商品目录使用，其通用性超过以往任何一个商品分类目录。"准确"是指它的各个项目范围清楚明了，绝不交叉重复。

2002 年版 HS 有 22 类 99 章。货物按其加工程度，依原材料、未加工产品、半成品和成品的顺序排列。章内和品目内也同样按此排序。我国从 1992 年开始采用《协调制度》对外贸涉及的进出口商品开展归类工作，并根据我国对外贸易商品结构的实际情况，在《协调制度》原 6 位编码的基础上增加了第 7 位和第 8 位编码，以便计税、统计及贸易管理。

4. 国际危险货物分类

在国际贸易货物运输中，有时也需要对所运输的商品进行科学的界定和分类，以保证运输过程的安全性，保证国际贸易的顺利进行。为了对海上运输危险货物进行管理，国际海事组织(International Maritime Organization, IMO)于 1965 年制定了《国际海上危险货物运输规则》(International Maritime Dangerous Goods Code, IMDG Code)，即通常所说的"国际危规"或"国际海运危规"。它是以联合国《关于危险货物运输的建议书——规章范本》(橙皮书)的规定为原则，形成的涉及国际贸易危险货物收录最多、分类最细，对包装、积载规定最详尽明确的国际文件和商品目录。

《国际海上危险货物运输规则》中根据危险性质不同，把危险货物分为 9 类，包括 2500 多个货物品种。对每种货物都列出了品名、联合国编号、化学分子式、类别、爆炸极限、闪点、特性、标志、注意事项、包装类别、包装方法、每个容器内装净重、每个包装件总重、积载等事项，如表 2-8 所示。

表 2-8　　　　　　　　　　　　　　　　　危险货物类目

类　号	名　目	类　号	名　目
第 1 类	爆炸类	第 6 类	有毒（毒性）物质或有感染性物质
第 2 类	压缩、液化或加压溶解的气体	第 7 类	放射性物质
第 3 类	易燃液体	第 8 类	腐蚀性物质
第 4 类	易燃固体或物质	第 9 类	杂类危险物质
第 5 类	氧化剂和有机过氧化物		

5. 商标注册用商品和服务国际分类

在商标注册时，如何判断商品是否相同或相似，属于商品分类应解决的问题。而商品归类的正确与否将最终影响到对商标权的保护。为了便于商标注册和管理，有必要编制商标注册用商品分类表。目前世界上的这种商品分类有两类：一类是一国独立实行的商品分类表；另一类是国际统一的商品分类，如《尼斯协定》中所订立的商品分类表。

《尼斯协定》全称是《关于供商标注册用商品和服务的国际分类的尼斯协定》，它是于 1957 年 6 月 15 日由一些发达国家在法国尼斯外交会议上正式签订的，于 1961 年 4 月 8 日生效，以后又经过多次修订。截至 1997 年 3 月，有 50 个国家成为协定的成员国。我国自 1988 年 11 月 1 日起采用《商标注册用商品和服务国际分类》（尼斯分类），1994 年 8 月 9 日成为《尼斯协定》成员国。《尼斯协定》建立的国际分类于 1987 年印制成册，称为《商标注册用商品和服务国际分类表》，包括 34 个商品大类和 8 个服务大类，类下又分成 1 万多项。

上述这些商品和服务的分类是不断变化的，随着新的商品的出现及新的服务的问世，《尼斯协定》的成员国对分类表及时进行修改，通常大约每 4～5 年修改一次，增删商品和服务项目，调整部分商品或服务的类别。此外，《尼斯协定》还建立了按字母顺序排列的商品和服务表（简称字母顺序表），并对每个商品和服务项目进行编码。这种编码有利于实现商标检索的计算机化。根据世界知识产权组织的要求，《尼斯协定》各成员国于 2012 年 1 月 1 日起正式使用尼斯分类第十版。

6.《主要产品分类》体系

联合国统计署为了协调已用于各种目的的产品分类目录，并考虑到 HS 和 SITC 使用的局限性，于是产生了对全部产品进行统一分类的设想。建立主要产品分类的目的就是要对经济活动的全部产出，包括可运输商品及不可运输商品和服务进行分类，为商品和服务的统计数据的收集以及数据间的国际比较提供一个框架。

《主要产品分类》（CPC）为五级结构：一级为 10 个部类（sections），以 1 位数编码；二级为 71 个类（divisions），以 2 位数编码；三级为 294 个组（groups），以 3 位数编码；四级为 1162 个小类（classes），以 4 位数编码；五级为 2093 个子小类（sub classes），以 5 位数编码。

尽管 CPC 的问世比《国际标准产业分类》的最初方案的提出足足晚了 40 年，但它却和《国际标准产业分类》一样成为联合国统计司的核心统计分类。国际统计署需要根据巨大变动的经济结构进行调整，以便增强 SITC 和 CPC 的适应性。欧洲联盟（以下简称欧盟）和北美除了根据 SITC 建立和更新了"欧洲共同体内部按经济活动划分的产业分类"（NACE）和"北美产业分类体系"（NAICE）之外，还根据 CPC 建立和更新了"欧洲共同体内部按经济活动划分的产品分类"（CPA）和"北美产品分类体系"。

2.4.2 我国贸易商品分类目录

1. 国家标准商品目录

为适应现代化经济管理的需要，以国家标准形式对商品、产品、物资进行科学的、系统的分类编码，称为国家标准商品分类。国家标准商品分类的主要目的是：便于进行国民经济计划、统计及各项业务活动；有利于实行商品分类编码标准化；有助于建立现代化的、统一的商品信息系统，以实现经济管理现代化，提高经济管理水平。美国、英国、法国、德国、俄罗斯、日本等许多工业发达国家都制定和实施了商品分类编码国家标准。我国在 1987 年发布和实施了商品分类国家标准 GB 7635—1987《全国工农业产品（商品、物资）分类与代码》。该分类编码体系是国民经济统一核算和国家经济信息系统的重要基础，各部门各地区在进行计划、统计、会计等工作时，必须按本标准及有关使用要求整理上报材料，以保证信息交流和资源共享。

1997 年我国开始了 GB 7635—1987 的修订工作。修订中，既考虑到分类编码的科学性，方便延拓，利于使用，又要兼顾与国际通行标准的接轨和与国内现行有关标准的协调，最后选择了使用 CPC 作为新标准的研制依据，确定了该标准的主体结构等效采用 CPC 的总体原则。经反复协调修改，1999 年 10 月形成新标准目录的征求意见稿和送审稿。经过广泛征求意见，特别是各行各业 100 多位资深专家的参与，新标准终于完成总审定，于 2002 年 8 月 9 日正式发布，2003 年 4 月 1 日起实施。新标准作为修订标准项目颁布，并保留原标准编号不变。该修订标准项目分为两个部分，即 GB/T 7635.1—2002《全国主要产品分类与代码　第 1 部分：可运输产品》和 GB/T 7635.2—2002《全国主要产品分类与代码　第 2 部分：不可运输产品》。

2. 国内贸易商品分类

为便于商业部门组织和进行商品购、销、调、存以及商业计划、统计、会计等业务活动，需要对国内贸易商品进行科学分类，并根据不同要求和业务特点的需要编制商品目录，如为满足商品销售需要的商品经营目录；满足储运部门需要的储运商品目录；为各级领导、商业部门了解情况和制定政策，编制和检查计划，促进生产安排市场和指导业务提供资料的商品统计目录等。国内贸易商品分类应在国家标准分类的基础上进行标志，分类原则不得违背国家标准商品分类的类组划分，组代码和行业代码也应与国家标准相一致。商业部分可以根据自身业务需要，对国家标准商品分类中的商品类组进行延展和细分。

3. 对外贸易商品分类

随着我国对外经济贸易的发展，在进出口业务、海关管理、外贸统计、国际商情分析、市场及关税的研究、利用惠普制度扩大出口等方面的活动，均涉及国际贸易商品分类问题，因此需要根据国际商品分类制度编制我国的对外贸易商品分类目录和分类体系。我国已制定和颁布实施了《对外贸易出口业务统一商品目录》《中华人民共和国海关进出口税则》《中华人民共和国海关统计商品目录》和《商检机构实施检验的进出口商品种类表》。

（1）《对外贸易出口业务统一商品目录》。1954 年，中华人民共和国国家统计局颁布了《中华人民共和国对外贸易统一商品目录》，经过 30 多年的实践和几次修订，于 1986 年形成了适于外贸计划、统计、财会通用的《对外贸易出口业务统一商品目录》。该目录主要根据商品的属性及用途，参照 SITC，并适当照顾外贸专业公司的经营分工，将外贸经营商品分为农副产品、纺织品、轻工业品、五金矿产品、化工医药品、机械设备和其他七大部分，共 38 类，采用 4 位数字编码。《对外贸易出口业务统一商品目录》适用于全国对外贸易行政主管机关、各级进出口公司和外贸公司，包括有经营进出口权的厂矿企业。

（2）《中华人民共和国海关进出口税则》和《中华人民共和国海关统计商品目录》。中华人民共和国海关总署以目前国际上广泛采用的 HS 为基础，结合我国实际进出口货物情况编制而成的《中华人民共和国海关进出口税则》和《中华人民共和国海关统计商品目录》，自 1992 年 1 月 1 日起实施。该税则和目录按照 HS 的归类原则和方法，把我国进出口商品划分为 21 类、97 章、6000 多项税目或品目，采用 8 位数字商品编码，前 6 位数码及其商品名称与协调制度完全一致，第 7 位和第 8 位数字是根据我国关税、统计和贸易管理的需要增设的。进出口货物的收、发货人或其代理人报关时，必须在报关单上填报 8 位数字的商品编号或税则号以及目录规定的计量单位。

（3）《商检机构实施检验的进出口商品种类表》。为适应对外贸易发展的需要，加强对实施法定检验的进出口商品的管理，中华人民共和国国家进出口商品检验局于 1991 年实施了重新修订的《商检机构实施检验的进出口商品种类表》。该表包括两部分内容：第一部分由商检序号、HS 的编码、CCCN 的编码、SITC 的编码、《对外贸易进出口业务统一商品目录》的编码、中英文对照商品名称和计量单位等 7 个栏目组成；第二部分按照商品目录制定的商检内部管理要求，由监管方式、检验签证周期、检验有效期、证书限制、检验标准代号等 5 个栏目组成。全部内容都编成了应用软件，为现代化管理奠定了基础。《商检机构实施检验的进出口商品种类表》按照 HS 的分类原则和方法，将进口商品分为 17 大类、303 个品种，将出口商品分为 17 大类、589 个品种，共计 892 种商品。

【本章小结】

对商品进行科学合理和系统的分类是商品学重要研究的内容之一。根据一定的目的，选择恰当的标志，将任何一个商品集合总体逐级进行划分的过程叫作商品分类。商品分类基本方法有线分类法和面分类法；与之相应的分类体系分别是线分类体系和面分类体系。两种分类方法各有长短，实际中常结合使用。

分类标志是编制商品分类体系和商品目录的重要依据和基准。商品的自然属性或社会经济属性都可用作分类标志。常用的商品分类标志有商品用途、商品加工方法、原材料、化学成分等。商品编码是赋予分类体系中不同类目的商品以统一的代表符号的过程。编码中所用的标识性的商品代表符号称为商品代码。最常用的代码为数字形代码，常用编码方法有层次编码、平行编码和混合编码。商品分类标志的选择必须遵循相应的原则。

商品条形码也是一种商品代表符号，它是由一组规则排列的"条"、"空"符号及其对应的数字代码组成的商品标识。条形码技术现已普遍推广，大大加快了商品流通的速度。目前世界范围内广泛使用的条形码分 EAN 和 UPC 两大系统，我国是国际物品编码协会成员国，使用 EAN 条形码。

商品目录是以特定方式系统记载相关商品集合总体类目、品种等方面信息的文件资料。从其内容结构分析，商品目录一般是商品名称、商品代码、商品分类体系三方面信息的有机结合；从其表现形式来看，商品目录是以表格、文字、数码等全面记录和反映相关商品集合总体综合信息的文件；从适用范围角度而言，商品目录有国际商品目录、国家商品目录、行业（部门）商品目录、企业商品目录；从业务性质角度而言，商品常见目录有外贸商品目录、海关统计商品目录、内贸商品目录和企业商品目录等。实现商品统一分类的编码是一种趋势。我国商品统一分类的编码标准包括两个部分：GB/T 7635.1—2002《全国主要产品分类与代码 第 1 部分：可运输产品》和 GB/T 7635.2—2002《全国主要产品分类与代码　第 2 部分：不可运输产品》。

【案例分析】

CIO 该如何维护商品编码

"如果给每个商品都维护一个编码，系统资源的占用会非常大，商场还得不断地扩充设备。要是商品编码给新品重复使用，那同编码不同商品的销售数据就会混在一起，不利于进行数据分析。"王主管坐在新机房里，盯着庞大的服务器直发愣。王经理出任百货商场 CIO（信息主管）的时候，就发现了很多疏漏和缺口。

王主管找到张经理，希望能在商场实行单品管理。王主管认为单品管理是零售业的管理趋势，好处显而易见。单品管理能获得单品的销售数据，以便进行分析和挖掘。有的品牌商为了牟利，私自收银和讲价议价，对百货店的基本利益会造成很大的损失，单品管理的有利之处是每件商品都会记录在案，既能更加完善现场管理又可以减少损失，还能提升商场 VIP 卡的含金量。前期工作是烦琐，可是上马之后好处源源不断。

张经理对单品管理倒是很感兴趣，可是这就意味着要上一套 POS，张经理有点犹豫。财务总监也对 100 多万元一套的系统持保留意见。他觉得百货商场经营得好，从商家拿走的利润就多；商户经营不好，百货商场可以随时让他们走人。主动权都在商场自己手中。

员工更是怨声载道。王主管就曾经在员工休息室门口听到有人说："换什么单品管理？还嫌我们不够忙呀？整天就忙着进货和退货了！"另外，供货商方面也存在配合的难度。例如，供货商需要出钱，而且他们对电脑也不放心，万一数据出问题怎么办。有的供货商干脆就说，我们没电脑，也用不着电脑。王主管又去做供货商的工作。

除了上述的协调工作，还存在其他一些难题，例如，服装类的商品款式更新很快，有的应季商品只卖几个月就不再进货了，这些商品的生命周期就只有短短的几个月甚至几天，而新品层出不穷。如果给每个商品都维护一个编码，那么这些编码的生命周期结束后，该怎么处理呢？是终止使用还是给以后的新品重复使用？选择前者，系统资源的占用就会非常大，数据库越来越庞大，对服务器和存储设备的要求也就越来越高，商场还得不断地扩充设备，而且已停用的商品编码越来越多，不利用进行分析和管理；要是选择后者，那同编码而不同商品的历史销售数据就会混在一起，也不利于进行数据分析。

王主管越来越头疼了，作为一个 CIO，为什么后盾资源都有了，自己却找不到方向？

思考：

1. 结合上述案例分析，该商场在商品管理和编码中遇到了哪些难题，应该如何解决。
2. 结合所学知识回答王经理应该如何对百货商店的商品进行编码和维护。

【理论考察】

1. 单项选择题

（1）不宜选用原材料作为主要分类标志的商品是（　　　）。

　　A. 面包　　　　　　B. 茶叶　　　　　　C. 服装　　　　　　D. 彩电

（2）线分类法的主要缺点体现在（　　　）方面。

　　A. 层次　　　　　　B. 逻辑性　　　　　C. 信息容量　　　　D. 结构弹性

（3）在同一层级范围内只能采用一种分类标志是选择标志时应遵循的（　　　）。

　　A. 目的性原则　　　B. 唯一性原则　　　C. 包容性原则　　　D. 逻辑性原则

（4）商品条码是用来表示商品标识代码的一种（　　　）条码，可被机器快速识读和处理。

　　A. 数字型　　　　　B. 字母型　　　　　C. 模块组合型　　　D. 条纹型

（5）在线分类体系中，上位类与下位类之间存在（　　　）关系。

　　A. 并列　　　　　　B. 从属　　　　　　C. 独立　　　　　　D. 复合

2. 多项选择题

（1）商品分类的基本方法主要有（　　　）。

　　A. 线分类法　　　　B. 面分类法　　　　C. 分层分类法　　　D. 分级分类法

（2）在商品分类实践中常用的分类标志有（　　　）。

　　A. 商品用途　　　　B. 原材料　　　　　C. 生产加工方法　　D. 化学成分

（3）商品代码的编制方法主要有（　　　）。

　　A. 顺序编码法　　　B. 层次编码法　　　C. 平行编码法　　　D. 混合编码法

（4）条形码的特点是（　　　）。

　　A. 容易制作　　　　　　　　　　　　　B. 输入速度快，操作简单

　　C. 准确性高　　　　　　　　　　　　　D. 经济、灵活、实用

（5）常见的国际贸易商品分类目录包括（　　　）。

　　A.《国际贸易标准分类目录》　　　　　　B.《商品名称及编码协调制度》

　　C.《海关合作理事会商品分类目录》　　　D.《全国主要产品分类与代码》

3. 判断题

（1）牛奶、酸奶、乳酸菌是以商品的生产方法为标志分类的。（　　　）

（2）电视剧、洗衣机适用于以商品的原材料作为分类标志。（　　　）

（3）在一个分类体系中常采用几种分类标志，往往每一个层级用一个适宜的分类标志。

　　　　　　　　　　　　　　　　　　　　　　　　　　　　　　　　　（　　　）

（4）农副产品和土特产品适用以商品的产地为标志进行分类。（　　　）

（5）塑料制品适宜采用生产方法标志进行分类。（　　　）

4. 简答题

（1）什么是商品分类？商品分类的作用有哪些？

（2）分类必须遵循哪些基本要求？

（3）在实际生活中商品编码应用在哪些方面？在社会生活中有何重要意义？

5. 论述题

在商品分类实践中，常用的分类标志有哪些？试比较其各自的优缺点和使用范围。

【同步实务】

超市商品分类与编码实训

实务描述：

熟练掌握商品分类标准的选用和商品条码内容，会识读商品分类目录，能胜任超市理货管理工作。

实务分析：

（1）分析分类方法和商品分类的依据，分析其合理性和可以改进的地方。

（2）熟悉商品分类、商品代码编写及条码使用。

实务要求：

（1）走访所在地的大型连锁超市，对 10 种以上商品进行调查研究。

（2）列举 2～3 种具体商品，分析该商品的代码属于哪类代码，并指出该代码的结构。

（3）谈谈自己实习的心得。

实务步骤：

（1）指导教师安排学生进入连锁超市进行实习。

（2）全班分小组讨论。

（3）指导教师对小组讨论过程和发言内容进行评价和总结。

（4）3～5 人一组，每小组完成一份 PPT 汇报材料及一份相关内容的分析报告。

实务评价：

填写评分表（表 2-9）。

表 2-9　　　　　　　　　　　　　　　　　　评　分　表

学生姓名	自评得分	小组评分	教师评分	总分

注：① 每人总分为 100 分；

　　② 学生自评满分为 20 分，小组评分满分为 30 分，教师评分满分为 50 分；

　　③ 三项分数相加为学生本次实务的最后得分。

第3章 商品的品种与质量

学习目标

1. 理论目标：

了解研究商品品种的意义；

理解商品品种的概念，商品质量的概念、构成和特点；

掌握商品品种类别和发展规律；

掌握商品质量的基本要求及影响因素。

2. 实务目标：

能够熟练掌握商品品种名称，并能识别常用商品品种；

能够运用商品品种结构及其优化的知识，分析当地大型连锁超市的商品品种结构是否合理。

导入案例

"质量祸患猛于虎"

由于市场上婴幼儿奶粉频频曝出假冒产品、问题产品。一时间，消费者议论纷纷。本应提供养料的奶粉，却残害着婴幼儿的身体健康，甚至出现不少婴儿死亡的案例。头大，浮肿，低烧，如此娇嫩的幼小生命承受了不应有的灾难。新华社在报道中写道："当前在农村消费市场上，婴儿奶粉良莠不齐，使代替外出打工的儿女照顾婴儿的农村老人难辨真假。在千万农村'留守家庭'中，吃不到母乳的娃娃们的生命安全正被劣质奶粉的黑影笼罩。"

商品品种是商品学研究的重要内容之一，也是从事商品经营和管理工作必须掌握的知识基础。只有既重视商品质量，也重视商品品种，生产组织才能真正满足人们的消费需求，从而获得最高的经济效益。

3.1 商 品 品 种

3.1.1 商品品种的概念

商品品种是指按某种相同特征将商品划分，使商品组成不同的商品群体，或者是具有某种（或某些）共同属性和特征的商品群体。

商品品种从整体上来研究商品的使用价值，是一个宏观概念。各大类商品都拥有大量丰富的商品品种，而中、小类商品也拥有较多或一定数量的商品品种。商品是一定商品群体的整体使用价值或社会使用价值的反映。不同的消费结构对不同水平的使用价值及不同的品种规格有不同的要求。从全社会来说，对于全社会的消费需求和消费结构，大类商品的品种及其结构要与之符合，同时对于社会不同阶层、不同社会组织的消费水平，各类商品的品种也应与之相符合。

对商品整体来说，商品品种运动和发展受到法律、技术、经济、社会等多种因素的影响和制约，是一个种类繁多、结构复杂、不断推陈出新的可控制的物质系统。商品品种问题有工程技术问题，也有经济学、法学等问题，对于各种各样的商品品种问题，需要多学科共同研究来解决。从商品使用价值角度来讲，商品学研究商品品种，找出其发展变化的规律，包括一般规律和特殊规律。商品品种规律只有与科学技术发展规律、政治经济学规律等相结合时，才能组织规划商品品种的变化和发展，实现商品品种的最佳构成，使商品品种以最佳的程度与消费需求相符，从而实现商品使用价值，获得最佳的经济效益。

3.1.2 商品名称的概念

商品名称，也就是商品的名字、对商品的称呼，如饮料酒、服装、棉布男夹克衫、五粮液牌白酒等。上述几个商品名称所覆盖的商品有明显不同的范围。有的覆盖范围很大，代表整个一大类商品；有的覆盖范围很小，甚至只是代表一个商品品种。对商品名称进行分类的标准之一是根据商品分类的层次或商品名称的繁简程度进行分类。

（1）根据商品分类层次的不同，商品名称可分为大类商品名称、中类商品名称、小类商品名称和细类商品名称等。

1）顾名思义，大类商品采用的名称叫作大类商品名称，其特点是体现商品生产和流通领域的行业分工，如如五金类、化工类、食品类、水产类等。

2）中类商品采用的名称叫作中类商品名称，其特点是体现具有若干共同性质或特征商品的总称，如食品类商品又可分为蔬菜和水果、肉和肉制品、乳和乳制品等。

3）小类商品采用的名称叫作小类商品名称，对中类商品的进一步划分，其特点是体现具体的商品名称，如肉制品中可以分为香肠制品、火腿制品、腌制品、干制品、熏烧烤制品、油炸制品等。

4）商品品种名称叫作细类商品名称，是指商品品种的具体名称，其特点是更具体地体现商品的具体特征，如 $39°$ 五粮液、$48°$ 五粮液、$52°$ 五粮液等。

（2）根据商品名称繁简程度的不同，商品名称可分为简单商品名称和复杂商品名称。

1）构成商品名称的文字短，所覆盖的商品属性或特征内容少，主要适用于大类和中类商品名称的叫作简单商品名称，如服装、白酒、首饰等。

2）构成商品名称的文字长，所覆盖的商品属性或特征内容多，主要适用于细类名称和小类商品名称的叫作复杂商品名称，如五粮液牌白酒、纯化纤儿童服装等。

对商品名称如果不加以规范，随意命名或者改动，则会造成经营管理的混乱，产生经济纠纷。所以规范商品名称具有十分重要的意义：

1. 有统一的命名准则

商品名称按照规范命名，不仅使现有商品得到正确命名，还可以使商品名称有统一的衡量准则和尺度，也是与科学技术飞速发展、满足新商品命名的需要相适应的。

2. 促进市场经济的发展

规范商品名称，是避免因商品名称混乱所造成的经济纠纷的重要途径，是实施商品经营管理的基础，有利于规范商品流通的秩序，促进社会主义市场经济的发展。

3. 为名优商品保证信誉

规范商品名称，可使名优商品的名称在广大消费者心目中留下鲜明印象，由此为企业树立良好形象，提高商品竞争能力，为名优商品保证信誉。

4. 维护广大消费者的利益

规范商品名称，避免商品名称混淆视听，有利于维护广大消费者的利益，防止冒牌商品坑害消费者。

3.1.3 商品命名的原则

商品命名，是指赋予某一种商品或一类功能上相同的商品明确并便于区分的名字。商品命名应遵循如下原则：

（1）对已有名词术语标准的，应当遵循标准的规定。名词术语标准是基础标准，具有广泛指导意义，是协调各个行业实现共同目标的重要依据，是商品命名必须遵循的首要原则。

我国名词术语的规范在近几年开始得到各行业的重视，在各行业中不断完善，进展很快。现在已有很多商品，如纺织品、保温瓶、橡胶制品、服装等都制定和贯彻了名词术语标准。在商品生产和商品流通过程中这些标准起到了十分重要的作用。

（2）商品名称应是已经在商品名称体系中用过的，或众所周知的商品名称，同时在任何情况下都能确定被人们正确理解。

现在被广泛使用的商品名称非常多，其形成过程也有明显不同。例如，有的是在日常生活中长期使用而形成的商品名称，如旗袍、唐装；而有的是在长期贸易中形成的商品名称，如西裤、西装；还有的是在长期生产中形成的商品名称，如裘皮大衣、毛皮大衣；另外还有些商品名称是国外音译，或音译加意译，如沙发（sofa）、咖啡（café）、香槟酒（champagne）、圆珠笔（ball pen）等。

（3）词语表意准确，表达简洁明了，易于构词和协调统一，直接表述商品的类别特性。词语表述准确，就是指商品名称表达的意思必须准确。例如，茶叶，是茶花的叶子；篮球，是以篮子为投掷标靶的球。

表达简洁明了，就是指商品名称简短，方便书写和记忆，尽量精简。例如，手机、台灯等，字数少，多为2~3个字组成。

易于构词，就是指商品名称容易构成或派生出与其有关联的名称。例如，包，以前有箱包、手包、书包等，后来市场上又出现了电脑包、化妆包等，将来还会出现其他包。

协调统一，是指商品名称在部门、专业、行业和国家，甚至在整个世界范围内，命名方式相互协调统一。

（4）一个名称只能表达一种商品。一种商品只能有一个名称，这就是说，具体商品必须与商品名称一一对应，否则会引起误解和混乱。

3.1.4 商品品种名称及其构成

商品品种是商品交换过程中涉及的具体商品对象，直接表示一种具体商品的是商品品种名称。

1. 商品品种名称的概念

如上面所述，商品品种名称，是指商品品种的具体名称，是属于商品名称的细类层级。商品品种名称是商业企业在制订商品品种计划时所涉及的具体对象，是在从事商品交易活动中签订和执行合同条款的内容之一，是商品交易数据统计和商品信息表述的具体内容，也是反映了广大消费者对商品的具体需求的重要途径。

　　从其简洁明了程度看，商品品种名称基本上属于复杂商品名称的范畴，但也并非全部如此。商品品种名称也可分为简单商品品种名称和复杂商品品种名称两类。简单商品品种名称，主要对象是大类商品和中类商品，如畜肉及其制品、水产品及其制品、豆产品及其制品、茶叶、干果蔬菜等；复杂商品品种名称，主要对象是小类和细类商品，如糖果、饮料酒、纺织品、针相织品、日用搪瓷及日用金属制品、电子音像器材及家用电器等范围内的商品品种名称。部分复杂商品品种名称实例如表 3-1 所示。

表 3-1　　　　　　　　　　　　　　　复杂商品品种名称实例

商品大类	品种名称	商品大类	品种名称
饮料酒	五粮液牌 52 度白酒 五星牌特制五星啤酒 12 度	鞋帽	女布棉鞋 男牛皮鞋
纺织品	全线浅色灯芯绒 毛毡顺毛大衣呢	日用化妆品	中档木梗火柴
针棉织品	麻涤交织儿童汗衫 全棉成人全白毛巾	石油制剂	1 号溶剂稀释型硬膜防锈油
服装	精纺男中山服套装 狐狸皮挂面服装	交通器材	上海产永久牌普通自行车

　　2. 商品品种名称的构成

　　在了解了什么是商品品种名称之后，商品品种是如何构成的呢？以简单商品品种名称为例，其构成比较简单，基本上是以形容性词根加上名词词根所构成。由于形容性词根不同，其名称类型有以下几种：

　　（1）用途性词根构成的商品品种名称，如作文本、加湿器、辅食碗。

　　（2）性质性词根构成的商品品种名称，如电路板、交流电机。

　　（3）位置性词根构成的商品品种名称，如外套、内衣、外胎。

　　（4）结构性词根构成的商品品种名称，如电子表、电钢琴、数码相机。

　　（5）来源性词根构成的商品品种名称，如玉米油、酸奶冰激凌、苹果汁。

　　（6）形状性词根构成的商品品种名称，如圆筒、平键、笔筒。

　　（7）声音性词根构成的商品品种名称，如乒乓球。

　　（8）人名、企业名、地名和国名性词根构成的商品品种名称，如东北大米、浏阳花炮。

　　以上是简单商品品种名称的构成，那么我们再来看看复杂商品品种名称构成：其构成比较复杂，一般是由两种或两种以上形容性词根或属性和特征与名词词根构成。除简单商品品种名称所列的之外，其中形容性词根有的还要进行细化——加上品牌、商标、花色、型号和质量等级等，如表 3-1 所示。

3.1.5　商品品种类别

　　根据不同的分类标志，可以进行商品品种的分类，常见的分类方法有以下几种：

　　1. 按照形成的领域不同分类

　　按照形成的领域不同，商品品种可分为生产品种和经营品种。由工业或农业生产者提供给批发商业企业，这样的商品品种叫生产品种，其可通过生产规划、计划和产品目录体现出来；批发商业企业和零售商业企业销售的商品品种叫作经营品种，可通过经营规划、计划和商品目录体现出来。两者体现方式不同，形成的领域也不同。

这两种商品品种为了获得较好的经济效益，一方面特定经济形势下的资源状况和生产技术能力对其有着重要影响，另一方面消费需求的结构及其变化也起到了关键的导向作用。正确的规划商品品种是企业获得经济效益的一个重要前提。根据市场需要和消费需求的变化，生产部门必须不断调整生产品种和开发新品种，同时也要保证产品结构完整、商品品种合理和的商品质量水平高；根据市场需求和竞争需要，商业部门必须确定和调整企业发展战略中的品种计划，对于商品品种的构成、完善和策略等问题必须重视起来。

2. 按照横向广度不同分类

具体商品类中的变种（品种）数目就是商品品种的横向广度。

按照商品品种的横向广度不同，商品品种类别可分为简单商品品种和复杂商品品种。具体商品类中只有很少的变种数目的商品品种就是简单商品品种，如铅笔、书包、大米等；具体商品类中具有很多的变种数目的商品品种就是复杂商品品种，如服装、鞋类、食品等。服装商品的品种类别如表3-2所示。

表 3-2 服装商品的品种类别

类别	女服	男服	童装	婴儿服
外衣	大衣 风衣 上衣 裙子 短外衣 夹克衫 套装 裤子 衬衣 针织外衣 皮革服装 工作服 衣饰中小配件	大衣 风衣 西装 短上衣 夹克衫 裤子 针织外衣 皮革服装 工作服 衣饰中小配件	同男女服装相似 童裤 连衣裙 连衣裤	小洗礼服 小连衣裙 户外套装
内衣	胸衣 内衣 睡衣 晨衣 连袜裤等	衬衫 内衣 睡衣 晨衣 短袜	同男女内衣相似	小衬衫 短上衣 背心连裤 尿布 睡袋
运动服	气功衣、体操服、运动裤、网球衣、滑雪服、游泳衣、旅行衣、猎装			

取决于消费对其需求的广度及其变化，简单商品品种和复杂商品品种这两种商品品种是相对的。消费者的需求具有多样性，且变化大，则商品成为复杂商品品种；消费者的需求具有单一性，且变化不大，则为简单商品品种。所以一定要从实际出发经营商品，特别要注意复杂商品品种，以及简单商品与复杂商品的动态转变，使其能真正满足消费需求。

3. 按照纵向深度不同分类

商品品种按照商品品种的纵向深度不同，可分为粗的商品品种和细的商品品种。不包括规格、式样、颜色、包装等特性值的商品品种叫作粗的商品品种；而包括规格、颜色、式样、包装等特性值的商品品种叫作细的商品品种。

消费需求的深度及其变化，决定了粗的商品品种和细的商品品种的区别。消费者对其需求具体，变化小，这是细的商品品种形成的依据；反之，消费者对其需求广泛，变化大，这是粗的商品品种形成的依据。制订商品规划和计划过程中，一般涉及的是粗的商品品种。这是由于在订立供货合同时，要对所有商品的特性值进行详细规定，这时就涉及细的商品品种。这两种商品品种，可通过商业企业必备商品目录体现出来。

4. 按照重要程度不同分类

按照重要程度不同，商品品种可分为日常用商品品种（必备商品品种）和美化、丰富生活用商品品种。日常必备的商品品种叫作日常用商品品种（必备商品品种），如粮食、调料、服装等类别商品中的品种；美化和丰富生活的非日常必备的商品品种叫作美化、丰富生活用商品品种，如高档电子产品、高档化妆品等商品品种。

根据重要程度不同，商品品种还可以分为主要商品品种和次要商品品种。与国计民生密切相关的商品品种叫作主要商品品种，如粮食、瓜果、蔬菜、食盐、禽肉类等类别商品中的商品品种；与国计民生无关紧要的商品品种叫作次要商品品种，如电子科技产品、工艺美术品等类别商品中的商品品种。

5. 按照经销行业不同分类

按照经销商品品种的行业不同，商品品种可划分为更多的商品品种。例如，钟表、首饰、乐器、照相器材；纺织品、皮革制品；电子电器商品、体育用品；杂货、食品、医药品；文具纸张、办公用品、图书；五金制品、玻璃制品、壁纸和地面铺设用品等。一般情况下，大多由不同的专营商店或百货公司的各商品部来经销这些具有行业特征的商品品种。

6. 按照消费者经济水平差别不同分类

按照消费者经济水平差别不同，商品品种可分为低档商品品种、中档商品品种和高档商品品种。质量和价格水平较低的商品品种叫作低档商品品种；质量和价格水平较高的商品品种叫作高档商品品种；质量和价格水平介于高档和低档之间的商品品种叫作中档商品品种。

7. 按照消费者对某方面的需要不同分类

按照消费者对某方面的需要不同，商品品种也可以被划分成不同的商品品种。例如，按照消费者对活动范围的需要不同，商品品种可分为生活用品、旅行用品、运动用品等商品品种类别；按照消费者对生活范围的需要的不同，商品品种可分为从属于消费者的不同商品品种（配套品种），如卧室用品、儿童用品、园艺用品、洗涤用品、装饰用品、办公用品、文化用品等。这种按照消费者的某方面需要不同来划分商品品种的划分方式，由于打破了传统的行业界限，出现了有利于销售和消费者选购的许多专门商店。

3.1.6 商品品种结构及其优化

1. 商品品种结构的概念

各大类商品及每类商品中的不同品种按照一定的比例组合叫作商品品种结构，即在全部商品总量中，按满足不同层次需求或按经济用途，各大类商品及每类商品中不同品种规格商品的数量所占的比例。

商品品种结构的排列是按照金字塔形拓扑排列的，如图 3-1 所示。

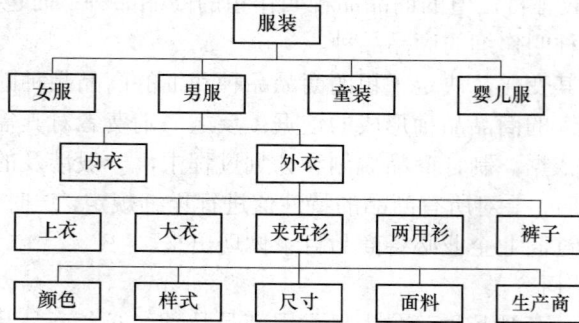

图 3-1 服装商品的品种结构

由图 3-1 可知，商品结构（商品品种组合）状况体现在商品品种在消费者对商品广度的要求上，这也是消费需求结构的间接反映。商品品种的结构应适应消费需求的结构及其变化。应考虑市场需求和消费需求因素来确定具体商品品种的构成，如消费者年龄、性别、受教育的水平、经济状况、喜好、消费能力和当地的风俗文化等。消费需求以及消费结构是动态的、处于不断变化状态的，随着科学技术水平、人口组成、社会经济发展水平等的发展而发展。这种发展一般呈曲线上升趋势，因而商品品种结构必须不断调整和适应消费需求和消费结构的变化情况。商品能否满足广大消费者消费需求的多层次、特殊化、多样化、个性化、专业化要求，其根本的原因就在于商品品种结构是否合理。应重视商品品种及品种结构的研究，促进商品品种结构的合理化。

2. 商品品种结构优化的原则

商品品种结构必须与人们的实际需求和消费结构及其变化相适应，这是商品品种结构优化的总原则，具体如下：

（1）必须与消费需求结构相一致。生产或经营的商品品种必须适应社会不同人群、不同阶层、不同社区、不同背景的消费水平和消费爱好。

（2）必须符合社会需求与供给能力的客观实际。市场对商品的引力由社会需求状况体现，供给商品的实力由供给能力大小体现。市场吸引力是社会需求状况的反映，包括商品对国计民生的影响力、利润率、市场占有率、销售率、增长率等；企业满足市场要求的能力是商品供给能力的反映，包括市场容量、技术水平、生产能力、销售能力以及客户服务能力等。只有定性、定量分析商品市场引力和供给能力，在分析的基础上，对老品种进行改进，对新品种进行开发，才能使生产的商品满足市场消费需求，使商品品种结构与市场消费需求结构相符。

（3）必须与消费需求变化相适应。从动态角度看，商品品种结构与消费需求变化相适应，为了保证商品品种及其结构与消费需求及其结构的相符程度达到最佳化，这是必须遵循的原则。因为人们的消费需求及其结构会随着社会的发展和时间的推移发生变化，商品品种结构也应随之变化和调整。

【知识拓展】

大 宗 商 品

大宗商品是指可进入流通领域，但非零售环节，具有商品属性用于工农业生产与消费使用的大批量买卖的物质商品。在金融投资市场，大宗商品指同质化、可交易、被广泛作为工业基础原材料的商品，如原油、有色金属、钢铁、农产品、铁矿石、煤炭等。包括 3 个类别，即能源商品、基础原材料和农副产品。

农副产品约 20 种，包括玉米、大豆、小麦、稻谷、燕麦、大麦、黑麦、猪腩、活猪、活牛、小牛、大豆粉、大豆油、可可、咖啡、棉花、羊毛、糖、橙汁、菜籽油、鸡蛋等，其中大豆、玉米、小麦被称为三大农产品期货。

金属产品 10 种，包括金、银、铜、铁、铝、铅、锌、镍、钯、铂。

化工产品 5 种，包括原油、取暖用油、无铅普通汽油、丙烷、天然橡胶等。

3.2　商　品　质　量

3.2.1　商品质量的概念、特点和构成

1. 商品质量的概念

商品质量随着科技的发展一直处于不断深化的过程，而且从不同的角度、不同的侧重点出发，对商品质量的理解也不尽相同。我们对商品质量观做了狭义和广义的区分。

（1）狭义的商品质量观：

1）自然属性观。此观点认为：所谓商品质量，就是商品的自然属性，即商品各种自然属性给商品带来的质量因素，如商品的形状、稳定性、外观、气味、性能等。这些因素是对商品使用价值优劣度进行评价的综合，是对商品质量的基本要求，是判定商品质量合格的基本依据。

2）社会属性观。此观点认为：所谓商品质量，就是商品的社会质量，即商品各种社会属性给商品带来的质量因素，包括商品的市场性、经济性、社会性等，这些因素为商品质量提出了更高的要求。

（2）广义的质量观：如同商品是一个完整的概念一样，商品质量也应该是一个完整的概念。在一定条件下，这些对商品使用价值优劣度进行评价的商品的各种自然属性和社会属性、有形质量和无形质量、内在质量和外在质量、满足明确需要和隐性需要的能力的特征和特性的总和，我们将其看作是完整的商品质量。

2. 商品质量的特点

从广义的商品质量观，可以总结出两个商品质量特点。

（1）综合性。定义中的"有形质量和无形质量、内在质量和外在质量、满足明确需要和

隐性需要的能力"体现出商品自然属性和社会属性具有有形和无形状态，商品质量具有内在和外在特性，所以商品质量是一个综合性概念，它应该全面满足消费市场的需求。

（2）动态性。定义中的"在一定条件下"，体现了商品质量是一个动态性概念。处于不同的生产力发展阶段和不同历史时期，商品质量属性的内涵也不同，随着科学技术的进步、生活水平的不断提高和社会的前进发展而不断地修订、发展、变化，并且如此循环往复。例如，在物资匮乏的年代，消费者注重商品的实用价值，而如今，消费者变得既注重商品的实用价值又注重商品的审美价值，要求商品既能满足其在物质上的需要，又能使其获得一定程度的精神上的享受。

3. 商品质量的构成

（1）在外在表现形式上，商品质量由外观质量、内在质量和附加质量三部分构成。

商品的外部形态以及通过人们的感觉器官所能直接感受到的质量特性叫作外观质量，如商品的色泽、气味、结构、造型（如形状）、式样、规格（尺寸、大小、轻重）等。通常人们在购买商品时，首先会对其外表进行检查，看有无异样。这些实际都是对商品外观质量的确定。

人们的感觉器官不能直接感受到，只能通过测试、实验手段所能反映出来的商品特性叫作内在质量，如商品的化学、电气、机械及生物学性质。

商品的信誉度及销售服务等内容给其带来的质量特性叫作附加质量。

上述三者相互内在联系，通过外观质量表现商品的内在质量，并通过附加质量充分体现商品的内在质量。

（2）在商品形成环节上，商品质量由设计质量、制造质量和市场质量构成。

在生产过程实施之前，设计部门的设计人员对商品品种、规格、造型、材料、装饰、包装等方面进行设计，在设计的过程中形成的质量因素叫作设计质量。设计质量是商品质量形成的前提条件和起点，它会直接影响商品的最终整体质量。如果设计质量出现了某些问题，不能得到有效保证，那么商品的最终整体质量必然将会不合格。

在确定设计质量后，进入到生产过程。在生产过程中所形成的符合设计要求的质量因素叫作制造质量，它在商品质量形成过程中也起关键性、决定性作用。虽然商品设计质量没有出现问题，但在生产过程中，如果不进行质量管理和控制，那么同一批商品就会有优等品、次品、合格品和不合格品之分。

商品经过生产加工后，流入消费市场。从市场观念的角度看，研究商品质量适应市场需求和满足供求关系的商品社会属性质量的总和叫作市场质量。商品进入流通领域后，形成的质量因素——市场质量，对商品整体质量的形成起着至关重要的作用。它以消费者需求为前提，直接反映了消费者对商品物质上的要求和精神上的欲望。虽然商品的设计质量和制造质量没问题，但如果在市场销售过程中无法满足消费者的需求，无法保证商品的销售质量，也不能称之为完美商品。

（3）在商品的有机组成上，商品质量由自然质量、社会质量和经济质量构成。

商品自然属性给商品带来的质量因素叫作自然质量，它是构成商品质量的基础。商品社会属性所要求的质量因素叫作社会质量，它是商品质量满足社会需要的具体体现。

由商品的经济性所形成的质量因素叫作经济质量，在商品成本、使用费用和使用寿命三个方面体现了商品的经济性。其中，商品成本是指商品生产时购买原材料，商品进入流通领域后物流、售后安装、配套等所产生的费用；使用费用是指使用商品时所产生的资源消耗、维修费用、培训操作费用、放置和安装占用的地面和空间位置等；使用寿命（也叫商品自然寿命）是指商品在一定条件下从开始使用至无法保持正常工作为止的时间间隔。经济质量是商品消费时对市场销售方面进行投入所要考虑的质量因素，反映了人们对商品质量经济方面的要求。

4. 提高和保证商品质量的意义

（1）有利于促进生产力的发展，提高生产技术和管理水平。

以质量求生存，以品牌求发展，以效益求进取，这是企业在激烈的市场竞争中立于不败之地的重要理念。商品质量又是树立品牌、提高效益的重要保证。因此，企业必须有严肃的质量意识，狠抓质量管理，把质量视为企业延续生命的重要依据。不断开展技术创新，进行技术改造，提高技术水平；不断推广新技术、学习新工艺、引进新设备、尝试新材料。同时，建立和健全各项规章制度，努力改进落实各项管理工作，促进生产力的发展，保证商品质量。

（2）有利于增加社会的财富和提高人民的生活水平。

商品的质量越好，越能满足公民和社会的需要，越能充分利用生产资源，生产效率越是得到有效提高。所以，提高和保证商品质量等于增加和创造了社会财富，同时也保证了人民生活水平得到不断的改善。

（3）有利于企业市场竞争能力的提高。

企业间的竞争，就是商品间的竞争，焦点就是商品的质量、品种、价格。因此，要提高企业生产的商品的市场竞争力，为企业带来效益，就必须在提高商品质量、发展商品品种上提高认识，生产出物美价廉、适应市场需求、用户满意的商品。

（4）有利于加快商品流通，加速资金周转，提高企业的经济效益。

质量优良和适应市场需求的商品能够很好地满足消费者的需求，激发其购买的欲望，从而可以搞活商品流通、扩大商品市场占有率、加速企业资金周转、提高企业经济效益。

3.2.2　商品质量的基本要求及影响因素

1. 商品质量的基本要求

根据商品用途、使用方法以及消费者的期望和社会需求来确定的对商品质量的基本要求。商品的种类庞杂，每种商品各有不同的用途和特点，对各种商品的质量要求也千差万别。而同时作为消费者和企业用户也对自己日常所购商品有一定的质量要求。对商品质量的基本要求可以归纳为功能保证性、可信性、性能稳定性、安全性、环保性、经济性、市场性和质量信息服务性等。

（1）功能保证性。

商品保证满足质量要求或完成规定功能和主要用途所必须具备的性能叫作功能保证性。例如，食品如果要具有营养功能，就必须含有一定量的营养成分。各种食品所含的营养成分和含量不同，其具有的营养价值也不尽相同。功能保证性要求是构成商品使用价值的基本内容，是评定商品质量的基本要求。

（2）可信性。

可信性是一个概念集合，具有集合性特征，它主要包括以下几点：

1）可用性。商品根据消费者和用户需要，随时能满足其预期的使用目的，叫作商品的可用性，即处于工作和可使用状态的程度。通常，可用是指当商品处于使用状态时；可用时间是指处于使用状态的时间，它包括商品非故障原因待用时间和实际使用时间；而停工时间是处于不能使用状态的时间。

可用性反映了该种商品在规定条件下持续保持其设计规定功能的能力。

2）适应性。被使用时，商品对外界条件的适应能力叫作适应性，包括商品与人、商品与周围环境的适应性。首先，商品对人要有较强的适应性。由于商品被各种不同层次的消费者购买并使用，消费者的素质和文化背景不尽相同，不是所有的消费者都完全了解商品的性能，因此不能保证商品在使用过程中不出现差错。为了避免使用者对商品操作失误或商品被使用者在规定以外的条件下使用，导致出现人为故障的可能性，设计时应尽可能考虑减少操作上的难度，以便减少人为操作造成的使用故障。其次，商品对不同的外界环境，如温度、湿度、卫生条件等也要有较强的适应性。适应性是评价高档耐用商品的重要质量标准。

3）可靠性。商品在规定条件下和规定时间内（使用寿命之内），完成规定任务的能力、可接受维修的能力、任意可用的能力等一系列能力叫作商品的可靠性。可靠性程度表明商品的使用价值真实可信的程度。在使用过程中具有的稳定性和平均无故障工作的时间是检验可靠性的主要标准。对于机电、电器类商品，可靠性是评价质量的重要指标之一。

4）维修性。商品在发生故障后能被迅速修好并恢复其功能的能力叫作维修性。商品的设计是否合理直接关系到商品是否可以维修、方便维修和容易维修。商品设计要考虑是否方便拆卸和更换；设计所涉及的所用零部件的采用尽量标准化、系列化、通用化，这样可以为零部件的替换提供方便性和可能性；设计的商品结构尽量采用组合式和插件式结构，这样可以为维修人员用仪器检测提供方便。这些都将使商品的维修效率提高，缩短平均修复时间。此外，零部件是否容易购买和商品本身技术含量多少也与商品是否可以维修、方便维修和容易维修有关。例如，一些进口商品（尤其是被国外企业垄断的商品）或刚刚更新换代的商品需要维修时，由于市场上还没有这些商品的零部件而无法维修；一些商品由于技术含量高，使用者无法自行维修，所以只能依靠生产者等。很明显，这些商品的可维修性差，为消费者带来了很多的不便，甚至是带来了经济损失。

5）耐用性。商品在使用过程中抵抗各种外界因素对其破坏的性能叫作耐用性。由于反映了商品的耐用程度和使用期限，耐用性直接关系到商品的使用寿命，它是对绝大多数日用工业品和耐用消费品质量的主要评定依据。

6）商品使用寿命。商品寿命分为商品自然（使用）寿命和商品社会（市场）寿命。商品在一定条件下从开始使用至无法保持正常工作为止的时间间隔叫作商品自然寿命；商品从投入市场到被市场淘汰所经历的时间间隔叫作商品的社会寿命。有些商品的自然寿命很长，但社会寿命短，这一类商品多属于高科技电子产品，如手机、电脑、汽车等；而有些商品的自然寿命短，但社会寿命长，如各种服装、生活日用品。

（3）性能稳定性。

商品在使用过程中性能始终处于不变动状态，叫作性能稳定性，它是对电器类和机械类商品质量性能的重要评价指标之一。例如，许多电器类耐用消费品，由于电路板、电机等由若干元器件组成，一旦某一元器件出现问题（运行失常或损坏等），就会造成整机性能不再稳定，造成性能波动的现象，时而运转顺畅时而停滞，使用性能难以保证。

（4）安全性。

商品在储存、流通和使用过程中保证人体不受伤害的性能叫作安全性。例如，出于安全考虑，食品必须符合卫生标准要求，不能含有对人体有害的物质或者病毒微生物的含量和有害物质的含量不超过食品标准允许的限量；化妆品中铅、砷、汞等有害微量元素的含量应在行业商品标准规定的限量以下；手机、电脑必须不可以破坏生态环境，对人体的辐射不能超过规定；带电商品（如家用电器）必须具有良好的绝缘性和防护装置；日用工业品中的洗护用品，应对人的口腔、皮肤无刺激性同时也无毒害性等。

（5）环保性。

商品对周围环境的保护性能叫作环保性。环保性要求商品在生产、流通、消费直至废弃回收或销毁阶段，均不会对社会和人类生存环境造成危害。目前，基于这个环保性要求，人们对于合理利用资源、可持续发展商品的研究十分关注，因为 "绿色" 代表纯净的环境，保护人类赖以生存的自然环境是目前全球推行绿色工程的主要出发点。

（6）经济性。

以最少的投入换取最大的利益叫作经济性。商品经济性是指商品的生产者、经营者、消费者都能用尽可能少的成本换取尽可能高水平的商品质量，从而使企业获得最大的经济利益，使消费者的消费总和最低，获得最大的使用价值。离开经济性孤立地谈质量，是没有任何实际意义的。一般由经济质量来衡量商品的经济性，经济质量越好的商品通常经济性越高。

例如，节能冰箱在日常使用过程中能够节省消费者的使用费用，虽然节能冰箱由于具有一定的技术含量，市场价格比较高，但由于有利于提高商品的经济质量，它就具有良好的经济性。

（7）市场性。

商品的市场质量适应市场消费需求的程度叫作市场性，主要指商品的适销对路性、商品的更新换代性和整体美观舒适性等。适销对路性就是指商品要与市场的消费习惯相适应、与国内外市场的消费水平相适应、与季节的变化相适应、与节日的需要相适应、与消费市场的时尚相适应等。通常这种相适应程度越高，商品的市场性就越好；反之，相适应程度越低，商品的市场性就越差。例如，季节性商品在销售淡季，由于市场需求较小，相适应程度低，表现出较差的市场性，而在旺季时则相反。

（8）质量信息服务性。

依照商品有关的质量法规，生产经营者有责任和义务通过商品或其包装上的规定标志以及包装内必备的有关文件，向消费者提供有用的质量信息，叫作质量信息服务性。

1）包装标志。按规定必须在商品或其包装上标明以下标志：质量检验合格证、认证标志，商品的中文名称、规格、型号和等级，商品的成分和含量及商品的商标和执行的技术标准编号等。通常没有包装的食品和其他根据商品特点难以标志的商品，可以不附加上述标志。

2）警示性标志。按规定在某些商品或其包装上还必须有警示性标志。例如，限期使用的商品要标明保质期或有效期（生产日期和安全使用期）或失效日期；因使用不当而容易造成商品本身损坏的商品、可能危及人身财产安全的商品，都要在明显的位置标有警示标志或者中文警示说明；剧毒、危险、防潮、易碎、有辐射、储运中不能倒置等有其他特殊要求的商品，必须按照相应的要求对其进行包装，用中文警示说明或者警示标志标明储运注意事项等。

3）生产许可证标志。被实施生产许可证管理的商品，还应标明批准的许可证编号、批准日期、审批单位和有效期限。

4）使用说明书。使用说明书必须于商品包装内随着商品流通。对于耐用性商品尤其是电器类商品，还应备有电路图、原理图，高档电器商品（一般都价格昂贵）还应备有维修手册等。比较完备的商品使用说明书应包括以下内容：商品的使用范围和条件、技术经济指标、质量保证期限、保存条件、安装方法、使用方法、维修方法、保养方法、注意事项等。

5）工序质检标志。对于工艺比较复杂、工序较多的耐用商品，按照质量管理对企业质量保证体系的要求，企业要对每道工序完成的零部件打上标记，如序号、批号、日期、件号、检验员号、操作员号等标记。

6）出厂地点和时间。在商品或其包装上标明生产厂厂址、厂名、联系方式、生产时间和产品有效期等。

上述商品质量的各项基本要求都是动态的、相联系的、相对的，特别是当对某种商品提出具体质量要求时，设计者不仅要根据商品不同的用途进行具体分析，而且还必须与人们的消费习惯、国民经济水平以及社会生产力的发展相适应。

2. 影响商品质量的因素

影响商品质量的因素是一个复杂的系统体系。社会再生产过程中，包括生产、流通、消费的每一个领域，都有许多因素在直接或间接地影响着商品的质量。所以按生产、流通、消费到废止的流程顺序，以商品质量的形成过程为主线，就主要因素进行分析。

（1）生产领域。

1）科学技术的发展。随着科学技术的发展，涌现出许多新材料、新工艺和新技术，这种条件下开发、研制和生产出的新产品要远远比旧产品的功能完善，且使用价值高，从而提高了商品的质量。目前市场上最新最好的商品质量水平往往通过采用高新科技生产出来的商品体现出来，科学技术已成为影响当前市场商品质量的首要因素。

2）科学管理和员工素质。在制造商品、商品质量的形成过程中，生产领域的设计、制造、检验、包装等环节都有人员的参与，所以商品质量必然要受到人员的管理能力、业务素质、技术水平、熟练程度、责任心和质量观等的直接影响。这就要求企业充分利用各种资源和科学（包括自然科学和社会科学）对生产进行科学化的系统管理，以保证商品质量体系处于最佳状态，从而达到商品质量最优的效果。关键是，要不断提高员工素质，从根本上保证商品质量。

3）市场调研与设计。商品开发设计的基础在于市场调研。通过市场调研，可以对消费者对商品质量的需求以及影响消费需求的因素准确了解，为商品开发设计提供了宝贵的发展方向。

商品质量形成的前提条件是设计质量，如果前期设计质量出现差错，即使后期制造工艺制造技术再高超，生产操作再精细，也生产不出质量合格的商品。

4）原料。决定商品质量的重要因素之一是原料，原料属于生产资料，是构成商品成品的原始物质，不同的原料有着不同的结构、成分和性质，使用其制成的成品质量差异性也大。因此，选择原料时，必须研究其成分、结构和性质对半成品或成品的影响，根据选择原料的标准，把好原料质量验收关。还要在不影响商品质量的前提下，综合考虑合理利用资源的问题，节约原材料同保证和提高商品质量绝不能顾此失彼，应当不断地发掘新材料，开发新商品品种，并最大化材料的利用率。

5）工艺和设备。工艺流程是指完成将生产原料进行加工形成产品的这一过程。工艺中的制造方法的差异和技术水平的高低，将对商品质量的好坏起着直接决定性的作用。很多情况下，虽然原材料相同，但由于采用不同的生产工艺，不仅会造成商品数量可能出现差异，商品质量也会发生变化。生产工艺中影响商品质量的重要因素是工艺、配方、工序之间的衔接、流程的安排等。

生产加工商品的必备装置就是设备，如检测仪器、机器、仪表和量具等。影响商品质量的一个重要因素就是设备的质量好坏、故障率的高低。质量差的或故障率高的设备是生产出不合格品的重要原因之一。生产过程中如果设备的性能不稳定，容易造成生产出的产品废品率高，质量差；生产过程中如果设备的性能稳定，就容易使生产出的产品废品率低，质量好。而设备的操作简易化、自动化、高速化和复杂化有时会增加设备发生故障的概率，故障影响的波及范围变广。因此，防止故障发生和降低故障发生率、加强设备管理与保养工作、保持设备加工精度是保证商品质量的必要条件。

6）环境。商品质量也受生产现场的温湿度、噪声、照明、室内悬浮物污染程度等环境因素较大的影响。其中温湿度、噪声和照明等是影响商品质量的间接因素，这些因素一般先影响现场操作或控制设备的工作人员，进而再影响由人操作或控制设备制成的产品的质量。例如，在温度异常高的生产车间，如果不采取相应的降温措施，就会造成操作人员异常烦躁，在这样的情况下操作人员容易出现误操作而生产出质量不合格的产品。室内污染程度则是影响商品质量的直接因素。

7）质量检验与包装。保证商品质量的主要手段之一就是质量检验。生产领域的质量检验包括原材料检验、半成品检验、产成品检验和工序的检验，如果其中有一项检验出现问题，产品的最终质量都会受到影响，而检验方法和检测量具、仪器等的质量又直接影响着质量检验的好坏。

商品包装包括销售包装和运输包装，是商品不可缺少的附加物。销售包装主要起美化、宣传、促销和价值增值的作用；而运输包装则起着在运输、装卸、保存中保护商品的作用：避免温度、湿度、氧气、日光、微生物等外界因素和人为因素对商品的损伤。

（2）流通领域。

为了使商品进入市场被消费者购买使用，商品离开生产领域之后必须经过运输、储存和销售的过程，即流通领域。所以流通领域影响商品质量的因素主要有以下几种：运输与装卸、储存与养护以及销售与服务。

（3）消费领域。

商品进入市场，通过交换，消费者获得商品的使用价值。在这个领域中，影响商品质量的因素主要有以下几种：消费心理和消费习惯、使用与保养以及商品的废弃处理。

【知识拓展】

《中华人民共和国产品质量法》

1993 年 2 月 22 日，第七届全国人民代表大会常务委员会第三十次会议通过的《中华人民共和国产品质量法》，根据 2000 年 7 月 8 日第九届全国人民代表大会常务委员会第十六次会议《关于修改〈中华人民共和国产品质量法〉的决定》予以修正，于 2000 年 7 月 8 日通过，自 2000 年 9 月 1 日起施行。

【本章小结】

商品品种是指按照某种相同特征划分的商品群体，或者是具有一定共同属性和特征的商品群体。商品名称就是指商品的名字，商品品种名称则是指商品品种的具体名称，属于商品名称的细类层级。商品品种名称分为简单商品品种名称和复杂商品品种名称。商品品种可以根据不同的分类标志进行分类。各类商品及每类商品中不同品种按照一定的比例组合构成了商品品种结构，其优化的总原则是：商品品种结构必须与消费者的实际需求和消费结构的发展变化相适应。

完整的商品质量，应该是在一定的条件下，评价商品使用价值优劣程度的各种自然属性和社会属性、商品的有形质量和无形质量、商品的内在质量和外观质量、商品满足明确需要和隐含需要能力的特性和特征的总和。商品质量的基本要求可以归纳为功能保证性、可信性、性能稳定性、安全性、环保性、经济性、市场性和质量信息服务性等。

【案例分析】

中国奶制品污染事件的影响

2008 年中国奶制品污染事件是中国的一起食品安全事件。事件起因是很多食用三鹿集团生产的奶粉的婴儿被发现患有肾结石，随后在其奶粉中发现化工原料三聚氰胺。根据公布数字，截至 2008 年 9 月 21 日，因使用婴幼儿奶粉而接受门诊治疗咨询且已康复的婴幼儿累计 39965 人，正在住院的有 12892 人，此前已治愈出院 1579 人，死亡 4 人，另截止到 9 月 25 日，香港有 5 人、澳门有 1 人确诊患病。事件引起各国的高度关注和对乳制品安全的担忧。中国国家质检总局公布对国内的乳制品厂家生产的婴幼儿奶粉的三聚氰胺检验报告后，事件迅速恶化，包括伊利、蒙牛、光明、圣元及雅士利在内的多个厂家的奶粉都检出三聚氰胺。该事件亦重创中国制造商品信誉，多个国家禁止了中国乳制品进口。2008 年 9 月 24 日，中国国家质检总局表示，牛奶事件已得到控制，9 月 14 日以后新生产的酸乳、巴氏杀菌乳、灭菌乳等主要品种的液态奶样本的三聚氰胺抽样检测中均未检出三聚氰胺。2010 年 9 月，中国多地政府下达最后通牒：若在 2010 年 9 月 30 日前上缴 2008 年的问题奶粉，不处罚。2011 年中国中央电视台《每周质量报告》调查发现，仍有七成中国民众不敢买国产奶。

思考：

1. 为何大部分中国民众不愿意买国产奶？
2. 为何会出现这种现象？如何做才能提高公众对中国乳制品的信心？

【理论考察】

1. 单项选择题

（1）（　　）是指按某种相同特征将商品划分，使商品组成不同的商品群体，或者是具有某种（或某些）共同属性和特征的商品群体。

　　A. 商品品种　　　　B. 商品数量　　　　C. 商品市场　　　　D. 商品规格

（2）（　　）也就是商品的名字、对商品的称呼，如饮料酒、服装、棉布男夹克衫、五粮液牌白酒等。

　　A．商品品种　　　　B．商品名称　　　　C．商品数量　　　D．商品规格

（3）（　　）是指商品在规定条件下和规定时间内，完成规定功能的能力。

　　A．可用性　　　　　B．可靠性　　　　　C．稳定性　　　　D．完好性

（4）（　　）是指商品在发生故障后，能被迅速修好并恢复其功能的能力。

　　A．可用性　　　　　B．完好性　　　　　C．可维修性　　　D．稳定性

（5）商品的（　　）主要起美化、宣传、促销和价值增值的作用。

　　A．销售包装　　　　B．运输包装　　　　C．可维修性　　　D．可靠性

2．多项选择题

（1）高质量的商品必须（　　），并且最大限度地满足人们全面发展的需要。

　　A．对路　　　　　　B．适销　　　　　　C．价廉　　　　　D．高价

（2）商品品种结构的决策要考虑到（　　）等因素。

　　A．市场引力　　　　B．企业实力　　　　C．消费能力　　　D．消费结构

（3）商品品种结构必须与人们的（　　）及其变化相适应。

　　A．生活习惯　　　　B．实际需要　　　　C．消费结构　　　D．投资需求

（4）人们对商品质量的认识和理解，是随着（　　）而变化的。

　　A．生产环境　　　　B．社会生产　　　　C．经济发展　　　D．技术进步

（5）商品质量往往综合反映出一个国家（　　）水平的整体实力。

　　A．经济　　　　　　B．科技　　　　　　C．教育　　　　　D．管理

3．判断题

（1）构成商品名称的文字短，所覆盖的商品属性或特征内容少，主要适用于大类和中类商品名称的叫作复杂商品名称。　　　　　　　　　　　　　　　　　　　　　（　　）

（2）具体商品类中的变种（品种）数目就是商品品种的纵向深度。　　　　（　　）

（3）商品能否满足广大消费者消费需求的多层次、特殊化、多样化、个性化、专业化，其根本的原因就在于商品品种结构是否合理。　　　　　　　　　　　　　　　（　　）

（4）通过外观质量表现商品的内在质量，并通过附加质量得到充分体现商品的内在质量。　　　　　　　　　　　　　　　　　　　　　　　　　　　　　　　　　　（　　）

（5）商品保证满足质量要求或完成规定功能和主要用途所必须具备的性能叫作功能可信性。　　　　　　　　　　　　　　　　　　　　　　　　　　　　　　　　　（　　）

4．简答题

（1）试述商品品种、质量和效益的关系。

（2）试述提高商品质量的意义。

（3）试述对有形商品的质量要求。

5．论述题

从商品品种和商品质量角度论述，怎样才能给企业带来经济效益。

【同步实务】

商品品种强化训练

实务描述:

能够熟练的掌握商品品种名称,并能识别出常用商品属于哪个商品品种;根据本章所学的商品品种结构及其优化的知识,分析某一企业的商品结构构成情况,并结合企业的产品销售情况,分析其商品品种结构是否合理,如果不合理,请提出具体的品种结构建议。

实务分析:

结合不同的常见的商品品种分类方法,对所调研的产品进行分类,并指出具体属于哪种商品品种。

实务要求:

(1)深入调研分析商品品种结构如何优化,能对小型企业商品品种结构优化提出合理的建议。

(2)分析总结我国常见的商品品种,并能对常见商品进行正确的分类。

(3)以所熟知的企业为例,分析该企业商品品种结构是否合理,如不合理,提出自己的设想。

实务步骤:

(1)以小组为单位(4~6人一组)到当地的企业调查其商品品种,对该企业生产的产品进行分类,看其属于哪些商品品种。

(2)每组按要求将其工作任务形成报告上交。

(3)每组派代表汇报各组的研究成果,阐述在完成任务的过程中遇到了哪些困难,以及有何收获。

(4)指导教师对小组讨论过程和发言内容进行评价和总结。

实务评价:

填写评分表(表3-3)。

表3-3

评　分　表

学生姓名	自评得分	小组评分	教师评分	总分

注:① 每人总分为100分;

② 学生自评满分为 20 分,小组评分满分为30分,教师评分满分为50分;

③ 三项分数相加为学生本次实务的最后得分。

第4章 商品标准与标准化

学习目标

1. 理论目标：

理解商品及商品化的概念、分类与作用；

熟悉我国商品标准的分级；

知道商品标准的具体内容和制定的程序与实施；

了解并理解商品标准化。

2. 实务目标：

加深对我国商品采用国际标准的了解，掌握我国的国家标准、行业标准、地方标准以及企业标准；

深入了解商品标准化的过程，分析商品标准化对促进商品流通具有什么意义。

导入案例

出版物物流标准化现状分析

目前我国并没有成文的出版物物流标准，已经颁布的出版印刷业相关的国家标准和行业标准中，涉及了部分出版物物流活动的内容。新华书店总店储运公司受国家出版总署（现国家新闻出版广电总局）委托，制定了一些图书储运工作的规定，一些出版、发行单位根据自身的实际情况，制定了一些自用规范，这些规定和规范在一定程度上起到了企业标准的作用。

以下是有关出版物物流标准化现状的几个特点：

1. 出版物物流相关标准缺乏

例如，没有物流设备设施及辅材的标准。造成物流设备设施和工具没标准的原因如下：第一是出版物商品本身规格不标准，图书开本多达几十种，造成企业在选择托盘、包装纸、货架、篮筐等时不得不考虑商品规格，造成成本上升。第二是出版发行业物流设备设施及工具的复杂性使得其市场化的步伐较慢，出版发行企业只得选择其他行业的物流设备设施和工具。

2. 现有的一些标准和规范执行贯彻不力

对于现有的相关标准，在贯彻执行中的力度不够，如存在"一号多书"现象。某些出版社利用同一书号多次出版，导致商品条码做不到唯一，主要表现在重版重印采用同一书号、套装书采用同一书号和装帧不同采用同一书号等三种情况。图书条码和图书不能唯一对应，迫使零售书店花费大量时间重新编码和印制条码，经营成本大大提高。

3. 企业之间的规范各自独立，互不连通

例如，长期以来出版社与书店、书店与书店之间都存在着不同的图书分类标准，图书市场细分信息共享难度很大。中图法的分类标准和书店流通要求的差距，使用中也较混乱。出版发行企业之间在制定数据格式方面没有标准可依，造成各自拥有自己的数据格式和数据标准，导致信息交换和信息共享出现障碍，EDI 和 EOS 都难以实现。

商品标准是指为使商品保证满足人们的基本需求，对商品质量和与质量相关的各方面（品种、规格、用途、试验方法、检验规则、包装、标志、运输和保存条件等）必须达到的某种或者全部要求而做出的技术规定。

商品标准是技术标准之一，同时也是商品生产、质量验收、监督检查、贸易洽谈、运输保存以及使用和维护等工作的依据和准则，更是对商品质量争议做出判决的根基，对保证和提高商品质量，提高生产、流通和使用的经济效益，维护消费者和企业用户的合法权益都具有重要的意义。

4.1　商品的标准分类与作用

4.1.1　商品标准的分类

商品标准包罗万象，目前已不能按照任何单一标志将所有的商品标准进行划分，只能从不同目的出发，采取不同的划分方式，得到不同类别的标准。

1. 按照表达方式划分

按照表达方式，商品标准可分为文件标准和实物标准。

文件标准是指用某种格式的文件，以文字、表格、图样等形式来表达商品质量和有关质量各方面技术内容的统一规定。目前大多数商品标准都属于文件标准，文件标准一般包括品种、规格、参数、大小、质量要求、性能、检测方法、标志、包装等。同时规定标准的表达形式必须采用文件标准。

在文字难以准确表达，需要用感官去鉴定商品质量（色、香、味、形、手感、质感等）时，将采用实物标准。根据文件标准规定的质量要求，由标准化机构或指定部门用实物制成完全或部分相同的标准样品，按照一定的程序，用以鉴别检验商品质量并评定商品等级。例如，作为生产、鉴定、贸易洽谈、采购时对商品质量等级进行评定的技术依据，我国的粮食、棉花、茶叶、纺织物和名优酒品等商品都有标准样品。大部分实物标准都对文件标准起到了补充的作用，但也有单独发布的。

2. 按照约束程度划分

按照约束程度，商品标准可分为强制标准和推荐标准。

由法律、行政法规规定，需要强制实行的标准，叫作强制标准，也叫作法规标准。包括有关人身健康安全、动植物生命和健康，以及保护环境和公共安全的标准和法律法规所规定的强制执行的标准。强制标准是强制认证的依据，必须执行，具有较强的法律约束性。所以凡是不符合强制标准的商品，法律法规将禁止生产、销售和进口，违反者必须承担法律责任。

除强制标准之外，可以自愿采用、自愿认证的标准，叫作推荐标准，也叫作自愿标准。这是自愿认证的根据，法律法规约束力低，但大多具有先进性特点，这对于企业提高产品质量往往是有利的，因此企业愿意采用此标准，同时愿意接受国家有关机构的监督。

除了以上两种分类，根据适用范围，还可以将商品标准分为生产型标准和贸易型标准、内销商品标准和出口商品标准；根据保密程度，还可以将商品标准分为公开性标准和内控性标准；根据成熟程度，还可以将商品标准分为正式标准和试行标准。

4.1.2　商品标准的作用

商品标准的作用主要可以从以下方面认识。

1. 在生产过程中的作用

（1）商品标准是生产商品的前提。《中华人民共和国标准化管理条例》规定，凡正式生产的商品都必须先制定标准并贯彻实施，没有标准就不可以生产。

（2）商品标准为提高商品质量提供了技术保证。《中华人民共和国标准化管理条例》以法律法规的形式规定：商品生产的原材料、半成品以及成品都必须按标准进行检验。对符合商品标准的产品，检验部门填发合格证；对不符合标准的产品，一律不可列入计划完成数，不可计入产值，不可批准出厂。基于法规的强制性，商品标准保证和促进了商品质量的不断提高。

2. 在商品市场流通中的作用

（1）商品标准是商品按质论价的必要条件。作为商品，最终将进入流通领域，通过交换，所有权归消费者所有。在这个商品的交换过程中，商品根据优质优价、劣质劣价的价格政策而定价，商品标准就是这样一种衡量商品质量优劣的技术法规。对照商品标准规定，从而对商品质量进行鉴定，确定商品品级，并按品级的高低来确定商品的优劣和价格。

（2）商品标准是对商品进行质量监督的重要技术依据。商品进入流通领域后，必将受到来自国家和社会的质量监督，质量监督的技术依据就是商品标准。

3. 在对外经贸中的作用

由于每个国家的自然资源、气候、使用条件、生产水平和人民生活水平、习惯方式的不同，国家之间对商品标准中品质条件的规定是不完全相同的。为了争取买方能够按照我国商品标准的品质条件订货，对外贸易工作者只有熟悉本国的商品标准，才能向买方国家准确地介绍自己的产品，从而有利于本国的生产；同时，对外贸易的工作者也要熟悉外国的商品标准，并且将其作为重要的参考，这样只有在制定本国出口商品标准时，使其具有一定的平衡性、适用性，才能促成进出口业务的顺利进行。

4. 在检验及监督中的作用

商品质量指标必须与相应的检验方法配套，否则会产生混乱的结果。而质量指标和配套的检验方法的确定，都是以商品标准作为依据的。

商品经济是涉及多方（生产方、供货方、消费者、政府以及国家之间）利益的经济，商品标准是保证各方权益的技术评判和管理依据。

5. 在产品质量认证、质量体系认证中的作用

认证的提纲质量和管理水平的活动，必须以高级别的商品标准来要求其产品进行质量认证。

6. 在资源配置中的作用

社会和自然资源是有限的，所以生产劳动生产的产品也是有限的，但是随着人们对生活品质的追求，对质量的需求欲望也在不断提高。由于商品标准既有技术性又有强制性的特点，因此选用质量标准作为规范和协调产量、质量矛盾的技术依据，既可以提高商品质量，又可以有效利用资源，保护环境，从而在技术上提高对商品质量的要求指标。

7. 对掌握商品质量的作用

商品种类千变万化，我们可根据需要，借助商品标准，快速准确地把握某些类商品的质量特性，以便更好地学习商品学，完成对商品质量的全面认识。

4.2 商品标准的分级

为了适应不同的技术水平、管理方式，满足各种不同的经济要求，按照其适用领域和有效范围的不同，商品标准可分为不同的等级。从全球范围来讲，商品标准一般分为国际标准、国际集团性（区域）标准、国家标准、专业（协会、行业）标准、地方标准和公司（企业）标准六个级别。由于各国家的社会政治经济条件不同，分级的方法也不同。根据《中华人民共和国标准化法》，我国的商品分为四个级别：国家标准、行业标准、地方标准以及企业（公司）标准。

4.2.1 国际标准

国际标准是指由国际上具有权威的机构或者组织（主要是指国际标准化组织、国际电工委员会、国际电信联盟）认可并收集到《国际标准题录索引》中加以公布的其他国际组织制定，并为国际所承认和通用的标准（表 4-1）。

表 4-1　　　　　　　　　　国际标准代号含义及其负责机构

序号	代号	含　义	负　责　机　构
1	BISFA	国际人造纤维标准化局标准	国际人造纤维标准化局（BISFA）
2	CAC	食品法典委员会标准	食品法典委员会（CAC）
3	CCC	海关合作理事会标准	海关合作理事会（CCC）
4	CIE	国际照明委员会标准	国际照明委员会（CIE）
5	CISPR	国际无线电干扰特别委员会标准	国际无线电干扰特别委员会（CISPR）
6	IAEA	国际原子能机构标准	国际原子能机构（IAEA）
7	IATA	国际航空运输协会标准	国际航空运输协会（IATA）
8	ICAO	国际民用航空组织标准	国际民用航空组织（ICAO）
9	ICRU	国际辐射单位和测量委员会标准	国际辐射单位和测量委员会（ICRU）
10	IDF	国际乳制品联合会标准	国际乳制品联合会（IDF）
11	IEC	国际电工委员会标准	国际电工委员会（IEC）
12	IFLA	国际图书馆协会和学会联合会标准	国际图书馆协会和学会联合会（IFLA）
13	IIR	国际制冷学会标准	国际制冷学会（IIR ）
14	ILO	国际劳工组织标准	国际劳工组织（ILO）
15	IMO	国际海事组织标准	国际海事组织（IMO）
16	IOOC	国际橄榄油理事会标准	国际橄榄油理事会（IOOC）

续表

序号	代号	含　义	负　责　机　构
17	ISO	国际标准化组织标准	国际标准化组织（ISO）
18	ITU	国际电信联盟标准	国际电信联盟（ITU）
19	OIE	国际兽疾局标准	国际兽疾局（OIE）
20	OIML	国际法制计量组织标准	国际法制计量组织（OIML）
21	OIV	国际葡萄与葡萄酒局标准	国际葡萄与葡萄酒局（OIV）
22	UIC	国际铁路联盟标准	国际铁路联盟（UIC）
23	UNESCO	联合国教科文组织标准	联合国教科文组织（UNESCO）
24	WHO	世界卫生组织标准	世界卫生组织（WHO）
25	WIPO	世界知识产权组织标准	世界知识产权组织（WIPO）
26	ANSI	美国国家标准	美国标准学会（ANSI）
27	API	美国石油学会标准	美国石油学会（API）

目前主要国际标准是由 ISO/IEC/ITU 制定（约占 85%），剩下的则由其他国际标准组织制定（约占 15%）。国际标准虽然属于推荐标准，但大部分国家都自愿采用，因其具有科学性、先进性、权威性，国际标准可以消除国际贸易中的技术壁垒，促进国际贸易的发展，更重要的是，可以促使本国的技术进步、商品质量提高，以及新商品的更新和研发。目前许多国家直接把国际标准作为本国的商品标准来使用。

国际标准编号形式如下：

$$ISO \times\times\times — \times\times\times \quad \times\times\times$$

国际标准代号 标准序号　　发布年号　标准名称

⭐【知识拓展】

我国采用的国际标准

根据《采用国际标准管理办法》，按照采用程度的不同，我国采用国际标准的方式分为等同、等效和参照三种。技术内容和文本结构完全相同，完全不做或者部分修改的采用方式叫作等同采用；技术内容有效的差异，编写的文本结构不完全相同的采用方式叫作等效采用；根据我国实际情况，做了某些技术内容上的变动，但性能和质量水平与被采用的国际标准相当，同时在通用互换、卫生、安全、环保等方面同国际标准相适应的采用方式叫作参照采用。目前被国际市场承认的是前两种采用方式，但是参照采用的标准还没有得到国际市场的认可。所以，为了避免造成技术壁垒，应尽可能选用等同采用或者等效采用这两种形式来采用国际标准。

4.2.2　国际集团性（区域）标准

国际集团性（区域）标准是指只在该地区区域内或国家集团中发挥作用，由国际区域性集团组织或标准化机构制定的标准。制定国际集团性标准的目的是促进区域性标准化组织成员的贸易，使该地区更易于进行技术方面的合作和交流，协调该地区与国际标准化组织（International Organization for Standardizations，ISO）的关系。目前，国际上较为重要的区域标准主要由欧洲标准化委员会（CEN）、欧洲电工标准化委员会（CENELEC）、亚洲标准咨询委员会（ASAC）、非洲地区标准化组织（ARSO）和泛美技术标准委员会（COPANT）等制定的。

4.2.3　国家标准

国家标准是指必须在全国范围内统一执行的标准，由国家标准化主管机构批准发布，对国家经济、技术的发展有重大意义。对很多与人民生活密切相关的产品、全国通用的零部件产品、与国防建设和国家资源利用关系重大的产品都应制定国家标准。

我国的国家标准的制定，一般由国务院标准化行政主管部门制订计划，组织国务院有关主管部门或专业标准化技术委员会提出草案，同时上报国家质量监督检验检疫总局审批并发布；也有由卫生部、农业部等国务院有关行政主管部门审批并发布的；同时，特别重大的，需报国务院审批并发布。我国标准体系中的主体部分是国家标准，一旦发布实施，预制相应重复的行业标准、地方标准必须废止。

国家标准的编号是由标准代号、标准序号、发布年号组成的。我国的国家标准有强制性和推荐性两种标准，国家强制性标准代号是 GB（"国标"二字的汉语拼音首字母）；国家推荐性标准代号是在 GB 的基础上再加"/"和字母 T（"推荐"首字的汉语拼音首字母），即 GB/T。标准代号之后是表示标准序号和发布年号的两组数字，中间用短横线隔开，前面一组是标准序号，后面一组是标准发布年号：

$$GB\ 或\ GB/T\ \times\times\times—\times\times\times$$

国家标准代号　　标准序号　　发布年号

4.2.4　行业（专业、协会）标准

对没有国家标准而又需要在全国某行业内统一技术要求，由行业标准化组织（国内约有150 个）或行业标准化主管机构批准发布，并备案于国务院标准化行政主管部门的标准叫作行业（专业、协会）标准。此标准不允许与国家有关标准相抵触，已有国家标准的不再制定这类标准。已制定有行业标准的，一旦发布实施相应国家标准，行业标准马上废止。此外，各行业标准之间应保持协调、统一的关系，不得重复。同国家标准，行业标准也具有强制性和推荐性。

同国家标准编号一样，行业标准的编号也由三部分组成：标准代号、标准序号和发布年号：

$$\times\times\ 或\ \times\times/T\ \times\times\times—\times\times\times$$

行业标准代号　　标准序号　　发布年号

第一部分"××"（两个汉语拼音首字母）表示强制性行业标准代号；"××/T"表示推荐性行业标准代号。"××"的组成原则一般有两个：①由有关行业名称汉语拼音首字母和"标准"汉语拼音首字母 B 组成，如 JB（机械）、QB（轻工）、YB（冶金）、BB（包装）等；②由行业名称汉语拼音的两个首字母组成，如 NY（农业）、LY（林业）、FZ（纺织）、MH（民航）、DL（电力）等。

我国行业标准分类及其代号如表 4-2 所示。

表 4-2 行业标准分类及其代号

序　号	行业标准名称	行业标准代号	主　管　部　门
1	农业	NY	农业部
2	水产	SC	农业部
3	水利	SL	水利部
4	林业	LY	国家林业局
5	轻工	QB	国家轻工业局
6	纺织	FZ	国家纺织工业局
7	医药	YY	国家药品监督管理局
8	民政	MZ	民政部
9	教育	JY	教育部
10	烟草	YC	国家烟草专卖局
11	黑色冶金	YB	国家冶金工业局
12	有色冶金	YS	国家有色金属工业局
13	石油天然气	SY	国家石油和化学工业局
14	化工	HG	国家石油和化学工业局
15	石油化工	SH	国家石油和化学工业局
16	建材	JC	国家建筑材料工业局
17	地质矿产	DZ	国土资源部
18	土地管理	TD	国土资源部
19	测绘	CH	国家测绘局
20	机械	JB	国家机械工业局
21	汽车	QC	国家机械工业局
22	民用航空	MH	中国民航管理总局
23	兵工民品	WJ	国防科工委
24	船舶	CB	国防科工委
25	航空	HB	国防科工委
26	航天	QJ	国防科工委
27	核工业	EJ	国防科工委
28	铁路运输	TB	铁道部
29	交通	JT	交通部
30	劳动和劳动安全	LD	劳动和社会保障部

序　号	行业标准名称	行业标准代号	主管部门
31	电子	SJ	信息产业部
32	通信	YD	信息产业部
33	广播电影电视	GY	国家广播电影电视总局
34	电力	DL	国家经贸委
35	金融	JR	中国人民银行
36	海洋	HY	国家海洋局
37	档案	DA	国家档案局
38	商检	SN	国家出入境检验检疫局
39	文化	WH	文化部
40	体育	TY	国家体育总局
41	商业	SB	国家国内贸易局
42	物资管理	WB	国家国内贸易局
43	环境保护	HJ	国家环境保护总局
44	稀土	XB	国家计发委稀土办公室
45	城镇建设	CJ	建设部
46	建筑工业	JG	建设部
47	新闻出版	CY	国家新闻出版署
48	煤炭	MT	国家煤炭工业局
49	卫生	WS	卫生部
50	公共安全	GA	公安部
51	包装	BB	中国包装工业总公司
52	地震	DB	国家地震局
53	旅游	LB	国家旅游局
54	气象	QX	中国气象局
55	外经贸	WM	对外经济贸易合作部
56	海关	HS	海关总署
57	邮政	YZ	国家邮政局

4.2.5　地方标准

地方标准是指对没有国家和行业标准，但同时又需要在省、自治区、直辖市范围内统一的工业产品的卫生和安全要求，可以由省、自治区、直辖市标准化行政主管部门制定，并在国务院标准化行政主管部门备案的标准。同样，地方标准也有强制性和推荐性两种。

标准代号、标准序号和发布年号三部分组成了地方标准的编号。汉语拼音首字母 DB 和省、自治区、直辖市行政区域代码前两位数加 "/" 组成了强制性地方标准代号 DB××/；同理，DB××/T 是推荐性地方标准代号：

$$DB××或 DB××/T　×××—×××$$

地方标准代号　　　　标准序号　　发布年号

同时，一旦公布和实施相应的国家标准或行业标准，地方标准应立即废止。

4.2.6　企业（公司）标准

企业标准指在企业范围内统一实施，由该企业自行制定发布，并在当地政府标准化行政主管部门备案的标准。

在没有国家标准、行业标准和地方标准时，企业应自行制定企业标准，作为企业组织生产、经营活动的依据。同地方标准一样，已有国家标准、行业标准和地方标准的，国家支持企业自行制定企业标准，并鼓励企业标准严于国家标准、行业标准和地方标准，以提高产品质量，保证企业生产的产品高于国家标准、行业标准和地方标准甚至是国际标准的要求。

同地方标准一样，标准代号、标准序号和发布年号三部分组成了企业标准的编号。其中 Q 代表企业标准代号的 "企" 字的汉语拼音首字母，加斜线，再加企业代号，组成企业标准代号。这里企业代号可用汉语拼音字母或阿拉伯数字，或者两者同时使用。如果企业属于地方，企业代号将由省、自治区、直辖市标准化主管部门规定；如果企业属于中央，则由国家标准化主管部门规定。各省、自治区、直辖市发布的企业标准，应在本省、自治区、直辖市的简称汉字加 Q，即 "×Q/×××"。

企业标准编号形式：

$$Q/×××或×Q/×××　×××—×××$$

企业标准代号　　　　标准序号　　发布年号

4.3　商品标准的基本内容、制定与实施

4.3.1　商品标准的基本内容

商品标准是具有法规性的一种文件，为了方便管理和使用，国内外对其各方面做了统一的规定，如规定封面格式、内容编排、符号和编号等。在我国，一个完整的商品标准应包括三部分，如图 4-1 所示。

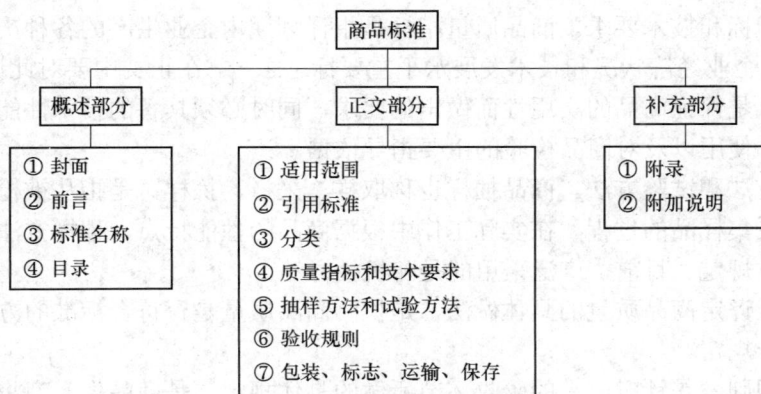

图 4-1　商品（文件）标准的构成

1. 概述部分

这部分概括说明了标准的对象、技术特征和适用范围，主要包括封面、前言、标准名称、目录等。

（1）封面与首页。封面一般列有标准名称、编号、分类号、发布单位、发布日期、实施日期等。同时，合订本内的标准只有首页，内容与封面内容相似。

（2）目次。有时商品标准的篇幅较长、结构庞杂、项目较多，一般应编写目次作为索引。

（3）标准名称。一般由标准化对象名称和标准所规定的技术特征所组成。标准名称可使用商品名称，也可使用商品名称和"技术规范"。

（4）引言。主要阐述制定标准时采用的主要依据以及标准的必要性，每次复审、日期修订、修订的主要内容，删除和替代的标准，以及国际标准对其影响的程度。引言一般不写标题，也不写编号。

2. 正文部分

这是商品标准的实质性内容，包括主题内容与适用范围、引用标准、术语、代号和符号、分类、质量指标和技术要求、抽样方法和试验方法、验收规则、包装、标志、运输和保存等方面。

（1）主题内容与适用范围。这部分主要阐述该标准的主要内容和适用范围。在必要时还应明确指出该标准不适用的情况。

（2）引用标准。主要说明标准中直接引用的标准，以及本标准必须配套使用的标准，同时要列出标准的编号和名称。

（3）术语、代号和符号。在现行国家标准、行业标准中没有规定的，一般要在标准中给出明确的定义和说明。这种定义和说明要集中写在标准技术内容之前，或者分别标明在有关章、条的前面。

（4）商品的分类。是在商品标准中规定商品的类别和形式，明确商品的基本参数以及尺寸，目的是将其作为合理发展商品品种、规格和用户选择的根据。

商品分类的内容主要包括种类、结构、尺寸、工艺特征、基本参数、商品命名和型号编制方法等。

在商品分类中，常按照一定的数值规律排序成科学的系列标准化形式，以协调同类商品与配套商品的关系。

（5）质量指标和技术要求。商品质量指标是指计划期内企业生产的各种产品应达到的质量标准，是衡量企业经济状况和技术发展水平重要标志之一，在正文中要对此进行详细阐述。商品技术要求，是保证商品的实用性而做出的要求，同时必须具备的技术性能方面的规定，是生产、流通、使用以及对商品检验的主要指导依据。

（6）抽样方法和试验方法。商品抽样也称取样、采样、拣样，是指从被检验的商品中按照一定的方法采集样品的过程。在实际工作中根据商品的性能特点，抽样方法在相应的商品标准中均有具体规定。目前，广泛采用的是随机抽样法。

试验方法是评定商品质量的具体做法，是检测商品质量是否符合标准的方法、程序、手段而做出的统一规定。

（7）检验规则。是针对商品的验收环节所做的具体规定，是商品生产商将商品提交质检部门进行检验而要遵循的规定，也是商品收购部门对商品进行质量检查的依据。检验规则之所以存在是要保障商品质量符合标准要求。

（8）标志、包装、运输和储存。这是为了从出厂到交付使用这个过程中不损伤商品而制定的规定。

① 标志。对消费品和涉及卫生、安全、环境保护的商品，对商品标志要严格要求。通常情况下，标志包括在商品和包装上的位置、标志的内容、制作方法和标志的质量要求。

② 包装。凡是需要包装的商品，商品标准都对包装有相应的规定，一般包括包装的选材、包装过程采用的技术和方法、每件包装内所含的商品数量、重量或体积、对包装进行试验的方法等要求。

③ 运输。对于运输有特殊要求的商品（如生鲜食品），要对运输要求进行规定。主要包括运输的方式、使用的运输工具以及在途中应注意的运输事项。

④ 储存。对于不同储存要求的商品，规定选择仓库的类型、储存的环境、储存要求和期限等。

3. 补充部分

补充部分是对标准条文所做的必要的补充说明和提供使用参考的资料。其主要包括附录和附加说明两项内容。

（1）附录。根据标准制定的实际情况，一个标准可以附有多个附录。按照性质不同，附录可分为补充件和参考件。

① 补充件。是对标准条文的补充，是标准技术内容的组成部分，同标准条文一样具有效力。

② 参考件。用来帮助使用者理解标准所要表达的内容，如某些条文的参考资料或推荐性的方法，标准中重要规定的依据等。它仅供阅读者参考，不是标准条文的内容。

（2）附加说明。是制定和修订标准的一些说明事项，分别写在标准终结符号的下面。主要内容包括发布标准的单位、归口单位、标准的主要起草人和负责起草的单位；标准首次发布、历次修改和重新确认的年月；负责解释标准的单位和其他附加说明等。

4.3.2　商品标准的制定

1. 商品标准的制定原则

商品标准制定的优劣，直接影响后期贯彻实施标准的技术效果。高水平的质量标准，是制造高质量的商品的必要条件。为了给国家、企业和人民带来高水平的生活质量，而且使全社会获得全面利益，就必须制定先进合理的标准，并且一定要贯彻实施。因此，商品质量标准的制定必须遵循一定的基本原则：

（1）认真贯彻国家的有关方针、政策、法律、法规。

在制定各项商品标准和具体条目内容时，应严格按照我国有关方针、政策、法律、法规，依据标准化原理和方法的指导，以保证与国家在一定历史时期内经济建设的需要相适应。

（2）全面考虑社会需求和市场需求。

在社会主义市场经济条件下，企业应采取拉动式的生产管理方式，面向市场，依据消费者和商品用户的需求来进行商品的生产和运营。由于企业进行商品设计、生产、检验和保证商品适用实用性是以商品标准作为技术指导依据，因此，首先要从市场和社会需要出发来制定商品标准。要广泛听取生产者、经营者、分销商、消费者、企业用户和政府有关部门等各方面的意见，一定要充分考虑消费者和企业用户的需要，想尽一切办法满足他们的需求。

（3）制定的商品标准必须保障安全和用户的身体健康，必须保护消费者的合法权益，必须对环境保护具有积极的意义。

保护身心健康和人身财产安全是广大消费者的基本利益，同时环境保护是关系到人类生存和子孙后代的首要因素。所以，必须充分全面考虑商品的生产、运输、储存和使用过程中的安全、卫生、稳定、适用性，同时还要考虑环境保护的要求来制定商品标准。商品标准必须严格规定商品相关的安全、卫生、健康、环境保护等方面的内容，坚持贯彻实施，并以法律法规作为保障。

（4）技术的先进性，经济的合理性。

要以先进科学技术和生产经验作为基础，从现有的技术水平和生产的可能性出发来制定商品标准。保证标准中规定的各项质量指标与要求，与国家的技术、经济的发展水平相适应。同时，商品标准要有能力指导和促进生产，提高商品质量水平，同国际市场竞争的需要相适应。商品的先进性表现在同等质量水平的商品中的经济性，同时能给国家、企业用户和消费者带来经济效益。所以，在制定商品标准时，既要考虑技术上的先进性，又要考虑经济上的合理性，为社会主义市场经济带来利益。

通过全面考虑经济技术分析和论证，协调与控制，寻求合理经济实施政策，达到提高商品标准水平、商品质量和取得最佳经济效果相统一，多方面共赢的局面。

（5）要有利于合理开发和利用国家资源，保护生态环境和自然资源。

一个国家发展经济的最基本的物质基础就是资源。对于一些不能再生的自然资源，进行毫无节制的开发会导致生态平衡的破坏。所以，制定商品标准，一方面要密切结合我国的自然条件，合理开发和利用自然资源，节约原材料，提高自然资源的利用率，努力开发新材料，全力采用代用品，加大废旧物资的回收利用率；另一方面还要严格控制环境污染等问题，全面考虑自然资源和生态环境的保护，将环境污染等问题以法律法规的方式进行监管。

（6）充分考虑国际经济技术合作和贸易的需要，积极采用国际标准和国外先进标准。

目前，采用国际标准是世界各国技术经济和对外贸易发展的普遍趋势。这种方式不仅可以提高本国的标准水平和商品在国际市场上的竞争力，从而给本国的经济、技术的发展带来现实利益，还可以规避国际贸易中的技术壁垒，扩大国际市场，发展国际商品贸易。我国在加入世界贸易组织后，被要求必须同国际市场接轨，因此，必须要积极采用国际标准和外国先进标准来制定本国的商品标准，以提高我国的商品质量水平，扩大国际市场，使我国生产的商品流入国际市场并通过交换实现价值。

（7）严格统一，步调一致，配套衔接，协调一致，军企民通用。

统一性是标准化的原理之一，任何一个级别的标准都要求强调统一，否则，会为现代化生产发展造成影响，带来损失。孤立的商品标准无法完全实现标准化的目的，所以必须同时考虑到相关的一系列标准来制定商品标准，如原材料标准、零部件标准、包装标准、生产工艺标准等。商品质量标准要与密切联系的一系列标准配套衔接，建立起系统完善的标准体系。同时，还要考虑我国现行的法律法规和有关联的国际通用标准、国家标准、行业标准和企业标准，要与它们协调一致，统一步调。另外，在满足使用要求的前提下，将能够在军企民通用的商品标准在军民企通用，以利于军转民的商品生产和技术开发。

（8）准确把握制定标准的时机，并以技术和经济的发展作为根据适时修订。

商品标准的制定一般在产品定型、正式投产之前启动。时间过早，会导致因科学依据不充分而脱离实际；时间过晚，标准之间的统一性将会出现困难，同时对资金和人力会造成一定的浪费。

制定标准之后，应在一段时间内保持标准的相对稳定，以保证企业在一定的技术发展水平下有一段稳定的生产周期，从而标准可以获得经济效益。但是，随着经济、技术的不断发展，现行标准也要紧跟步伐，所以对于相对于落后于当前科学技术水平和不适应经济建设发展的标准，应及时复审和修订，消除落后的标准对生产技术发展的阻碍。

2. 商品标准的制定程序

商品标准的制定需依次经过预备，立项，起草，征求意见，审查，批准、发布、出版，复审和修改七个阶段。

（1）预备阶段。

此阶段要根据实际情况的需要，充分研究讨论，并提出相应的制定某项标准的建议。

（2）立项阶段。

关于建议的必要性和可行性要进行反复充分的论证、审查和协调。经过多次论证之后确定标准，有利于提高产品质量，同时对于企业具有可行性，从此正式开始制定该项标准的工作。

（3）起草阶段（关键阶段）。

制定的标准既要反映科学技术与先进生产经验的成果，还要适应国家的技术经济发展水平；既要能够及时全面地满足消费者的市场要求，又可以使企业顺利生产制造产品。为了达到这样的效果，在此阶段，标准制定者要进行广泛深入的调查研究，认真了解分析具有代表性的科研、生产、销售、流通和使用等部门所收集的资料和数据，在进行统计分析、科学研究和协调的基础上，编写标准草案征求意见稿，并进行草案的编写和编制说明。

（4）征求意见阶段。

将上一阶段编制的征求意见稿递交科研、生产、销售、流通、使用等有关部门，认真真诚地征求意见和建议，并将这些资料收集汇总，分析总结，修改征求意见稿及编制说明，递交送审稿。

（5）审查阶段。

将送审稿递交到标准化技术委员会。通过会议审和函件审两种形式，标准化技术委员会组织专家对其进行审查。会议审是指在固定的时间和场所，召集有关专家，以开会的形式对送审稿进行面对面的审查，也称为面对面审查；函件审是指通过发函件的形式将送审稿寄送给有关专家，专家将提出个人建议和意见。审查期间，各专家只是通过计算机网络发表看法，互不见面，同时建议是以匿名的形式回复，因此函件审也叫作背靠背的审查。这两种审查形式，不论采用哪一种，专家意见都将汇总到标准化技术委员会，之后标准化技术委员会将写出审查结论。最后，由草案的编写单位根据审查结果编写报批稿和编制说明，同时提出建议的实施日期。

（6）批准、发布、出版阶段。

标准化技术委员会要先审查报批稿，之后通报有关主管部门。主管部门将对其复核，之后予以批准，统一编号发布，并提供标准出版稿。

（7）复审和修改阶段。

根据《中华人民共和国标准化法》规定，标准批准、发布、实施后，根据科学技术的发展和经济建设的要求，制定标准的有关部门应对标准进行复审，从而确认现行标准的有效性。对于无效的标准应予以修订或者废止。

修改与修订不同：修改改动的内容少，修改的时间也不长，修改后的标准序号和发布年号都不变；而修订改动的内容占大部分，修改的时间也长，修改的程序同重新制定一个标准的程序基本一致，需要经过立项，起草，征求意见，审查，批准、发布、出版，复审和修改七个阶段，因此修订后的标准序号虽不变，但发布年号要改为修订年的年号。

【知识拓展】

商品标准复审期间的处理方法

标准复审周期一般为 3～5 年，同时不得超过 5 年。根据实际情况，复审期间，可采用以下不同的处理方法：

（1）如标准同当前的科学技术水平完全相适应，与经济发展前景完全相符合，则可以确认标准继续有效，不作改动。

（2）如标准少量内容存在不符合当前的科学技术水平，不适应经济发展前景，则应该对标准实施相应的修改。

（3）如标准主要的、大部分的内容存在不符合当前的科学技术水平，不适应经济发展前景，则应该对标准实施相应的修订。

（4）如标准内容已经完全不符合当前的科学技术水平，不适应经济发展前景，则应该废止该标准。

4.3.3 商品标准的实施要求

整个标准化活动的一个重要环节是商品标准的贯彻和实施，这个环节需要技术监管部门、产品归属部门、设计部门和企业等各方面的相互配合、分工协作。

一经批准发布，商品标准就成为了商品生产、流通和消费的重要技术依据，各部门在执行过程中应严格按照标准实施活动，不可擅自更改或者降低标准。同时从事科研、生产、经营的单位和个人，必须严格执行强制性标准。如若出现违反标准的情况，造成不良后果以至重大事故者，质量技术监督部门须按照《中华人民共和国标准化法》和实施条例中的有关规定，根据情节的不同进行处理。此外，企业按照国家标准、行业标准、地方标准或企业标准组织生产，应在产品包装物、产品说明书上标注所执行的标准代号、序号和名称。同时，企业在研制开发新产品、改造老产品、进行技术改造时，都应按照标准化要求进行，不允许有没有标准依据的产品在消费市场中销售。在一般的生产流通过程中，质量监督检验部门要严格按照商品标准对商品质量进行监管与认证，这也是保证商品标准贯彻、实施的重要方式。最后，还要做好信息反馈、调查研究等工作，在贯彻实施商品标准的过程中，为标准的修订做准备。

4.4　商品标准化

4.4.1　标准化和商品标准化的概念

1. 标准化的概念

我国在 1983 年颁布的国家标准 GB 3935.1—1983《标准化基本术语第一部分》中将标准化定义为"在经济、技术、科学及管理等社会实践中,对重复的事物和概念,通过制定、发布和实施标准,达到统一,以获得最佳经济秩序和社会效益的全部活动过程"。

标准化的定义告诉我们,标准化是一项活动,强调活动的过程性。这是一项怎样的活动呢?该活动的目标在于制定、发布和实施标准,并且在实施的过程中对标准不断修订,使其不断循环、不断提高、不断发展。标准是一种文件,具有特殊的格式。这个文件对重复的事物和概念进行统一规定。同时这个文件的编制来源于生产实践,为发展生产服务。

2. 商品标准化的概念

商品标准化是指在商品生产和流通的各环节中制定、发布以及推行商品标准的活动。商品标准化是整个标准化活动中的重要组成部分,其内容包括商品名词术语统一化、商品质量标准化、商品分类编码标准化、商品零部件通用化、商品品种规格系列化、商品质量管理与质量保证标准化,商品检验与评价方法标准化以及商品包装、储运、养护标准化等。

商品标准化是现代化的一个重要的标志,商品标准化水平往往是衡量一个国家生产技术水平和管理水平的尺度。

4.4.2　商品标准化的作用

商品标准化是国民经济及国家各部门的一项至关重要的基础性工作,对发展社会生产力、扩大对外经济和技术交流、增加社会经济效益、提高商品质量等各方面具有重要作用。

(1)商品标准化是现代企业生产商品和商品流通的必要前提,是发展和巩固专业化协作生产的基本条件。

组织现代企业商品生产和商品流通离不开标准化,以先进的科学技术和高度的生产社会化为特征,现代企业生产商品是复杂的生产组合。生产的连续性和节奏性日益增强,对专业化协作的深度和广度的要求逐渐提高,社会生产部门和企业内部生产各工序之间专业分工越来越细,其协作联系也越来越紧密。这种以技术上的高度统一和广泛协调为前提的社会化大生产,无法单靠行政手段组织运营,但是标准化可以有效实现这种统一和协调。现代企业商品生产和商品流通中,标准化将各部门及各环节有机地联系起来,形成系统,从而使社会再生产过程得以顺利进行,从而获得最佳的经济效益。

(2)商品标准化是实现现代化科学管理以及全面质量管理的基础。

商品标准化可以实现企业管理目标在质量方面落实过程的细化,将企业管理目标立足于质量、具体化、定量化。由于各种商品质量标准在时间和数量方面规律性地反映了生产经营活动,因此,商品标准可以为企业制订计划、商品设计与制造、商品质量管理、商品质量监督、商品检验、商品质量仲裁等方面提供科学的依据。商品标准化是实施全面质量管理的重要组成部分,是企业管理的重中之重,如果没有标准,那么就没有管理,制定标准是实施科学管理的必要条件。通过制定各种技术和管理标准,统一生产技术和物流技术,保证企业整个管理功能发挥系统的作用。因此，为了实现管理的现代化和全面质量管理，就必须推行标准化。

（3）商品标准化提高了商品质量和合理发展了商品品种，是提高企业竞争力的技术保障。

将商品质量标准作为企业管理的目标，以此作为衡量商品质量水平的技术依据。根据商品标准，明确企业商品质量差距，采取措施，开发新产品便有了方向。通过贯彻标准化来进行商品设计，可简化淘汰多余或者低功能的商品品种，通过系列化标准，可以最佳的品质结构来满足广泛的市场需要，通过组合标准，可用少量的要素组合成较多的新商品品种等。这直接影响了商品质量的提高、新品种商品的合理开发、商品成本的降低以及企业核心竞争力和应变能力的提高。

（4）商品标准化有效促进了合理利用国家资源、保护环境、增产节约，有利于加快经济全面发展和提高社会经济效益。

随着绿色生产、生态环境建设的观念的提出，合理利用国家资源、保护环境和资源、节约原材料成为我国一项重要的经济技术政策，这些也是制定商品标准的重要原则。商品标准化的任何一种形式，都会达到增产节约效果，更有助于督促企业合理利用国家资源和保护环境，从而促进经济的全面发展，提高社会经济效益。

（5）商品标准化是积累实践经验、推广应用新技术、促进技术进步的重要途径。

商品标准化是搭建在商品研制、开发、生产、流通、使用各环节之间的桥梁。通过技术鉴定后，新工艺、新材料、新技术在对标准进行修订时被纳入相应的标准体系中，从而能得到迅速的推广和应用，社会经济效益得到显著提高，同时还推动了科学技术的进步。

（6）商品标准化是促进国际经济、技术交流的纽带，也在国际贸易中发挥着协调、推动、保护、仲裁的作用。

国际贸易是在商品标准化的基础上顺利进行的。积极采用国际标准，可以消除国际贸易技术壁垒，提高本国商品在国际市场上的竞争力，有利于发展对外贸易。在国际贸易中，一旦贸易双方关于商品质量问题提出异议，则商品标准将成为仲裁的依据，商品标准化有利于保护贸易双方的合理利益。因此，商品标准化在国际贸易中可起到协调、推动、保护、仲裁的作用。

4.4.3　商品标准化形式

商品标准化的过程通常通过一些不同形式表现不同的标准化内容，针对不同标准化内容和任务，采用不同的表现方法达到不同的表现效果。商品标准化的形式主要包括简化、统一化、系列化、通用化和组合化等。最古老、初级的一般标准化形式有简化和统一化，而标准化发展的高级形式有系列化、通用化和组合化。

1. 简化

简化是指在一定范围内缩减商品的类型数目，使之在既定时间内足以满足一般需要的商品标准化形式。

简化是实践中应用最为广泛的形式之一，主要包括对商品、原材料、零部件及工艺装备品种、规格等方面技术参数的简化。由于消费者需求不断增长及科学技术不断进步，企业之间的竞争不断加剧，商品的种类、品种有急剧增多的趋势，对于这样的情况，如果不进行严格积极的控制和引导，就会造成混乱生产以及社会财富的浪费。简化的目的在于控制商品品种和规格的不合理膨胀，一方面，通过市场竞争，淘汰多余的、无用的和性能低的商品品种，避免社会资源的不必要浪费；另一方面利用商品的可替代性，生产功能全、性能高、品种结构合理的新产品代替原有品种，更好地满足社会经济市场的需要。简化的实质允许某些个性同时共存，精练表示，这样保留下来的较少数量的品种更能突出、有效地代表总体。由此，简化的实质不在于将一种商品标准进行简化，而是在于将若干合理的品种保留。

以托盘这个品种的商品为例，我国过去生产托盘的企业很多都没有按照规范生产，这导致市场上出现了很多托盘的种类、规格和尺寸，给使用者带来了不便，不但使托盘货物搬运设备的购置费增加，还无法使装载车辆的容积和载重量得到充分使用。于是，我国在 1982 年制定了序号为强制性国家标准 GB 2934—1982《联运平托盘外部尺寸系列》，将托盘规格简化为 4 种：800 毫米×1200 毫米、800 毫米×1000 毫米、1000 毫米×1200 毫米、1100 毫米×1100 毫米。其中，国际许多企业普遍采用的规格为 1000 毫米×1200 毫米，而我国许多企业普遍采用的规格为 1100 毫米×1100 毫米。因此，目前这两种规格的托盘市场率占有最高，但是，其他规格的托盘在市面上也有销售。

2. 统一化

统一化是指把对于同类商品的两种或者两种以上的表现形态（规格）融合为一种或被限定在一定范围之内的商品标准化形式。商品标准化活动中内容最广泛、开展最普遍的一种形式就是统一化。由于不必要的多样化而造成了混乱，统一化的目的就在于消除这种混乱，为人类的正常活动建立共同遵循的秩序。它的实质在于将商品的形式、功能或其他技术特征协调一致，并把这种一致性通过商品标准以定量化的方式确定下来。统一化与简化既有区别又有联系。统一化立足于取得一致性，即从个性中总结共性；简化立足于精炼，肯定某些个性同时共存。简化如果到了"简而单一"的程度，即只用一个品种来代表整体时，就相当于实现了统一化。

【知识拓展】

商品标准统一化的典型实例

新中国成立前我国民用电的电压和频率有 5 种：100V，50Hz（日本）；110V，25Hz（俄罗斯）；110V，60Hz（美国）；125V，50Hz（德国）；220V，50Hz（英国）。新中国成立后，我国的民用电的电压和频率统一为 220V，50Hz，这个典型实例体现了通过简化，实现了统一。

另一个体现统一性的典型实例是欧洲货币的一体化。其产生的背景是 1992 年 2 月 7 日，欧洲共同体（欧盟的前身）首脑在荷兰小城马斯特里赫特签订了一项条约。条约决定于 1997 年 1 月 1 日，最迟至 1999 年 1 月 1 日，将启动欧洲统一货币——欧元。1998 年 5 月 2 日，欧盟确定比利时、德国，西班牙、法国、爱尔兰、意大利、卢森堡、荷兰、奥地利、葡萄牙和芬兰 11 国为欧元创始国。在欧元正式诞生后，1999 年 11 月 1 日—2002 年 1 月 1 日，各成员国的原有货币则仍可继续在民间流通，企业与个人可同时使用两种货币；直至 2002 年 1 月 1 日，欧元将完全取代各成员国国内流通的本国货币，各国货币开始退出市场，各成员国将不再发行和拥有自己的货币，而统一以欧元作为所有金融、贸易交易的计价货币；2002 年 7 月 1 日，欧元取代各国货币而成为欧洲统一货币。欧元区 12 国的 3 亿居民正式告别了他们祖辈使用多年的马克、法郎、里拉和比塞塔等本国货币。

3. 系列化

系列化是指在基型商品的基础上机动灵活地发展变型商品，目的在于用较少规格、型号的产品占领更大的市场份额，以适应市场需求多样化的标准化形式。

由定义可知，商品的系列化设计是以基型商品为基础的。基型商品是什么商品呢？

基型商品相对于变型商品，是指系列内具有基础性、代表性、规格适中、用量最大、生产较普遍、结构性能可靠、经过长时期生产和使用、历经考验、有发展前途的商品。确定基型商品后，在充分考虑系列内商品之间通用性的基础上，进入商品的设计流程，设计变型商品，与基型商品形成系列化商品。

例如，主要生产女性化妆品的某化妆品企业，为满足社会不同群体的需求，在掌握一定化妆品生产技术和方法，并占有一定生产资料的基础上，开始生产男性以及老人和儿童使用的化妆品，同女性化妆品组成系列化产品的生产。又如，某些企业在前期市场调研过程中，了解不同经济条件消费者的需要，在以此为基础制定产品研发策略时进行产品线的延伸，从以前生产高档产品的经营策略，转为现在开始生产中低档产品的经营策略。如五粮液集团，其最初的生产方向是主推"五粮液"高档酒品，但随着不断深入市场，面向不同的消费者需求，五粮液集团现在逐步开始生产"五粮春"和"五粮醇"等中档酒品以及"尖庄"等低档酒品。也有很多企业以前主要生产低档产品，现在也开始加入高档产品的生产。如某客运公司最初只办理普客普速的客运业务，为了更好地适应市场旅客的需求，现在也开始办理豪华客车的快速客运业务等。这些实际都是在基型商品的基础上，研制、开发商品，形成系列化商品以满足市场需求的典型实例。

4. 通用化

通用化是指在相互独立的系统中，选择和确定具有功能互换性或尺寸互换性的子系统或功能单元的标准化形式。由定义可知，通用化必须以互换性为前提。那么什么叫作互换性呢？互换性是指在不同时间、不同地点制造出来的商品或零件，由于在制造过程中都严格遵守标准化技术要求，在装配、维修时不必经过修整就能任意替换和使用。它主要具有两种性质：一是功能互换性，即将某些影响商品使用特性的参数按照规定的精确度互换；另一种是尺寸互换性，即将两个商品的线性尺寸相互接近到能够保证互换。

通用化的一般方法是在对商品进行系列设计的过程中，要全面分析商品，总结出基本系列和变型系列中零部件的共性和个性，然后从中选择具有共性的零部件为通用件或标准件。通用件的使用规则：在单独设计某一商品时，尽量采用已有的通用件；设计新零部件时，为了以后的商品设计的通用性，应充分考虑到能为以后的新商品所采用，逐渐发展为通用件或标准件；对现有商品进行革新改造时，将可以通用的零部件经过分析、试验、改造以达到零部件的通用效果，这也是对老商品革新改造的一项内容。

通用化的实例有很多，例如，典型工艺产品，根据产品的特点和要求，从众多的加工对象中选择出结构和加工方法相近的工艺对象并将它们加以归类，在每一类中再选出具有代表性的加工对象，然后对此加工对象进行工艺制作，并将此工艺作为典型工艺。在生产其他品种产品时，便将其作为一种通用工艺使用，从而方便地编制出新产品的工艺规程，将不同产品零部件的加工路线和加工方法基本上统一起来，节约工时、提高效率、提高质量。

另一个典型的通用化商品是万能充电器。万能充电器也是利用通用化的原理得到的，它可以为不同品牌，不同规格、型号的手机充电，通用性很强，但是手机自带充电器的通用性则较差。

5. 组合化

组合化是指按照标准化原则，设计并制造出一系列具有较强通用性的单元（通用单元或标准单元），之后将这些单元根据需要组合成不同用途商品的一种标准化形式。

由定义可知，组合化是建立在商品的分解与组合的理论基础上的。它的实质在于用最少的单元（通用单元或标准单元）组成较多的新品种。具体方式是：首先对构成产品的零部件进行简化，找出具有代表性的零部件；然后设计出通用单元或标准单元，通过不断地拼接组合，以及拆装后再重新拼接组合，最终形成了许多具有新结构或新功能的丰富多彩的多种多样的产品。

日常生活和生产中有许多形形色色、结构多样、功能丰富的产品。这些产品就是依据组合化原理拼接组合得到的。例如，建筑工地使用的组合式房屋，家用的组合式家具，儿童玩的拼装智力玩具，生产过程中的组合式机床、夹具、模具、工具等，这些产品都是由许多通用性强的单元组合而成，拆卸后重新组装又可得到新的结构、新的功能的产品。

上述 5 种形式中，简化是产品标准化的最基本形式；统一化、系列化、通用化及组合化都是对产品、零部件及构成产品单元进行简化而达到的效果。

【本章小结】

商品标准是为保证商品适用性，对商品质量和与质量有关的各方面（品种、规格、用途、试验方法、检验规则、包装、标志、运输和存储条件等）必须达到的某些或全部要求所作的技术规定。按照表达形式，商品标准可分为文件标准和实物标准；按照约束程度，商品标准可分为强制性标准和推荐性标准。

商品标准按照其适用领域和有效范围的不同，可分成不同的级别。国际商品标准，共有六个级别：国际标准、国际区域标准、国家标准、行业标准、地方标准和企业标准。而我国的商品标准根据《中华人民共和国标准化法》只有四个级别：国家标准、行业标准、地方标准和企业标准。

商品标准的制定需依次经历七个阶段：预备，立项，起草，征求意见，审查，批准、发布、出版，复审和修改。一个完整的商品（文件）标准应该包括三部分：概述部分、正文部分和补充部分。

商品标准化是指在商品生产和流通的各环节中制定、发布以及推行商品标准的活动。该活动致力于商品标准的制定、发布和实施，在实施过程中通过修订标准，使其不断循环、不断提高、不断发展。商品标准化的形式主要有简化、统一化、系列化、通用化和组合化。

【案例分析】

国际贸易中，商品标准是对商品质量仲裁的依据

A 公司从国外进口一批青霉素油剂，合同规定该商品品质"以英国药局 1953 年标准为准"，但货到目的港后，发现商品有异样，于是请商检部门进行检验。经反复查明，在英国药局 1953 年版本内没有青霉素油剂的规格标准，结果商检人员无法检验，从而使 A 公司对外索赔失去了根据。

思考:

1. 为什么 A 公司对外索赔失去了根据?
2. 在国际贸易中关于商品标准与商品质量的问题, 有哪些方面需要注意?

【理论考察】

1. 单项选择题

(1) 下述关于实物标准叙述不正确的是 (　　)。

　　A. 实物标准是一种标准样品　　　　B. 大多数商品标准都是实物标准
　　C. 实物标准是文件标准的补充　　　　D. 实物标准要经常更新

(2) 下述关于企业标准叙述不正确的是 (　　)。

　　A. 企业标准是仅限于企业使用标准
　　B. 在没有上级标准时, 企业可以制定标准
　　C. 在有上级标准时, 企业则不可以制定标准
　　D. 企业标准由企业制定

(3) 国际标准是由 (　　) 制定和颁布的标准。

　　A. 国际标准化组织　　　　　　　　B. 美国国家标准学会
　　C. 英国标准学会　　　　　　　　　　D. 日本工业标准调查会

(4) (　　) 是指在商品生产和流通的各环节中制定、发布以及推行商品标准的活动。

　　A. 产品质量　　　　　　　　　　　B. 商品标准化
　　C. 商品标准水平　　　　　　　　　D. 商品标准

(5) 企业标准体系包括技术标准体系、(　　) 和工作标准体系。

　　A. 安全标准体系　　　　　　　　　B. 服务标准体系
　　C. 质量管理体系　　　　　　　　　D. 管理标准体系

2. 多项选择题

(1) 商品标准复审的结果可以是 (　　)。

　　A. 确认　　　　　　　　　　　　　B. 修改 (或补充)
　　C. 修订　　　　　　　　　　　　　D. 废止

(2) 商品标准的概述部分, 概括地说明标准的对象、技术特征和适用范围。其主要内容包括 (　　)。

　　A. 封面　　　　　　　　　　　　　B. 目录
　　C. 引言　　　　　　　　　　　　　D. 附加说明

(3) 商品标准的正文部分是商品标准的实质性内容, 包括 (　　)。

　　A. 引言　　　　　　　　　　　　　B. 适用范围
　　C. 引用标准　　　　　　　　　　　D. 主题内容

(4) 商品标准的补充部分是对标准条文所作的必要补充说明和提供使用的参考资料, 包括 (　　)。

　　A. 附录　　　　　　　　　　　　　B. 附加说明
　　C. 技术要求　　　　　　　　　　　D. 试验方法

（5）商品标准化的高级形式主要包括（　　　）。

    A．系列化　　　　　　　　　　　B．通用化

    C．组合化　　　　　　　　　　　D．多样化

3．判断题

（1）SB 是我国行业标准代号。　　　　　　　　　　　　　　　　　　　　　（　　）

（2）DB 50 123—2006 是重庆市 2006 年发布的强制性地方标准。　　　　　（　　）

（3）标准化活动包括制定、发布及实施标准的过程。　　　　　　　　　　　（　　）

（4）对出口产品的技术要求，也应当制定企业标准进行规范。　　　　　　　（　　）

（5）企业产品标准必须经专家审查，审查方式可以为函审或会审。　　　　　（　　）

4．简答题

（1）为什么我国鼓励企业积极采用国际标准和国外先进标准？

（2）商品标准化的地位和作用有哪些？

（3）商品标准制定过程包括哪些阶段？

5．论述题

商品标准化有何作用？为何要推进商品标准化的发展？

【同步实务】

深入掌握商品标准与商品标准化

实务描述：

深入了解商品标准，掌握不同商品标准的特点以及不同商品标准的适用范围，理解商品标准对消费者的意义，并知道商品标准和标准化对促进商品流通具有什么意义。

实务分析：

（1）通过对商品标准内容的学习，加深对我国商品采用国际标准的了解，掌握我国的国家标准、行业标准、地方标准以及企业标准。

（2）深入了解商品标准化的过程，分析商品标准化对促进商品流通具有什么意义。

实务要求：

（1）走访所在地的企业或者超级市场，对 8 个以上企业的商品进行调查研究。

（2）列举 3~4 种具体商品，分析其分别执行哪类商品标准。

（3）试分析为何该企业会采用这种商品标准。

实务步骤：

（1）4~6 人一组，深入企业或者超级市场了解不同企业商品采用的商品标准。

（2）以小组为单位进行调查分析，收集所调查企业商品的相关资料，并分析其为何会采用该标准，以及是否会更换目前采用的商品标准。

（3）梳理资料，以 PPT 形式进行汇报，思路要清晰，文笔要流畅。

（4）谈谈我国商品标准化目前的现实困难有哪些，应如何克服。

（5）指导教师对小组讨论过程和发言内容进行评价和总结。

实务评价：

填写评分表（表 4-3）。

表 4-3 评 分 表

学生姓名	自评得分	小组评分	教师评分	总分

注：① 每人总分为 100 分；

② 学生自评满分为 20 分，小组评分满分为 30 分，教师评分满分为 50 分；

③ 三项分数相加为学生本次实务的最后得分。

第 5 章　商品质量管理与质量监督

学习目标

1. 理论目标

掌握商品质量管理的产生和发展；

理解商品质量管理的依据和内容，全面质量管理的概念、基本方法，商品质量监督概念、种类和形式。

2. 实务目标

了解商品质量管理的产生和发展；

理解商品质量管理的依据和内容；

掌握全面质量管理的基本方法，以及商品质量监督种类和形式。

导入案例

三鹿砸了食品企业"免检"牌

三鹿免检经质检总局审查批准，那么三鹿是如何获得免检资格的呢？据国家质检总局产品质量监督司副局长刘春燕介绍，经国家质检总局审查批准，三鹿牌婴幼儿配方奶粉、灭菌奶 2002 年获得免检资格，2005 年重新申报再次获得免检资格；三鹿牌乳粉 2003 年获得免检资格，2006 年重新申报再次获得免检资格。免检有效期为 3 年，到期以后要重新申请。

一场三鹿事故，让国家质检总局痛下决心，取消所有食品企业的免检资格。

2008 年 9 月 17 日，国家质检总局发布公告，从即日起，停止所有食品类生产企业获得的国家免检产品资格，相关企业要立即停止其国家免检资格的相关宣传活动，其生产的产品和印制的包装上已使用的国家免检标志不再有效。

5.1　商品质量管理的产生与发展

5.1.1　商品质量管理的产生

1. 质量管理的定义

根据国际标准 ISO 9000：2015《质量管理体系　基础和术语》的定义，质量管理是指导和控制组织的与质量有关的相互协调的活动。质量管理通常包括制定质量方针和质量目标以及质量策划、质量控制、质量保证和质量改进等一系列活动。

质量管理是企业为了使其产品、服务能更好地满足不断变化的顾客要求而开展的计划、组织、实施、检查、调整、协调、控制、信息反馈和审核等管理活动的总和。

2. 质量方针及其制定要求

质量方针是"由某机构的最高管理者正式颁布的总质量宗旨和目标"。质量方针（质量政策）是指由组织的最高管理者正式发布的该组织的总的质量宗旨（意图）和方向。

对于企业来说，质量方针是企业质量行为指导准则，反映企业最高管理者的质量意识，也反映企业的质量经营目的和质量文化。从一定意义上来说，质量方针就是企业的质量管理理念。

制定质量方针的要求：

（1）与企业的总经营宗旨相适应。

（2）质量方针必须由最高管理者批准，并正式颁布施行。

（3）包括对满足顾客要求和持续改进质量体系有效性的承诺。

（4）提供制定和评审质量目标的框架。

（5）在企业内得到沟通和理解。

（6）在持续性与适宜性方面得到评审。

3. 质量目标及其制定要求

质量目标是指组织在质量方面所追求的目的。

对企业而言，质量目标是根据质量方针的要求，企业在一定期间内所要达到的预期效果，即能够达到的量化的可测量目标。

制定质量目标的原则应是持续改进，提高质量，使顾客满意。不仅要考虑市场当前和未来的需要，还应考虑当前的产品及顾客满意的状况。

质量目标的制定要求：

（1）与质量方针保持一致。

（2）质量目标的内容（包括产品要求以及满足产品要求所需的其他内容，还应考虑相关方要求、市场变化、竞争对手的情况、自我评价的结果和所需的资源）。

（3）质量目标应是量化且可测量的。

（4）质量目标应细化分解和落实。

【知识拓展】

质量方针和质量目标实例

中国石油化工股份有限公司润滑油分公司的质量方针是：持续改进，不断创新，为顾客提供满意的产品和服务。其质量目标是：标准执行率100%；体系运行有效并不断改进；顾客满意度和一次生产合格率较上年度持续提高。

小肥羊的经营理念是"精、诚"。小肥羊的企业精神是：品质为本，诚信至上，伟业恒基，决胜千年。其经营宗旨是：产品质量是生命，优质服务是基础；现代化管理是手段，顾客满意是目标。其质量方针是：诚信为本、顾客至上、伟业恒基、持续发展。其质量目标是：优质服务率：100%；顾客满意率：96%；顾客投诉率：≤2%；员工培训率：100%。其特色是"不蘸小料涮肥羊"。小肥羊的独特之处就在于其锅底料和专用羊肉。

全聚德企业文化（企业精神）是：全而无缺，聚而不散，仁德至上。

4. 质量策划

质量策划是质量管理的一部分，它致力于制定质量目标并规定必要的运行过程和相关资源以实现质量目标。

质量策划是对质量特征进行识别、分类、比较，以确定适宜的质量特征，并制定质量目标、质量要求和约束条件。

质量策划与质量计划不同，质量策划强调的是一系列活动，而质量计划是质量策划的结果之一，是规定用于某一产品及其设计、采购、生产、检验、包装、运输等过程的质量管理体系要素和资源的文件。

5. 质量控制

质量控制是"为保持某一产品、过程或服务质量满足规定的质量要求所采取的作业技术和活动"。质量控制也是质量管理的一部分，它致力于满足质量要求。质量控制是动态的。

质量控制的目标在于确保产品的质量能满足质量要求（包括明示的、习惯上隐含的所必须履行的规定）。

质量控制的范围涉及产品质量形成全过程的各个环节。质量控制包括了对产品质量本身的控制以及为了实现这种质量而进行的工作过程的控制，包括操作作业的方法、步骤及应达到的要求等。

所谓控制，是通过一系列的方法和手段，使某一事物按照人们预想的方向发展，纠正此过程中的一切偏差，最后实现并完全达到预先设定的目标。控制由以下环节组成：制定目标、要求或标准；具体实施；对照目标、要求或标准对事实的现状进行测量以发现差异；制定消除差异的措施；实施纠正措施并再次测量，以评定并确保措施的有效性。

质量控制是上述控制原理在质量管理领域的具体体现，目的在于预防缺陷或问题的再发生。进行质量控制活动应从以下方面着手：确定控制计划和标准；按计划和标准实施，即严格按上述已规定的工作过程和工作要求开展各种质量控制活动；在实施的过程中进行连续的评价和验证，其手段包括监控、审核等，从而及时发现问题；对不符合工作过程和工作要求的情况进行处理，并及时制定和实施纠正措施；再次检查，确保上述不符合被有效纠正。

6. 质量保证

质量保证是"为使人们确信某一产品、过程或服务质量能满足规定的质量要求所必需的有计划、有系统的全部活动"。质量保证也是质量管理的一部分，它致力于满足质量要求。

质量保证的目的是取得顾客（或第三方）的信任。质量保证的主要工作是促使质量控制完善，以便准备好客观证据，并根据对方的要求有计划、有步骤地开展提供证据的活动。

7. 质量改进

质量改进同样是质量管理的一部分，它致力于增强满足质量要求的能力。质量改进是组织长期的坚持不懈的奋斗目标。

质量改进是组织为更好地满足顾客不断变化的需要和期望，而改善产品的特性和（或）提高用于生产和交付产品的过程的有效性和效率的活动。它包括确定、测量和分析现状，建立改进目标，寻求可能的解决办法，评价这些解决办法，实施选定的解决办法，测量、验证和分析实施的结果，将更改纳入文件。

质量改进的目的：提高本组织的收益；向顾客提高更多的收益。质量改进活动的直接目的是提高活动和过程的效益和效率。

质量改进的原理：质量改进通过改进过程来实现；采取预防和纠正措施是实现质量改进的重要方法。

质量改进的方法：全组织参与；质量改进项目和活动的准备；调查可能的原因；确定因果关系；采取预防或纠正措施；改进确认；保持成果；持续改进。

5.1.2　质量管理的发展历程

1. 检验质量管理阶段（20 世纪初期～40 年代）

检验质量管理阶段也称质量检验阶段，它是质量管理发展的初级阶段。20 世纪初，美国的企业管理队伍中出现了专职检验人员和专职检验部门。这种有人专职制定标准，有人负责实施标准，有人按标准对产品质量进行检验的质量管理，称为检验员的质量管理。

质量检验依靠既定的质量标准，挑出不合格品，将合格品送入流通领域。其管理对象仅限于对产品本身的管理，局限于生产制造过程。这是一种"事后把关"、消极防范型管理，管理职能较弱，只能杜绝不合格产品进入流通领域，却无法防止生产过程中次品、废品的产生。

1924 年，美国贝尔电话研究所的统计学家休哈特博士提出了"预防缺陷"的概念。他认为质量管理除了检验外，还应做到预防，解决之道就是采用他所提出的统计质量控制方法。休哈特博士的《产品生产的质量经济控制》于 1931 年出版后被公认为质量基本原理的起源。与此同时，同属贝尔研究所的道奇和罗米格共同提出，在破坏性检验的场合采用"抽样检验表"，并提出了第一个抽样检验方案。但当时大多数企业仍在做事后检验。这是由于 20 世纪30 年代发生严重的经济危机，当时的生产力水平不高，对产品质量要求也不是很高。质量检验阶段一直延续到 40 年代。

2. 统计质量管理阶段（20 世纪 40 年代～50 年代末期）

按照商品标准，由专业质量控制工程师和技术人员运用数理统计原理，在从设计到制造的生产工序间进行质量控制，预防次品、废品的发生并检验产品的质量，从中找出规律，发现问题，以保证质量。管理对象包括产品质量和工序质量。这是一种预防型（事先监控）管理。其局限性是过分强调质量管理的数理统计方法，而忽视了组织管理工作和人的能动作用。

3. 全面质量管理阶段（20 世纪 60 年代至今）

由于科学技术和生产力的发展，出现了许多大型产品和复杂的系统工程，对商品质量的要求大大提高，这就要求企业以系统的观点，全面控制产品质量形成的各个环节、各个阶段；行为科学在质量管理中得到应用，其主要内容是重视人的能动性；保护消费者权益运动的产生与发展，要求企业对提供的商品质量承担法律责任和经济责任，要求企业建立全过程的质量保证系统，对商品质量实行全面管理。

在费根堡姆的学说里，他努力摒弃当时最受关注的质量控制的技术方法，而将质量控制作为一种管理方法。他强调管理的观点并认为人际关系是质量控制活动的基本问题。一些特殊的方法如统计和预防维护，只能被视为全面质量控制程序的一部分。他将质量控制定义为"一个协调组织中人们的质量保持和质量改进努力的有效体系，该体系是为了以最经济的水平生产出客户完全满意的产品"。他指出，质量并非意味着"最佳"，而是"客户使用和售价的最佳"。在质量控制里"控制"一词代表一种管理工具，包括制定质量标准、按标准评价符合性、不符合标准时采取的行动和策划标准的改进等。费根堡姆在他的著作中强调当今全面的质量计划在组织和企业中是最有力的工具。要让质量计划发挥作用，组织管理者必须承担责任，这些责任包括让领导者作出承诺并为组织发展作出应有的贡献。

全面质量管理在美国取得成功，各国纷纷仿效，并结合自己的国情加以改造。在日本，以石川馨为代表的质量管理专家引进美国的全面质量管理后，根据日本的特点进行研究和实践，认为要提高产品质量首先要提高全公司的工作质量，而且应当把主要力量放在质量形成过程的早期和制定防止可能出现不合格的预防措施上，形成了具有日本特色的质量管理体系。

我国 1978 年开始推行全面质量管理，取得了丰硕成果，逐步形成了具有中国特色的、以全面质量管理为核心的质量管理科学体系。

5.2　商品质量管理的依据和内容

商品质量管理是指以保证商品应有的质量为中心内容，运用现代化的管理思想和科学方法，对商品生产和经营活动过程中影响商品质量的因素加以控制，使用户得到满意的商品而进行的一系列管理活动。企业通过建立和实施质量体系，对商品生产、流通和使用实行商品生命周期和质量体系运转全过程的控制和管理。它主要包括三个方面的内容：商品生产质量管理、商品流通质量管理、商品使用质量管理。

5.2.1　商品生产质量管理

商品生产阶段是商品质量形成的主要阶段。由于生产活动是多工序活动的集合，因而每个工序对商品质量的形成都会产生不同的影响。

1. 原材料质量管理

原材料质量管理主要是对原材料供应计划中原材料的数量、质量以及储备数量的管理，通常是根据商品生产数量周期和资金周转状况，确定购入原材料数量。在保证质量要求的前提下，要节约原材料成本和运输费用。原材料质量控制的目的就是要使其符合商品设计质量的要求。为使商品生产能顺利进行，企业要科学合理地储存一定数量的原材料，建立健全原材料仓库领料制度，确定原材料的消耗定额并对其使用情况进行分析和管理。

2. 设计质量管理

商品质量形成的过程中，设计质量对保证商品满足消费者和用户要求具有决定性的意义。商品设计过程中质量管理的任务是依据市场调查与科技情报制定设计质量目标，即要达到的质量标准，进而说明商品使用质量应该达到的要求。

先期开发研究的工作质量对提高设计质量的影响很大。在设计工作全面展开之前，应对设计方案的可行性、科学性及合理性进行鉴定，对设计质量进行全面审查，如一般审查、计算审查、标准化审查、可行性审查、可检验性审查及设计更改审查等。新产品的设计需要经过反复试制、多次修改、最后定型的过程，以保证设计质量标准的先进性和可行性。

3. 工艺、制造质量管理

该项管理是商品生产质量管理的中心环节。科学的工艺是指导加工操作、编制生产计划、进行质量检验的依据。工艺质量主要是指商品生产过程中技术准备的质量。工艺质量管理是生产质量管理中最基本的工作之一。工艺质量管理是根据设计和有关技术要求，以及企业现有的资源配置情况，对生产、安装、服务等过程实施过程控制策划、过程能力保证、过程保障能力研究，以使商品质量形成的全过程处于受控状态。工艺质量管理的内容包括：审查商品设计方案的合理性、经济性和可行性；制订工艺方案，选择最科学最经济的工艺流程；安排合适的生产设备以提高加工质量；编制工艺规程，明确工艺条件和技术标准。

4. 生产过程质量管理

该项管理是对原材料从进厂到制成成品的完整制造过程的质量管理和控制，即按照工艺设计的技术要求，控制影响制造质量的各种因素，保证制造质量符合设计质量标准。其内容包括：进行工序组织和控制；监控制造过程；对准备生产的原、辅材料进行验收；保证过程设备和基本材料的一致性；控制不合格产品的比例；保持稳定的环境条件；进行适当的人员培训等。

5.2.2 商品流通质量管理

商品流通质量管理实际上就是商业经营各环节中的商品质量管理。在生产阶段完成后，商品的自然质量已经形成，但是商品在流通领域运转过程中也会发生质量的变化。

1. 商品检验管理

商品出厂前，要对商品进行有效的检验，防止不合格产品进入流通领域。这就要求我们健全检验机构，完善检验制度，加强检验、验收质量管理工作，制定具体规程，严格按规程操作。

2. 商品运输质量管理

商品运输是生产过程在流通领域的延续。由于运输中的人力、财力的配备和物质消耗的成本构成了商品价值的一部分，运输过程中的各种因素也可能导致商品质量发生变化。因此，制订合理的运输计划（包括选择运输路线、确定运输工具、预防气候变化及采取措施等），对减少运输质量损失，降低运输成本有很重要的意义。

3. 商品储存质量管理

商品储存是商品流通过程中不可缺少的环节。商品储存质量管理主要是"以防为主"，防患于未然，最大限度地减少商品在储存期间质量变化和损失。商品储存质量管理的内容是：制订商品储存计划；建立健全仓储管理制度；根据商品的特点，结合包装条件，科学堆码；控制仓库温、湿度，做好防毒、防虫、防污染工作；做好商品的在库检查工作，定期巡查，发现质量问题及时处理等。

4. 商品销售质量管理

商品销售是指商贸部门运用一定的技术设备，选定某种服务方式，将商品出售给消费者的过程中的各种经济活动的总称。通过销售将商品价值实现过程的始端和终端联系在一起，是实现社会生产目的及社会再生产顺利进行的重要条件。销售质量直接影响商业企业的信誉和消费者利益。销售质量管理内容包括：编制商品销售计划；制定销售人员的操作规则；规定销售过程及其质量要求；培训营业员，提高服务质量等。

5.2.3 商品使用质量管理

商品的使用过程是商品质量的实际检验过程。商品使用质量管理是商品质量管理的最后环节，其目的是指导消费。通过售后服务，积极开展技术服务、技术咨询工作，最大限度地实现商品的使用价值。商品的设计质量和制造质量是需要通过使用过程中的质量表现出来的，如果能最大限度地实现商品的使用质量，实际上就是维护和提高了商品质量，直接或间接地为消费者提供了质量保证，增强了消费者的消费信心。

5.3　全　面　质　量　管　理

5.3.1　全面质量管理的概念

在推行全面质量管理过程中，各国由于国情不同，对它的认识和具体做法有所不同，但其基本思想、基本原理和方法是基本一致的。

20 世纪 80 年代以来，全面质量管理理论又有了新的发展，出现了许多新的概念，如全面质量保证、产品质量责任权重比例、质量战略、质量经济学等。

国际标准 ISO 8402：1994《质量管理和质量保证——词汇》中规定："一个组织以质量为中心，以全员参与为基础，目的在于通过让顾客满意和本组织所有成员及社会受益而达到长期成功的管理途径。"

全面质量管理（Total Quality Control/Management，TQC/TQM），是指调动企业各部门及全体职工的积极性，综合运用以数理统计方法为主的现代管理技术、专业技术和科学方法，控制影响质量全过程的各个因素，建立设计、制造以及使用服务过程的质量管理体系，以确保产品质量，满足消费者的需求。

全面质量管理的核心是强调调动人的积极因素，以提高人的工作质量来确保产品质量，提高企业和社会经济效益。

全面质量管理是一种全面的、全过程的、全员参与的积极进取型管理。全面质量管理的质量观从传统的质量管理符合性标准上升到以顾客满意为标准，把实施全面质量管理当作一项长期、动态的战略工程。

1. 全面质量管理与质量管理

全面质量管理并不等同于质量管理，质量管理只是组织中所有管理活动之一，与其他管理活动，如生产管理、计划管理、财务管理、人事管理等并存。而全面质量管理则适用于组织的所有管理活动和所有相关方，全面质量管理被称为质量管理的最高境界。具体表现如下：

（1）全面质量管理是一种管理途径，不是某种简单的方法，也不是某种模式或框架。

（2）全面质量管理强调一个组织必须以质量为中心来开展活动，其他管理职能不能取代质量管理的中心地位。

（3）全面质量管理强调组织内最高管理者强有力和持续的领导和参与，同时要求所有部门和所有层次的人员投入到质量活动中去。

（4）全面质量管理强调全员教育和培训。

（5）全面质量管理强调让顾客满意，使包括本组织员工在内的所有相关方都受益。

（6）全面质量管理强调谋求长期的经济效益和社会效益。

2. 全面质量管理的主要内容

（1）把满足消费者或用户放在第一位。

（2）依靠全部门、全体职工参与质量管理。

（3）运用以数理统计方法为主的现代化综合管理手段和方法，对商品开发、设计、生产、流通、使用、售后服务及用后处理的全过程进行全面管理。

（4）防检结合，以防为主，重在分析商品质量的主要影响因素。

（5）既要保证产品质量，还要实现成本低廉、供货及时、服务周到。

（6）实行严格标准化，不仅贯彻成套技术标准，而且要求管理业务、管理技术、管理方法的标准化。

3. 全面质量管理的特点

（1）全面质量的管理。

全面质量包括产品质量、过程质量和工作质量。产品质量通过产品的性能、寿命、可靠性、安全性和经济性等表现出来；过程质量和工作质量包括经营管理工作、技术工作和组织工作等，它通过产品质量及经济效益集中表现出来。

（2）全过程的管理。

把质量活动贯穿于产品质量产生、形成和实现的全过程，全面落实预防为主的方针，逐步形成一个包括市场调研、设计开发、采购供应、工艺策划和开发、生产制造、质量检验、包装储存、销售分发、安装运行、技术服务与维修、用后处置等所有环节在内的质量保证体系。若某一过程出现差错，都会直接影响产品质量。这个过程可以用质量环（质量螺旋）来表示（图 5-1）。

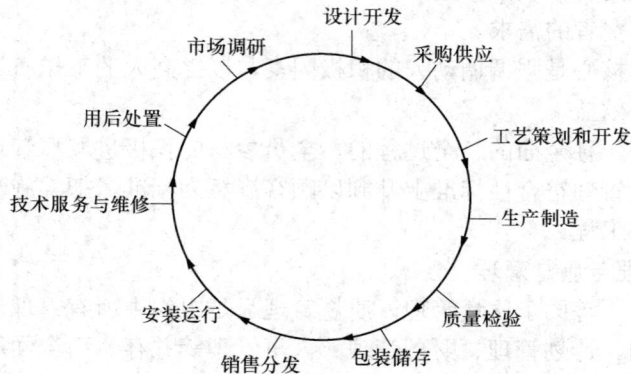

图 5-1　质量环（质量螺旋）

（3）全员参与的管理。

商品质量的优劣是企业各项工作的综合反映，涉及企业的所有员工。只有企业领导和每个职工都重视商品质量，提高质量意识，参与质量管理，立足自身的职责和作用，发挥自己的积极性、创造性，齐心协力，才能向消费者提供满意的优质产品。

（4）全社会推动的管理。

一个完整的产品往往是由许多企业共同协作来完成的。全面质量管理需要全社会的重视，需要质量立法、认证和监督，进行宏观上的控制引导，即需要全社会的推动。

（5）全面运用各种管理方法和手段。

质量管理在长期的实践中形成了多样化、复合型的方法体系和先进的管理手段。全面质量管理就是要以市场需求为依据，以用户满意为基础，以生产技术为基础，运用先进的科技管理手段和方法对影响产品质量的人、机器、材料、方法、检验以及环境条件等主要因素进行系统的有效控制，科学分析和整理，从中找出规律，指导工作实践，稳定和提高产品质量，达到最佳的实际使用效果和经济社会效益。

5.3.2　全面质量管理的基本方法

1. PDCA 循环

PDCA 循环又称戴明循环,由美国质量管理学家戴明博士首先提出。他指出:计划(plan)、执行(do)、检查(check)、处理(action)四个阶段为一个循环,循环持续改进,逐步提高。它适用于整个企业的质量管理,也适用于各部门、各环节的质量管理。

PDCA 循环的八个步骤如下:

(1)分析现状,发现问题。

(2)分析产生质量问题的原因和各种影响因素。

(3)找出原因(或影响因素)中的主要原因(主要影响因素)。

(4)针对主因采取措施:为什么制定这个措施(why);达到什么目标(what);在何处执行(where);由谁负责(who);何时开始执行和何时完成(when);如何执行(how)。

(5)执行,落实具体措施。

(6)检查,把执行结果与要求达到的目标对比。

(7)标准化,总结经验,巩固成果,制定相应标准。

(8)把未解决问题转入下一个 PDCA 循环解决。

PDCA 循环的特点:周而复始;大环套小环;阶梯式上升。

2. "朱兰三部曲"

朱兰提出了"质量三元论"的观点,该理论将管理过程分为三个步骤:计划、控制和改进。这就是有名的"朱兰三部曲"(quality trilogy)。"朱兰三部曲"中各个环节的设置都有它特定的原因。

(1)质量计划。

质量计划就是明确质量目标,并为实现质量目标进行计划部署。这一步骤是建立有能力满足质量标准化的工作程序必不可少的。其具体步骤如下:①确定顾客;②明确顾客要求;③开发具有满足顾客需求特征的产品;④制定能满足顾客需求的质量目标,并以最低综合成本来实现;⑤开发流程满足产品目标;⑥验证流程能力,证明它在实施中能达到的质量目标。

(2)质量控制。

质量控制是在生产经营中达到目标的过程,最终结果是按照质量计划进行生产,并作相应控制。质量控制可以为何时采取必要措施纠正质量问题提供参考和依据,是"朱兰三部曲"中的重要环节。其具体步骤如下:①选择控制对象;②规定测量标准和方法;③测定实际质量特性;④通过实际与标准的比较找出差异;⑤根据差异采取措施并监控其效果。

(3)质量改进。

质量改进是一个突破计划并达到前所未有水平的过程,最终结果是在明显优于原来计划的质量水平上进行经营活动。更合理和有效的管理方式往往是在质量改进中被挖掘出来的。其具体步骤如下:①确定改进项目;②组织项目团队;③组织诊断,发现原因;④提出改进方法和预防措施;⑤实施改进,并对这些改进项目加以指导和控制;⑥证明措施的有效性,并在质量管理体系文件中体现;⑦提供控制手段,以保持其有效性。

"朱兰三部曲"中的三个步骤既有各自的目标，又相互联系。它作为一个实现质量管理目标的阶梯，还需要其他一些条件才能有效实行，如要有积极向上的领导力和环境以及对质量的有力支持等。

"质量螺旋"是朱兰博士提出的另一个关于质量控制的重要理论。他认为，为了获得产品的最佳使用效果，需要进行一系列相关的质量管理活动。这些活动主要包括市场调查、开发、设计、计划、采购、生产、控制、检验、销售、反馈等各个环节。同时，这些环节又在整个过程的周而复始的循环中螺旋式上升。因此，它也被称为"质量进展螺旋"。在"质量进展螺旋"的工作实践中，朱兰博士依据大量的实际调查和统计分析认为：在所发生的所有质量问题中，仅有20%是由基层操作人员的失误造成的，而其中80%的质量问题是领导者造成的。此外，他还得出80%的质量问题是在20%的环节中产生的。

3. 6σ（六西格玛）管理法

西格玛（σ）来源于俄国数学家 P.L.Chebyshtv（1821—1894）的理论形成。根据他的计算，如果有68%的合格率，便是$\pm 1\sigma$，$\pm 2\sigma$有95%的合格率，而$\pm 3\sigma$便达至99.73%的合格率。σ是希腊字母，是统计学的一个单位，表示标准偏差值，用以描述总体中的个体离均值的偏离程度，测量出的σ表征着诸如单位缺陷、百万缺陷或错误的概率性。σ值越大，缺陷或错误就越少。6σ是一个目标，这个质量水平意味着在所有的过程和结果中，99.99966%是无缺陷的，也就是说，做100万件事情，其中只有3.4件是有缺陷的，几乎趋于人类能够达到的最为完美的境界。

在20世纪70年代，产品质量如果达到2σ便达到标准。但在80年代，品质要求已提升至3σ。这就是说产品的合格率已达到99.73%的水平，只有0.27%为次货，或者解释为每1000件产品中只有2.7件为次品。很多人以为产品达至此水平已非常美满。可是，如果产品达到99.73%的合格率，以下事件便会继续在美国发生：每年有20000次配错药事件；每年有超过15000个婴儿出生时会被抛落地上；每年平均有9小时没有水、电、暖气供应；每星期有500宗做错手术事件；每小时有2000封信邮寄错误等。因此，有很多公司已要求6σ的品质管理，其合格率为99.99966%，每一百万种产品中只有3.4件是次品（非常接近零缺点要求）。

6σ的概念于1986年由摩托罗拉公司的比尔•史密斯提出，属于品质管理范畴。6σ是在20世纪90年代中期开始被通用电气公司从一种全面质量管理方法演变成为一种高度有效的企业流程设计、改善和优化的技术，并提供了一系列同等地适用于设计、生产和服务的新产品开发工具，继而与通用电气公司的全球化、服务化、电子商务等战略齐头并进，成为全世界追求管理卓越性的企业最为重要的战略举措。6σ管理法总结了全面质量管理的成功经验，逐步发展成为以顾客为主体来确定企业战略目标和产品开发设计的标尺，是一种求持续进步的管理哲学，成为一种提高企业业绩与竞争力的管理模式。该管理法在摩托罗拉、通用汽车公司、戴尔、惠普、西门子、索尼、东芝等众多跨国企业的实践证明其是卓有成效的。国内一些企业也陆续开展了6σ管理。

6σ管理法是一种统计评估法，核心是追求零缺陷生产，防范产品责任风险，降低成本，提高生产率和市场占有率，提高顾客满意度和忠诚度。6σ管理既着眼于产品、服务质量，又关注过程的改进。6σ管理关注过程，特别是企业为市场和顾客提供价值的核心过程。因为过程能力用σ来度量后，σ越大，过程的波动越小，过程以最低的成本损失、最短的时间周期满足顾客要求的能力就越强。6σ理论认为，大多数企业在$3\sigma \sim 4\sigma$间运转，也就是说每百万次操作失误在 6210～66800，这些缺陷要求经营者以占销售额 15%～30%的资金进行事后的弥补或修正，而如果做到 6σ，事后弥补的资金将降低到约为销售额的 5%。

DPMO（每百万次采样数的缺陷率）是指 100 万个机会里面，出现缺陷的机会是多少。如果 DPMO 是百万分之三点四，即达到 99.99966%的合格率，那么这就叫 6σ。DPMO 与 σ 的对应关系如表 5-1 所示。

表 5-1　　　　　　　　　　　DPMO 与 σ 的对应关系

σ 值	正品率（%）	DPMO 值	以印刷错误为例	以钟表误差为例
1	30.9	690000	一本书平均每页 170 个错字	每世纪 31.75 年
2	69.2	308000	一本书平均每页 25 个错字	每世纪 4.5 年
3	93.3	66800	一本书平均每页 1.5 个错字	每世纪 3.5 个月
4	99.4	6210	一本书平均每 30 页 1 个错字	每世纪 2.5 天
5	99.98	230	一套百科全书只有 1 个错字	每世纪 30 分钟
6	99.99966	3.4	一个小型图书馆的藏书中只有 1 个错字	每世纪 6 秒钟

6σ 管理法是一种自上而下的革新方法，它由企业最高管理者领导并驱动，由最高管理层提出改进或革新目标（这个目标与企业发展战略和远景密切相关）、资源和时间框架。引入了 σ 这个概念以后，不同的企业、工厂、流程、服务之间都可以进行量化的比较。

【知识拓展】

6σ 流 程 模 式

为了达到 6σ，首先要制定标准，在管理中随时跟踪考核操作与标准的偏差，不断改进。目前已经形成一套使每个环节不断改进的、简单的流程模式：界定、测量、分析、改进、控制。

（1）界定：确定需要改进的目标及其进度。企业高层领导要确定企业的策略目标，中层营运目标可能是提高制造部门的生产量，项目层的目标可能是减少次品和提高效率。

（2）测量：以灵活有效的衡量标准测量和权衡现存的系统，了解现有质量水平。

（3）分析：利用统计学工具对整个系统进行分析，找到影响质量的少数几个关键因素。

（4）改进：运用项目管理和其他管理工具，针对关键因素确立最佳改进方案。

（5）控制：监控新的系统流程，采取措施以维持改进的结果，以期整个流程充分发挥功效。

5.4　商 品 质 量 监 督

5.4.1　商品质量监督的概念和作用

1. 商品质量监督的概念

商品质量监督是指根据国家的商品质量法规和商品质量标准，由国家指定的商品质量监督机构对生产和流通领域的商品质量和质量保证体系进行监督的活动。商品质量监督的主体通常是用户或第三方。我国各级人民政府都设有商品质量监督机构，各级质量监督机构按照国家有关规定，可单独组织或会同有关部门，对商品的生产、储运和经销等各个环节实行经常性的监督抽查，并定期公布商品质量抽查结果。社会团体、新闻机构和广大消费者也有权对商品质量进行社会监督。商品质量监督的目的是保证商品满足质量要求，维护国家和消费者的利益。

　　国家对商品质量的监督是技术监督，因此监督检验是商品质量监督的重要手段。监督检验是指由政府规定的商品检验机构，按照国家颁布的质量法规和商品标准，对企业生产的产品和市场销售的商品进行抽样检验和质量评价，对企业的质量保证体系进行检查。

　　2. 商品质量监督的作用

　　商品质量监督是国家对生产领域和流通领域的商品质量进行宏观调控的一种手段，它对于维护正常的社会经济秩序、保护消费者利益、保证和提高商品质量、增强我国商品的竞争能力等方面都具有重要的作用。

　　（1）维护社会主义市场经济的正常秩序，解决存在的商品质量问题。

　　在市场经济条件下，由于企业和个人对各自利益的追求，不可避免地会出现以对产品的粗制滥造、以次充好、短斤少两、弄虚作假来欺骗广大的消费者和用户等牟取暴利的现象，这必然会扰乱市场的正常秩序。通过有关部门加强对生产领域和流通领域商品质量的监督，可以及时发现和纠正商品质量中存在的问题，打击各种损害商品质量的不正之风，从而可以维护市场的良好秩序，是贯彻实施质量法规和商品标准不可缺少的重要手段。

　　（2）维护消费者的合法权益，保障人民的安全健康。

　　商品质量的好坏，直接关系到广大消费者的切身利益。不符合国家质量要求的商品，特别是一些伪劣商品流入市场，会直接危害消费者的安全和健康。国家有关部门通过对商品质量的监督抽查，可以防止不合格品，尤其是假冒伪劣商品进入消费领域，依法查处假冒伪劣商品的责任者，帮助解决商品质量问题，从而有效维护消费者的合法权益，保护消费者的安全和健康。

　　（3）促进企业增强质量意识，健全质量保证体系，促进对外贸易的发展。

　　通过质量监督部门对工商企业质量进行检查和评价，可以促进企业强化质量意识，帮助企业认识到商品质量对于企业生存、发展的重大意义，促使其健全质量保证体系，使商品质量不断提高。

　　（4）通过对商品质量的监督，可以推动国家质量法规和技术标准的贯彻执行。

　　国家颁布的质量法规，需要通过质量监督予以维护和贯彻执行。因此，质量监督是贯彻质量法规的有力措施。同时，国家颁布的强制性标准和推荐性标准，也需要通过商品质量监督部门进行监察和督导，以促进企业贯彻执行。因此，商品质量监督又是实现和推广质量标准的重要途径。

　　（5）加强商品质量监督有利于国家计划质量目标的实现。

　　国家为保证商品质量的提高，在国民经济计划中制定了质量方针和目标。而质量方针和目标的实现，需要通过具体工作落实到各产业部门和基层企业。强化商品质量监督，可以促使企业采用先进的技术和设备，开发新产品，提高商品质量，从而保证国家计划质量目标的实现。

5.4.2 商品质量监督的种类和形式

1. 商品质量监督的种类

我国的商品质量监督有国家质量监督、社会质量监督和用户质量监督三种。

（1）国家质量监督。

国家质量监督是指国家授权指定第三方专门机构对商品质量进行公正的监督检查。国家质量监督是以政府行政的形式，对可能危及人体健康和人身、财产安全的商品，影响国计民生的重要工业产品及用户、消费者组织反映有质量问题的商品，实行定期或经常的监督、抽查和检验，公开公布商品质量抽查检验结果，并根据国家有关法规及时处理质量问题，以维护社会经济生活的正常秩序和保护消费者的合法权益。国家的商品质量监督由国家质量监督检验检疫总局进行规划和组织实施，如药品、食品等。

（2）社会质量监督。

社会质量监督是指社会团体、组织和新闻机构根据消费者和用户对商品质量的反映，对流通领域的某些商品质量进行的监督检查。这种监督的特点具有及时性、广泛性和实践性。这种质量监督是从市场一次抽样，委托第三方检验机构进行质量检验和评价，将检验结果，特别是不合格商品的质量状况和生产企业名单予以公布，以造成强大的社会舆论压力，迫使企业改进质量，停止销售不合格商品，对消费者和用户承担质量责任，也增加了消费者自身自我保护的意识。

（3）用户质量监督。

用户质量监督是指使用单位为确保所购商品的质量而进行的监督和检查。例如，使用单位购买大型成套设备和装置，以及采购生产企业生产的商品时，进驻承制单位和商品生产厂商进行质量监督，发现问题有权通知企业改正或停止生产，及时把住质量关，以保证商品质量符合所规定的要求。这种质量监督包括用户自己派人或委托技术服务部门进驻承制单位实行质量监督；内外贸部门派驻厂人员进行质量监督以及在进货时进行验收检验。

2. 商品质量监督的形式

商品质量监督的形式多种多样，大致可以分为抽查型质量监督、评价型质量监督和仲裁型质量监督三种类型。

（1）抽查型质量监督。

抽查型质量监督是指国家质量监督机构通过对从市场或企业抽取的样品按照技术标准进行监督检验，判定其是否合格，如不合格则采取强制措施以达到技术要求的一种监督活动。它具体包括季度质量监督抽查、日常监督检验和市场商品质量监督抽查等。抽查的主要对象是涉及人体健康和人身、财产安全的商品，影响国计民生的重要工业产品、重要的生产资料商品和消费者反映有质量问题的商品。

（2）评价型质量监督。

评价型质量监督是指国家质量监督机构通过对企业的产品质量和质量保证体系进行检验和检查，考核合格后，以颁发产品质量证书、标志等方法确认和证明产品已经达到某一质量水平，并向社会提供质量评价信息，实行必要的事后监督的一种质量监督活动。评价型质量监督是国家对产品质量的干预，是对商品质量进行宏观调控的重要措施。

（3）仲裁型质量监督。

仲裁型质量监督是指质量监督检验机构通过对有质量争议的商品进行检验和质量调查，在查明情况的基础上进行公正处理的一种质量监督活动。目前它包括争议方委托的质量仲裁、司法机构和合同管理部门委托的仲裁检验以及群众的质量投诉等。仲裁型质量监督具有较强的法制性，这项任务由质量监督管理部门承担，应选择经省级以上人民政府产品质量监督管理部门或其授权的部门审查认可的质量监督检验机构作为仲裁检验机构。

【知识拓展】

国家质量监督机构

2001 年 4 月，国务院决定国家质量技术监督局与国家出入境检验检疫局合并，组建中华人民共和国国家质量监督检验检疫总局，简称国家质检总局（正部级）。国家质检总局是中华人民共和国国务院主管全国质量、计量、出入境商品检验、出入境卫生检疫、出入境动植物检疫、进出口食品安全和认证认可、标准化等工作，并行使行政执法职能的直属机构。国家质检总局对中国国家认证认可监督管理委员会（中华人民共和国国家认证认可监督管理局，简称国家认监委）和中国国家标准化管理委员会（中华人民共和国国家标准化管理局，简称国家标准委）实施管理。国家认监委（副部级）是国务院授权的履行行政管理职能，统一管理、监督和综合协调全国认证认可工作的主管机构。国家标准委（副部级）是国务院授权的履行行政管理职能，统一管理全国标准化工作的主管机构。

【本章小结】

质量管理是企业为了使其产品、服务能更好地满足不断变化的顾客要求而开展的计划、组织、实施、检查、调整、协调、控制、信息反馈和审核等管理活动的总和。质量管理的发展经历检验质量管理阶段、统计质量管理阶段、全面质量管理阶段。商品质量管理主要包括三个方面的内容：商品生产质量管理、商品流通质量管理、商品使用质量管理。商品流通质量管理实际上就是商业经营各环节中的商品质量管理。在生产阶段完成后，商品的自然质量已经形成，但是商品在流通领域运转过程中也会发生质量的变化。商品使用质量管理是商品质量管理的最后环节，其目的是指导消费。通过售后服务，积极开展技术服务、技术咨询工作，最大限度地实现商品的使用价值。全面质量管理是指调动企业各部门及全体职工的积极性，综合运用以数理统计方法为主的现代管理技术、专业技术和科学方法，控制影响质量全过程的各个因素，建立设计、制造以及使用服务过程的质理管理体系，以确保产品质量，满足消费者的需求。全面质量管理的基本方法有 PDCA 循环、"朱兰三部曲"、6σ 管理法等。商品质量监督是指根据国家的商品质量法规和商品质量标准，由国家指定的商品质量监督机构对生产和流通领域的商品质量和质量保证体系进行监督的活动。我国的商品质量监督有国家质量监督、社会质量监督和用户质量监督三种。

【案例分析】

质量管理案例分析
——名牌的凋落

河北环宇集团从 1970 年开始生产电视机，曾在全国较有名气，获得过几十种荣誉，如"全国彩电评比一等奖"、"国家银质奖"、"全国十大名牌"等，可谓名噪一时。可是到 1995 年年底，该企业因明亏 1.48 亿元，潜亏 4915 万元，负债 2.96 亿元，宣告破产。

环宇的彩电 1974 年就送进了中南海，1984 年又较早地引进了彩色电视生产线，产品进军欧洲市场，还在英国成立了英环公司，生产环宇电视机，此举吸引了 23 个国家的驻华大使、参赞来厂参观，1988 年生产了电视机 40 万台，当时规模已不算小了。但到了 1989 年，国内市场开始疲软，工厂领导对电视机市场发展前景作了错误的估计，认为前途不甚远大。因此，对这个产品不重视，该厂从 1989 年到 1995 年的 6 年间仅投入 3000 万元。该厂从 1984 年到 1989 年的 5 年，只销售了 47C-2 型一种电视机机型，1989 年后虽然开发了 54 厘米的几个品种，但是别的厂家 64 厘米、74 厘米、"画中画"等新产品迭出，而环宇彩电还是老面孔，当然没有市场。

从市场开拓来说，环宇根本没有开辟与形成自己的销售渠道与网络。电视机走俏时，该厂的销售只考虑先卖给谁、后卖给谁就行了，根本不去抓市场，市场疲软时，又不知道产品往哪里销，没有自己的销售系统，在全国的经销单位只有 20 多个。

从集团内部运作机制看，其内部运作不规范，内部结构变化频繁。1987 年后该厂机构每年一变或几变，从 1987 年到 1991 年的 4 年间进行了 6 次大调整，还不包括小调整。1991 年后集团内又作了 3 次分与合的调整。电视机厂的厂长平均一年换一次，任期最长的为 1 年 7 个月，任期最短的 8 个月，连中层干部还没认识就"下台"了，而且，这些机构的调整，并没有把责、权、利理顺，厂长具体管企业，但没有权，公司总经理有权，但不直接管理企业，企业很不好运作。环宇最终于 1995 年 7 月宣告破产，于 1996 年被宝石集团收购。

思考：

1. 环宇集团破产的主要教训是什么？给我们带来什么启示？
2. 名牌的含义是什么？试分析名牌与质量的关系。

【理论考察】

1. 单项选择题

（1）为保持某一产品、过程或服务质量满足规定的质量要求所采取的作业技术和活动是（　　）。

　　A．质量监督　　　　B．质量策划　　　　C．质量控制　　　　D．质量保证

（2）商品生产阶段的质量管理不包括（　　）。

　　A．原材料质量管理　　　　　　　　　　B．设计质量管理

　　C．工艺、制造质量管理　　　　　　　　D．仓储质量管理

（3）朱兰提出了"质量三元论"的观点，该理论将管理过程不包括（　　）。

　　A．计划　　　　　B．组织　　　　　C．控制　　　　　D．改进

（4）社会质量监督具有及时性、（　　）和实践性的特点。

　　A．特定性　　　　B．综合性　　　　C．理论性　　　　D．广泛性

（5）商品质量监督的形式多种多样，但不包括（　　）。

　　A．抽查型质量监督　　　　　　　　　　B．评价型质量监督

　　C．认定型质量监督　　　　　　　　　　D．仲裁型质量监督

2．多项选择题

（1）质量管理的发展经历的阶段有（　　　）。

  A．检验质量管理阶段　　　　　　　B．统计质量管理阶段

  C．全面质量管理阶段　　　　　　　D．部分质量管理阶段

（2）商品质量管理主要包括（　　　）。

  A．商品生产质量管理　　　　　　　B．商品流通质量管理

  C．商品储存质量管理　　　　　　　D．商品使用质量管理

（3）全面质量管理的基本方法（　　　）。

  A．6σ管理法　　　B．"朱兰三部曲"　　C．统计分析法　　　D．PDCA 循环

（4）全面质量管理需要全社会的（　　　）。

  A．质量立法　　　　B．认证　　　　C．监督　　　　D．宏观上控制引导

（5）我国的商品质量监督有（　　　）。

  A．企业质量监督　　　　　　　　　B．国家质量监督

  C．社会质量监督　　　　　　　　　D．用户质量监督

3．判断题

（1）质量管理是企业为了使其产品、服务能更好地满足不断变化的顾客要求而开展的计划、组织、实施、检查、调整、协调、控制、信息反馈和审核等管理活动的总和。（　　　）

（2）在推行全面质量管理过程中，各国由于国情不同，对它的认识和具体做法有所不同，其基本思想、基本原理和方法是不一致的。（　　　）

（3）PDCA 循环又称戴明循环，由美国质量管理学家戴明博士首先提出。他指出：计划（plan）、执行（do）、检查（check）、处理（action）四个阶段为一个循环，循环持续改进，逐步提高。（　　　）

（4）商品质量监督是国家对生产领域和流通领域的商品质量进行微观调控的一种手段。（　　　）

（5）商品质量监督是指根据国家的商品质量法规和商品质量标准，由国家指定的商品质量监督机构对生产和流通领域的商品质量和质量保证体系进行监督的活动。（　　　）

4．简答题

（1）简答商品流通质量管理包括哪些？

（2）全面质量管理的特点有哪些？

（3）什么是商品质量监督？

5．论述题

论述商品质量监督的作用。

【同步实务】

商品质量管理和监督的认知

实务描述：

根据本章所学知识，进一步探究商品质量管理与质量监督，加强学生对商品质量管理和监督的认知。

实务分析：

（1）商品质量管理的内容。

（2）全面质量管理相关知识。

（3）商品质量监督相关部门。

实务要求：

每个小组根据实务分析内容，进行相关知识的进一步学习。

（1）设计必答题、风险题、"你来比画我来猜"三种形式的题目。

（2）题目涉及所学的相关知识。

（3）在回答必答题时，该队其他人员不能给予任何形式的提示。

实务步骤：

（1）4～6人一组，进行相关知识的进一步学习。

（2）各个小组按计划进行前期准备工作，收集和整理相关实物材料和文字资料。

（3）各小组抽选一名学生作为评委，成立评委组，设计评分表格。

（4）各小组比赛进行答题。

（5）评委组根据评分标准对各小组调查情况进行评比、打分。

（6）指导教师作为整个调研活动的组织者、观察者、记录者，对各小组表现进行总结评价。

实务评价：

填写评分表（表5-2）。

表5-2 　　　　　　　　　　　　　　　　评　分　表

学生姓名	自评得分	小组评分	教师评分	总分

注：① 每人总分为100分；

　　② 学生自评满分为20分，小组评分满分为30分，教师评分满分为50分；

　　③ 三项分数相加为学生本次实务的最后得分。

第 6 章　商 品 质 量 认 证

学习目标

1. 理论目标

了解商品质量认证的种类；

掌握产品质量认证的概念与意义、类型、形式、程序；

掌握质量体系认证的概念、特点；

理解 ISO 质量体系认证、环境管理体系认证及其他认证。

2. 实务目标

理解并能解释商品质量认证的种类；

熟悉质量体系认证的概念、特点；

理解并能解释中国强制性产品认证的概念；

熟悉 "CCC" 认证标志；

掌握 ISO 质量体系认证、环境管理体系认证及其他认证的应用。

导入案例

过期 QS 标志怎么还在用

"这个花生牛轧糖吃起来怎么有点苦？难道是假冒的？" 2013 年 1 月 4 日，贵阳市民杜女士致电消费维权站维权专线 6624315 反映，称其近日在福满多连锁便利威清店购买的一袋花生牛轧糖，吃起来感觉味道怪怪的。仔细查看该食品包装发现，早已停用的 "质量安全" QS 标志，在糖果包装纸上却仍然在使用。

1. 消费者："质量安全" 标志，怎么还在用？

据消费者杜女士介绍，元旦期间，她路过威清路时，在福满多连锁便利店以 3.5 元购买了一包 "巨牛" 牌花生牛轧糖，结果拿回家时，小孩尝了一口就不再吃了。杜女士随后剥开一颗仔细品尝，感觉味道有些不对劲，该糖甜中带有苦涩的味道。且该糖的做工很粗糙，咬起来很脆。

细心的杜女士查看包装发现，该糖外包装 QS 标志使用的字样为 "生产许可"，而糖纸上使用的 QS 标志使用的字样却是 "质量安全"。

据了解，国家规定，QS 标志中的 "质量安全" 字样现已改为 "生产许可"，该糖的生产日期为 "2012.09.10"，虽还未过保质期，包装上却是已经过期的 "质量安全" 字样。因此，杜女士怀疑这是假冒产品。

记者来到杜女士所说的福满多连锁便利威清店，见该超市货架上摆放的花生牛轧糖每袋包装为 80 粒，净含量 208 克，售价为 3.5 元。每袋生产日期均为 "2012.09.10"，生产厂家为德阳市奉贤味美食品厂。

针对记者提出的该糖内外包装 QS 标志标示的文字字样不一致的情况，该便利店售货员表示她也不清楚。

2. 厂家：可能涉嫌假冒，需进一步查实

随后，记者采访了超市以及给糖生产厂家相关负责人。福满多连锁便利店总部办公室经理游女士告诉记者，该便利店采购的商品均是通过正规渠道进的货，不可能出现假冒产品。

打通游女士提供的经销商为"禾昇贸易"商家的电话后，面对记者提问，"禾昇贸易"一位不愿透露姓名的女性工作人员表示："如果有产品质量问题，我们肯定负责，即使要找经销商，福满多会找我们，也轮不到你们来问。"随即挂断电话。

记者又联系了该糖包装标示的生产厂家德阳市奉贤味美食品厂。对于该糖内外包装 QS标志标示的文字字样不一致的原因，黄先生解释说，可能是原包装纸印刷得比较多，沿用包装的产品在市场上还未销售完。

记者提出该糖的"质量安全" QS 标志为何超期 1 年多，该厂家还一直在使用，黄先生表示需要进一步核实。

在记者要求下，该生产厂家向记者出示了《全国工业产品生产许可证》，许可证获批准的证书编号，与该糖果包装上标示的生产许可证号吻合。该厂家销售负责人廖燕向记者表示，消费者反映的产品很可能属于假冒产品。

廖燕同时表示，超市方所提到的"禾昇贸易"是甘肃的一家经销公司，不是该厂家在贵阳的经销商。

3. 工商：情况如果属实，将依法查处

对此，贵阳市工商局食品处相关负责人向记者表示，按照《中华人民共和国食品安全法》要求，QS 标志是于 2002 年启用的食品质量安全市场准入标志。于 2010 年 6 月起，要求将QS 标志中的汉字"质量安全"将变更为"生产许可"。之前已取得食品生产许可的企业，在18 个月内可以继续使用原已印制的带有"质量安全"字样的 QS 标志的包装物，即 2011 年12 月 1 日前出厂的食品，允许继续使用原已印制的带有旧版生产许可证标志包装物。

针对消费者反映的问题，该负责人表示，消费者可向购买产品超市的工商部门进行投诉。一经查实，凡是 2011 年 12 月 1 日之后出厂的产品，发现包装带有"质量安全"字样，将以标志不规范进行查处；涉及假冒产品和食品安全问题，工商部门可依法对相关当事经营者进行查处。

商品质量认证有利于商品质量的提高，可以为消费者提供了质量信息，有利于减少社会重复检验评价费用。为此学习商品质量认证的知识变得尤为重要。

6.1 商品质量认证分类与认证机构

6.1.1 商品质量认证的种类

商品质量认证可以按照下列分类依据进行区分。

（1）按照实施认证的约束力，可将商品质量认证分为自愿性认证和强制性认证。

1）强制性认证是对那些关系安全、卫生和环保方面的产品，依照法律规定或政府法令，要求必须达到相应标准所进行的认证。认证不合格的产品不准继续生产、销售和进口，否则将被依法惩处。例如，安全认证就是一种强制性认证。

2）自愿性认证是企业根据自身情况自愿申请，对一般性产品按照现行标准进行检验，确定质量是否合格的认证。一般来说，没有经过自愿认证的产品也可以在市场上销售，但在国际市场上的销售情况可能不如经过认证的产品理想。

（2）按照认证的内容，可将商品质量认证分为安全认证、质量认证，以及安全、质量同时认证。

安全认证是指依据安全标准或产品标准中的安全性能项目进行的认证。安全认证是目前世界上许多国家对于关系国计民生的重大产品以及有关人身安全、健康的产品，按照法律法规的规定所必须实行的认证。产品通过安全认证，就表明产品符合某种安全标准要求，或者符合强制性标准中的安全性能指标要求。

质量认证是指对一般产品以自愿方式实施的，表明产品的质量符合规定要求，或者符合有关国家标准或行业标准要求的认证。

安全、质量同时认证是指对某些有安全要求的产品，既根据有关法规要求进行安全认证，又按照自愿方式进行质量认证。

（3）按认证的作用范围，可将商品质量认证分为国际认证、区域性认证和国家认证。

国际认证是指参与国际标准化组织的各成员国以国际标准化组织和国际电工委员会通过的国际标准为依据，以其认证委员会认证原则作指导的认证。国际认证对消除国际贸易壁垒，促进国际贸易的发展具有明显的作用。

区域性认证是指由若干个国家和地区，根据自愿的原则自行组织起来，按照共同认定的标准以及一定的认证规范而进行的认证。一般来说，经过本区域性组织成员国认证管理机构认证的产品，其他成员国认证机构就予以承认。区域性认证最典型的是欧盟的区域认证。

国家认证是由国家认证机构统一组织，对国内产品实行的认证。国家认证是一国范围内的质量认证，它是以国家标准为依据的认证。

6.1.2　认证机构

认证机构是经国务院认证认可监督管理部门批准，并依法取得法人资格，有某种资质，可从事批准范围内的认证活动的机构（根据《中华人民共和国认证认可条例》）。它是一种非国家机关，是一种企业、事业单位、社会团体等多种性质的组织并行存在的组织机构。目前我国已经有许多专门从事产品质量认证的公司。

1. 认证机构的设立要件

认证机构的设立要件如下：

（1）有固定的场所和必要的设施。

（2）有符合认证认可要求的管理制度。

（3）注册资本不得少于人民币 300 万元。

（4）有 10 名以上相应领域的专职认证人员。

从事产品认证活动的认证机构，还应当具备与从事相关产品认证活动相适应的检测、检查等技术能力（可外包）。

设立外商投资的认证机构除应当符合上述规定的条件外，还应当符合下列条件：

（1）外方投资者取得其所在国家或者地区认可机构的认可。

（2）外方投资者具有 3 年以上从事认证活动的业务经历。

　　设立外商投资认证机构的申请、批准和登记，按照有关外商投资法律、行政法规和国有关规定办理。

　　2．机构举例

　　认证机构，是指具有可靠的执行认证制度的必要能力，并在认证过程中能够客观、公正、独立地从事认证活动的机构。即认证机构是独立于制造厂、销售商和使用者（消费者）的、具有独立的法人资格的第三方机构，故称认证为第三方认证。国内认证机构有兴原认证、方圆认证、船级社认证、华夏认证、SGS 等。

　　3．主管部门

　　（1）主管部门：我国认证机构的主管部门是国家认证认可监督管理委员会（CNCA）。

　　（2）认可机构：在中国认证机构认可机构为中国合格评定国家认可委员会（CNAS）。只有通过中国合格评定国家认可委员会认可的实验室才可能得到国家法规的认可及各国实验室互认。

　　4．国际互认

　　中国合格评定国家认可制度在国际认可活动中有着重要的地位，其认可活动已经融入国际认可互认体系，并发挥着重要的作用。中国合格评定国家认可委员会是国际认可论坛（IAF）、国际实验室认可合作组织（ILAC）、亚太实验室认可合作组织（APLAC）和太平洋认可合作组织（PAC）的正式成员。目前我国已与其他 43 个国家和地区的质量管理体系认证和环境管理体系认证的认可机构签署了互认协议，已与其他国家和地区的 64 个实验室认可机构签署了互认协议。

　　国外大型认证机构 TUV、SGS、UL、CSA、ITS、VDE、JQA、NPS、NQA 等在中国成立的实验室，都必须取得中国合格评定国家认可委员会的认可，所以实验室应取得中国合格评定国家认可委员会的认可也就是按照国际标准 ISO/IEC 17025：2005《检测和校准实验室认可准则》管理体系运作。

【知识拓展】

中国质量认证中心

　　中国质量认证中心（CQC）是经中央机构编制委员会批准，由国家质量监督检验检疫总局设立，委托国家认证认可监督管理委员会管理的国家级认证机构。2007 年重组改革后，现隶属中国检验认证集团。中国质量中心是中国开展质量认证工作最早、最大和最权威的认证机构，几十年来积累了丰富的国际质量认证工作经验，各项业务均成果卓著，认证客户数量居全国认证机构的首位、全球认证机构的前列。

　　（1）CQC 标志认证：认证类型涉及产品安全、性能、环保、有机产品等，认证范围包括百余种产品。

　　（2）管理体系认证：主要从事 ISO 9001 质量管理体系、ISO 14001 环境管理体系、OHSMS 18001 职业健康安全管理体系、QS 9000 质量体系、TL 9000 和 HACCP 认证等业务。

　　（3）作为国际电工委员会电工产品合格与测试组织（IECEE）的中国国家认证机构（NCB），从事颁发和认可国际多边认可 CB 测试证书工作，其证书被 43 个国家和地区的 59 个国家认证机构所认可。

（4）作为国际认证联盟（IQNet）的成员，CQC 颁发的 ISO 9001 证书和 ISO 14001 证书将能获得联盟内其他 33 个国家和地区的 36 个成员机构的认可。

（5）认证培训业务：作为经中国认证人员与培训机构国家认可委员会（CNAT）认可的中国最早的认证培训机构，承担国内外各类认证培训业务。

6.2 产 品 质 量 认 证

6.2.1 产品质量认证的概念与意义

1. 产品质量认证的概念

"认证"一词的英文本义是一种出具证明文件的行动。《ISO/IEC 指南 2：1986》中对"认证"的定义是"由可以充分信任的第三方证实某一经鉴定的产品或服务符合特定标准或规范性文件的活动"。

产品质量认证也称产品认证，合格认证。《中华人民共和国产品质量认证管理条例》第二条所下定义为：产品质量认证是依据产品标准和相应技术要求，经认证机构确认并通过颁发认证证书和认证标志来证明某一产品符合相应标准和相应技术要求的活动。

产品质量认证分为强制认证和自愿认证两种。一般来说，对有关人身安全、健康和其他法律法规有特殊规定者为强制性认证，即"以法律强制执行的认证制度"。其他产品实行自愿认证制度。

产品质量认证的定义包括以下几项基本概念：

（1）产品质量认证的依据是标准。标准是对重复性事物和概念所作的统一规定。它以科学、技术和实践经验的综合成果为基础，经有关方面协商一致，由主管机构批准，以特定形式发布，作为共同遵守的准则和依据。由于它是发展生产、提高质量、促进贸易的衡量准则，自然成为质量认证的基础。

（2）产品质量认证的对象是产品。根据 ISO 的规定，产品可分为两类，即有形产品（通常人们使用的产品或商品）和无形产品（包括工艺性作业，如电镀、热处理、焊接以及各类形式的服务）。

（3）产品质量认证的批准方式是颁发认证证书和/或允许产品使用认证标志。

（4）产品质量认证是贯彻标准和相应技术要求的一项质量监督活动。

（5）产品质量认证活动是由认证机构领导并实施的。按照国际标准化组织的要求，认证机构必须具备不受第一方（生产方）和第二方（使用方）经济利益所支配的第三方公正地位。

2. 产品质量认证的意义

（1）通过产品质量认证标志指导消费者的购买方向。经过认证的产品，企业可以获得认证证书，并且有权在产品、包装物、产品合格证、产品使用说明书上使用认证标志，为消费者购买到满意的商品提供信誉指南和质量信息。

（2）符合国家标准的严格要求，证明企业可以连续生产合格产品，自然会受到消费者的好评，更有利于企业参与激烈的市场竞争，获得较好的经济效益。

（3）享受免检的优惠待遇。经过认证的产品，不光是在国内市场上受到消费者的信赖，在国际市场上也会抬高身价。特别是经过国际认证的产品，得到各个成员国的普遍认证，可以享受免检等优惠待遇。

6.2.2 产品质量认证的类型

（1）按认证的范围分类，可以将产品质量认证分为国家认证、区域性认证和国际认证。

国家认证是指国家对国内产品实行的认证；区域性认证是指由若干国家和地区按照自愿的原则组织起来，按照共同的标准和技术规范进行认证，如欧洲标准化组织（CEN）的 CE 认证；国际认证是指参与 ISO 和国际电工委员会（IEC）等的认证组织按照 ISO 和 IEC 标准开展的认证。

（2）按照认证的性质分类，可以将产品质量认证分为安全认证和合格认证两类。

国家为了保障人民生命与财产的安全，对许多产品制定了安全标准。根据安全标准进行认证或只对标准中的安全项目进行认证的，称为安全认证。合格认证是依据国家标准或行业标准的要求，对商品的全部性能所进行的质量认证，又称为综合认证或全性能认证。合格认证一般属于自愿性认证。

6.2.3 产品质量认证的形式

ISO 出版的《认证的原则与实践》一书，将国际上通用的认证形式归纳为以下八种：

第一种：型式试验。按照规定的试验方法对产品样品进行试验，来确定样品是否符合标准或技术规范。这种认证只发证书，不允许使用合格标志，只能证明现在的产品符合标准，不能保证今后的产品符合标准。

第二种：型式检验加认证后监督——市场抽样检验。这是一种带监督措施的型式检验。监督的办法是从市场上购买样品或从批发商、零售商的仓库中抽样进行检验，以证明认证产品的质量持续符合标准或技术规范的要求。

第三种：型式检验加认证后监督——工厂抽样检验。与第二种认证形式的区别在于，工厂样品随机检验或成品库抽样检验代替市场样品的核查试验。

第四种：型式检验加认证后监督——市场和工厂抽样检验。这种认证制是第二种和第三种两种认证制的综合。从产品样品核查试验来看，样品来自市场和工厂两个方面，因而要求更加严格。

第五种：型式检验加工厂质量体系评定加认证后监督——质量体系复查加工厂和市场抽样检验。这一形式的认证，既对产品作型式试验，又对与产品有关的供方质量体系进行评定。评定内容包括供方的质量体系对其生产设备、材料采购、检验方法等能否进行恰当的控制，能否使产品始终符合技术规范。

第六种：评定供方的质量体系。这种认证类型，是按既定标准或技术规范要求对供方提供产品的质量保证能力进行评定和认可，而不对最终产品进行认证，故又称质量保证能力认证。这一认证形式已逐渐被国际上所接受。

第七种：批量试验。这是以统计抽样试验的方法对某批产品进行抽样试验的认证。其目的在于帮助买方判断该批产品是否符合技术规范。这一认证形式，只有在供需双方协商一致后方能有效地执行。一般说来，这种形式的认证较少被采用。

第八种：全数试验。对认证产品作百分之百的试验后发给认证证书，允许产品使用合格标志。在某些国家只有极少数与人民的身体健康密切相关的产品进行全数试验。

以上八种认证形式中，第六种是质量体系认证，第五种是最复杂、最全面的产品认证形式，这两种是各国普遍采用的。但是，上述八种类型的质量认证制度所提供的信任程度都是相对的，即使是比较完善的质量认证制度也会受到客观条件的限制。

【知识拓展】

产品质量认证的程序介绍

以中国质量认证中心为例，申请人应通过中国质量认证中心的网站（www.cpc.com.cn）或通过文件（传真或邮寄）的方式向中国质量认证中心提交意向申请和寄送相关的技术文件。意向申请的内容一般应包括申请人、制造商、生产者、申请产品等的相关信息。

6.2.4　产品质量认证的标志

认证证书是证明产品质量符合认证要求和许可产品使用认证标志的法定证明文件。认证委员会负责向符合认证要求的申请人颁发认证证书，并准许其使用认证标志。

证书持有者可将标志标示在产品、产品铭牌、包装物、产品使用说明书、合格证上。使用标志时，须在标志上方或下方标出认证委员会代码、证书编号、认证依据的标准编号。产品质量认证标志，是指产品经法定的认证机构按规定的认证程序认证合格，准许在该产品及其包装上使用的表明该产品的有关质量性能符合认证标准的由特定图案、文字或者字母组成的一种标志。

产品上带有认证标志，不仅可以把准确可靠的质量信息传递给用户和消费者，对企业而言，还起到质量信誉证的作用，表明该产品经过公正的第三方证明，符合规定标准。带有认证标志产品的生产企业要接受认证机构的监督复查，确保出厂的认证产品持续稳定符合规定标准要求，这样就可以起到维护消费者利益，保证消费者安全的作用。

认证标志图案的构成，许多国家是以国家标准的代码、标准机构或国家认证机构名称的缩写字母为基础而进行艺术创作形成的。

6.3　质　量　体　系　认　证

6.3.1　质量体系认证的概念

质量体系认证是指第三方（社会上的认证机构）对供方的质量体系进行审核、评定和注册活动，其目的在于通过审核、评定和事后监督来证明供方的质量体系符合某种质量保证标准，对供方的质量保证能力给予独立的证实。质量体系认证在国际上亦称为企业认证、质量体系注册、质量体系评审、质量体系审核等。

在我国，质量体系认证指由国家质检总局认可并授权的认证机构依据国家"质量管理和质量保证"系列标准，对申请认证的单位进行审核确认，并以注册及颁发认证证书的形式，证明其质量体系和质量保证能力符合要求。

6.3.2　质量体系认证的特点

独立的第三方质量体系认证诞生于20世纪70年代后期，它是从产品质量认证中演变出来的。质量体系认证具有以下特点：

（1）认证的对象是供方的质量体系。

（2）认证的依据是质量保证标准。

（3）认证的机构是第三方质量体系评价机构。

（4）认证获准的标志是注册和发给证书。

（5）认证是企业自主行为。

6.3.3 ISO 质量体系认证

质量体系认证通常以 ISO 9000 族标准为依据，也就是经常提到的 ISO 9000 质量体系认证。国际标准化组织（ISO）的前身是国际标准化协会（ISA），成立于 1942 年，因第二次世界大战爆发而解体。1946 年 10 月 14 日，美、中、英、法、苏等五个国家的代表在伦敦开会，决定成立新的标准化机构——ISO，10 月 14 日被定为世界标准化日。1947 年 2 月 23 日，国际 ISO 正式成立。

1. ISO 9000 族标准的产生和发展

（1）科技进步和激烈的市场竞争——客观条件。主要表现有：新产品涌现、产品复杂程度提高；产品质量责任问题日益重要；产品质量形成于产品活动的全过程；企业要有连续地提供合格产品的综合保证能力，增强竞争力，以保持与客户的长期贸易合作。

（2）各国推行质量管理的经验——实践基础。最早开展质量保证活动的是军用品生产企业。1959 年，美国颁布了《质量大纲要求》（MIL-Q-9858A），该标准要求军品承制商"应在实现合同要求的所有领域和过程（如设计、研制、制造、加工、装配、检验、食盐、维护、装箱、运输、储存和安装）中充分保证质量"。

军品生产中实施质量保证的成功经验很快传到了民品生产领域，美国标准协会（ANSI）和美国机械工程师协会（ASME）于 1971 年分别发布了《核电站质量保证大纲要求》（ANSI N45.2）和《锅炉压力容器质量保证标准》（ASME-III-NA4000），这些标准的发布与实施，在预防产品质量故障、减少事故频次方面，收到了显著效果。

美国在推行质量管理和质量保证活动方面所取得的经验，很快就被英国、法国、加拿大等发达国家所借鉴，相继制定了质量保证的国家标准。此外，瑞士、澳大利亚、荷兰、挪威等国在 20 世纪 80 年代也相继制定了质量管理和质量保证的国家标准。

ISO 成立于 1947 年 2 月 23 日，宗旨是"在世界上促进标准化及其相关活动的发展，以便于商品和服务的国际交换，在智力、科学、技术和经济领域开展合作"。ISO 现有 200 多个成员，这些成员分两类：一是正式成员，二是通信成员。正式成员有选举权和被选举权，通信成员有参加会议了解情况或获得情报资料的资格，但没有选举权和被选举权。ISO 章程规定，每个国家只能有一个最有代表性的组织成为 ISO 成员。ISO 组织机构由全体成员大会、理事会、执行局、技术局、技术委员会和中央秘书处组成，其最高权力机构是每年一次的全体成员大会，其日常办事机构是中央秘书处，设在瑞士日内瓦。ISO 为非政府性的国际组织，不属于联合国，但对联合国经济和社会理事会及其专业组织机构有建议权，与联合国粮食及农业组织、联合国教科文组织等保持密切联系。它是联合国甲级咨询机构。

国际标准化组织 ISO 于 1980 年成立了质量保证技术委员会（TC176），于 1987 年更名为"质量管理和质量保证技术委员会"，负责制定质量管理和质量保证技术的标准。该委员会在英国标准协会（BSI）标准 BS5750 基础上，吸收了美国军标 ANSI/ASOZ1.15 和加拿大 CSAZ299

等一些国家标准的精华，组织了 15 个国家质量管理和质量保证专家，于 1986 年 6 月正式颁布国际标准《质量—词汇》（ISO 8402：1986），为在全世界范围内统一质量概念起了重要作用；1987 年 3 月又正式颁布了 ISO 9000 系列标准中，用于质量体系认证的质量保证标准有三个，分别是 ISO 9001、ISO 9002、ISO 9003，它们是一定数量的质量体系要素按不同要求组成的三种模式，代表了第二方或第三方在不同情况下审核时的不同要求。企业可根据自己的情况进行选择。

ISO 9001——适用于生产全过程中包括有设计、生产、安装、服务全过程的企业。

ISO 9002——适用于生产全过程中包括有生产、安装、服务而无设计程序的企业。

ISO 9003——适用于只有最终检验和试验程序，而无设计、生产程序的企业。

三个标准只是针对范围不同，而对产品的质量保证能力的要求是一样的，可信度是等同的，所以三个标准无高低之分，所颁发的三种认证证书也无高低之分。

共五个标准，后又经历了 1994 版的修改和 2000 版的修改，形成了今天的 ISO 9000 族标准。

ISO 9000 族标准是世界上许多经济发达国家质量管理实践经验的科学总结，且适用于各种类型、不同规模和提供不同产品的组织。该系列标准解决了企业如何建立质量体系国际通用语言问题；解决了在合同环境下，如何评定企业的质量体系并取得客户的信任问题；而对于企业质量方针、组织、过程和程序均要求用质量文件、质量手册等文件化的材料予以描述，对评审、审核、注册和认证质量体系带来极大的可操作性。因而，这一国际标准自诞生起就受到极大关注，形成了 ISO 9000 现象和以 ISO 9000 为依据的质量体系认证与注册热。

2．ISO 9000 族标准的构成

（1）四个核心标准——主体。

1）2000 版 ISO 9000 族标准的基础标准，其主要内容是阐述质量管理体系的基础理论、基本方法和总体要求，规定质量管理体系的有关术语和定义。

2）国际标准 ISO 9001：2000《质量管理体系　基础和术语》。这是 ISO 9000 族标准中最重要的标准，是企业建立质量管理体系和申请第三方体系认证的主要依据。目的：为组织有效地提供产品质量保证，并提高顾客的满意度，规定质量管理体系的要求。用途：为各类组织内部实施质量管理提供基本途径；为组织内部、外部（包括认证机构）的质量管理体系评价提供基本准则；为组织在合同环境中提供产品要求的补充。

3）国际标准 ISO 9004：2000《质量管理体系　业绩改进指南》。主要用于组织内部管理。该标准提供了超出 ISO 9001 标准要求的指南和建议，但不是 ISO 9001：2000 的实施指南，旨在帮助组织以有效和高效的方式识别并满足顾客及其他相关方的需求和期望，实现、保持和改进组织的总体业绩而提高相关方的满意程度，从而使一个组织获得成功。用途：为组织改进业绩、拓展质量管理体系提供指南；为组织满足顾客和其他相关方的需求和期望提供指导；为组织实施自我评定提供方法；为组织推进全面质量管理提供途径。

4）国际标准 ISO 19011：2001《质量和环境管理体系——审核指南》。该标准提供了质量管理体系和环境管理体系审核的基本原则、审核方案的管理、审核的实施指南及审核员的资格要求，以指导其内审和外审的管理工作，体现了"不同管理体系可以有共同管理和审核要求"的原则。

（2）其他标准。其他标准只有一项，即 ISO 10012：2002《测量管理系统》。该标准适用于需要用测量结果证实满足规定要求的组织。主要内容包括：对组织测量设备和测量过程的要求，以及确保测量结果满足预期的测量精确度方面的要求。

（3）技术报告。

1）ISO 10005：1995《质量管理　质量计划指南》。

2）ISO 10006：1997《质量管理　项目管理质量指南》。

3）ISO 10007《小型企业实用指南》。

4）ISO 10013：2001《质量管理体系——文件编制指南》。

5）ISO/TR 10014：1998《质量经济性管理指南》。

6）ISO/TR 10017：1999《统计技术应用指南》。

（4）小册子。包括《质量管理原则》、《选择和使用指南》及《小型组织实施指南》。这些小册子是实施 ISO 9000 族标准的指导性文件。

（5）技术规范（TS）。例如，ISO/TS 16949 汽车供方的质量体系是国际标准化组织制订（简称 ISO），2002 年以来，为避免各国的技术、标准壁垒，避免导致企业贸易的障碍而制订，主要是针对汽车行业的标准，前生是美国三大汽车公司的 QS 9000（通用、福特、克莱斯勒）标准结合德国、意大利、法国、日本等汽车大国标准形成的汽车行业的通用标准。本标准主要是针对整车企业的一级供应商的要求，也就是说作为整车企业的直接供方必须通过 16949 认证，而整车企业本身及二级供方可以不做本体系。

TS16949 主要针对汽车行业的专有标准（全称为汽车零部件供方执行 ISO 9001 的特殊要求），就像飞机制造、食品、安全行业都要专有标准，但要明确的是 TS16949 标准完全涵盖 ISO 9001 标准，其实就是在 ISO 9001 的基础上加了些汽车行业的特殊要求。

3．ISO 9000 族标准的 8 项质量管理原则

（1）以顾客为关注焦点：

1）全面了解顾客的现实需求和合理期望。

2）在组织内部就顾客的需求和期望进行交流。

3）使组织的方针、目标体现顾客的需求和期望。

4）测量和评估顾客的满意程度，并采取改进措施。

5）兼顾顾客和其他相关方的利益。

6）与顾客建立并保持良好的关系。

（2）领导作用：

1）制定组织的发展规划、方针和目标。

2）创建共同的价值观，形成和保持组织文化。

3）提供组织运行所需要的资源。

4）规定组织结构，包括职责、权限。

5）创建和谐的工作环境，特别是信任、沟通、激励与竞争。

（3）全员参与：

1）激发员工的主人翁精神、积极性、创造性。

2）将组织的总目标分解，使员工明确工作任务。

3）使员工能识别工作环境和约束条件。

4）鼓励员工运用工作自主权，并承担相应的责任。

5）提高员工的知识、能力、经验。

6）使员工获得工作成就感与自豪感。

（4）过程方法：

1）识别和确定过程，包括过程顺序、接口和关键活动。

2）明确过程中各岗位的职责。

3）确定对过程进行控制和监测的准则和方法。

4）对过程监测结果进行数据分析，寻求持续改进。

5）评价过程结果可能产生的风险、后果及影响。

（5）管理的系统方法：

1）建立一个以过程方法为主体的质量管理体系。

2）明确过程的顺序和相互作用，使过程协调运行。

3）控制过程运行，特别是关键过程和特殊过程。

4）使各过程的具体目标与系统的总目标相一致。

5）进行质量管理体系测量和评价，实现持续改进。

（6）持续改进：

1）规定指导性的、可测量的持续改进的目标。

2）采用有效的改进方法，如过程监测、体系审核、数据分析、矫正措施和预防措施等。

3）为员工提供关于持续改进的方法和手段的培训。

4）定期对持续改进的结果进行确认，将其成果在制定或修订的文件中体现出来。

5）评价过程结果可能产生的风险、后果及影响。

（7）基于事实的决策方法：

1）按规定的渠道和方法搜集有关数据和信息。

2）确保数据和信息的真实性、准确性和及时性。

3）用有效的方法进行数据处理和信息分析，包括采用适当的统计技术。

4）决策民主化、科学化、程序化，防止决策主观随意性和盲目性。

（8）与供方的互利关系：

1）选择和确定供方。

2）平衡短期利益和长期利益。

3）建立畅通的沟通渠道，开诚布公地交流。

4）与重要供方共享某些技术、信息和其他资源。

5）开展联合改进活动，包括技术革新、产品开发等。

6）鼓励和承认供方的改进成果。

4. ISO 9000 族标准的内容

一般来说，组织活动由三个方面组成：经营、管理和开发。在管理上又主要表现为行政管理、财务管理、质量管理等。ISO 9000 族标准主要针对质量管理，同时涵盖了部分行政管理和财务管理的范畴。

ISO 9000 族标准并不是产品的技术标准，而是针对组织的管理结构、人员、技术能力、各项规章制度、技术文件和内部监督机制等一系列体现组织保证产品及服务质量的管理措施的标准。

具体地讲，ISO 9000 族标准就是在以下四个方面规范质量管理：

（1）机构。标准明确规定了为保证产品质量而必须建立的管理机构及职责权限。

（2）程序。组织的产品生产必须制定规章制度、技术标准、质量手册、质量体系操作检查程序，并使之文件化。

（3）过程。质量控制是对生产的全部过程加以控制，是面的控制，不是点的控制。从根据市场调研确定产品、设计产品、采购原材料，到生产、检验、包装和储运等，其全过程按程序要求控制质量，并要求过程具有标识性、监督性、可追溯性。

（4）总结。不断地总结、评价质量管理体系，不断地改进质量管理体系，使质量管理呈螺旋式上升。

5. ISO 9000 质量管理体系的意义

（1）可以完善组织内部管理，使质量管理制度化、体系化和法制化，提高产品质量，并确保产品质量的稳定性。

（2）表明尊重消费者权益和对社会负责，增强消费者的信赖，使公众可以相信该组织的服务承诺和产品质量的一致性，从而放心地采用其生产的产品，提高产品的市场竞争力，并可借此机会树立组织的形象，提高组织的知名度，形成名牌企业。

（3）有利于发展外向型经济，扩大市场占有率，是政府采购等招投标项目的入场券，是组织向海外市场进军的准入证，是消除贸易壁垒的强有力的武器。

（4）通过 ISO 9000 质量管理体系的建立，可以举一反三地建立健全其他管理制度。

（5）通过 ISO 9000 认证可以一举数得，非一般广告投资、策划投资、管理投资或培训可比，具有综合效益；还可享受国家的优惠政策及对获证单位的重点扶持。

6. ISO 9000 认证的步骤

（1）企业原有质量体系识别、诊断。

（2）任命管理者代表、组建 ISO 9000 推行组织。

（3）制定目标及激励措施。

（4）各级人员接受必要的管理意识和质量意识训练。

（5）进行 ISO 9001 标准知识培训。

（6）质量体系文件编写（立法）。

（7）质量体系文件大面积宣传、培训、发布、试运行。

（8）内审员接受训练。

（9）若干次内部质量体系审核。

（10）在内审基础上的管理者评审。

（11）质量管理体系完善和改进。

（12）申请认证。

7. ISO 9000 族标准与全面质量管理

（1）ISO 9000 族标准与全面质量管理有共同的理论基础。

1）原理相同：全面质量管理认为产品质量的产生、形成和实现遵循"质量螺旋"原理；而 ISO 9000 族标准指出质量管理体系所依据的原理是质量环，两者原理是相同的。

2）强调领导的作用：全面质量管理要求最高领导者强有力和持续地领导；ISO 9000 族

标准中首先规定了管理者的职责。两者都要求组织管理者要亲自组织实施。

3）指导思想相同。两者都贯彻以下思想：系统管理、用户服务、预防为主、过程质量、质量与经济统一、用事实和数据说话等。

（2）ISO 9000 族标准与全面质量管理的不同之处。

1）控制范围不同：

全面质量管理强调全员参与，和对全过程的控制，范围几乎包含所有部门的工作职能；ISO 9000 族标准是对直接影响产品质量的职能部门进行控制。

2）适用情况不同：ISO 9000 族标准是国际公认的标准，可以用于认证，也可以用于企业内部管理；全面质量管理是组织结合自身特点而自行制定、自我约束的内部管理制度，不是标准，各国在具体运用上有自身的特点。

我国是 ISO 的正式成员，参与了有关国际标准和国际指南的制定工作，同时也承担着将 ISO 9000 族标准转化为我国国家标准的任务。

1988 年 12 月，我国正式发布了等效采用 ISO 9000 系列标准的《质量管理和质量保证》（GB/T 10300）系列国家标准，并于 1989 年 8 月 1 日起在全国实施，之后不断完善这一体系。1992 年 5 月，发布了等同采用 1987 年版 ISO 9000 系列标准的 GB/T 19000 系列标准；1994 年，发布了 1994 年版等同采用 ISO 9000 系列标准的 GB/T 19000 系列标准；2000 年 12 月 28 日，发布了等同采用 ISO 9000：2000《质量管理体系　基础和术语》、ISO 9001：2000《质量管理体系　要求》、ISO 9004：2000《质量管理体系　业绩改进指南》的 GB/T 19000—2000《质量管理体系　基础和术语》、GB/T 19001—2000《质量管理体系　要求》、GB/T 19004—2000《质量管理体系　业绩改进指南》三个标准，自 2001 年 6 月 1 日起执行。2003 年 5 月 23 日，发布了 GB/T 19011—2003《质量和（或）环境管理体系审核指南》，等同采用 ISO 19011：2002《质量和（或）环境管理体系审核指南》，2003 年 10 月 1 日起实施。

ISO 9000 族标准的推行，与我国实行的现代企业改革具有十分强烈的相关性。两者都是从制度上、体制上、管理上入手改革，不同点在于前者侧重于组织的微观环境，后者侧重于组织的宏观环境。由此可见，ISO 9000 族标准非常适合我国国情。因此，国家明文规定"九五"期间全面推行 ISO 9000 族标准。ISO 9000 族标准在中国的推广与应用对提高产品质量、增进国际贸易、消除技术壁垒起到了很大的作用。

6.4　环境管理体系认证及其他认证

6.4.1　环境管理体系认证

现代企业除了创造经济效益之外，对环境的保护负有不可推卸的责任。环境管理体系认证是由获得认可资格的环境管理体系认证机构依据审核准则，对受审核方的环境管理体系通过实施审核及认证评定，确认受审核方的环境管理体系的符合性及有效性，并颁发证书与标志的过程。

环境管理体系认证使用的标准是 ISO 14000 标准。这一标准是由 ISO 于 1996 年 9 月 1 日正式发布的。ISO 14000 是一个系列的环境管理标准，它包括了环境管理体系、环境审核、环境标志、生命周期分析等国际环境管理领域内许多焦点问题，旨在指导各类组织（企业、公司）取得和表现正确的环境行为。ISO 14000 系列标准共分七个系列，即环境管理体系（EMS）、环境审核（EA）、环境标志（EL）、环境行为评估（EPE）、生命周期评估（LCA）、术语和定义（T&A）、产品标准中的环境指标。ISO 14000 系列标准共预留 100 个标准号，其标准号从 14001 至 14100。

该体系适用于任何类型与规模的组织，并适用于各种地理、文化和社会条件。标准要求组织在其环境方针中作出遵守有关法律法规和持续改进的承诺。标准的其他条款中没有提出组织环境绩效的绝对要求，不包含任何环境质量、污染治理技术与水平的内容。因此，组织的技术水平和环境绩效水平可根据组织自身状况确定，因而两个从事类似活动，却具有不同环境绩效的组织，可能都满足本标准的要求。

ISO 14000 标准是企业自愿采用的、自我约束性的标准，它的管理对象是某一具体组织运行活动的外部存在，是与该组织的活动、产品或服务发生相互作用的微观生态环境及其要素。但是，由于在其发展过程中受到市场、法律和政治、企业自身经济利益等多种力量的驱动，ISO 14000 这个国际标准已逐渐成为一种国际语言，在国际贸易中的影响尤为突出。我国企业采用 ISO 14000 标准，一方面可以突破发达国家和地区的环境贸易壁垒，另一方面可以提高企业的国际竞争力。

6.4.2　食品安全 HACCP 认证

HACCP 是危害分析关键控制点（hazard analysis critical control point）的简称。它作为一种科学、系统的方法，应用在从初级生产至最终消费过程中，通过对特定危害及其控制措施进行确定和评价，从而确保食品的安全。

HACCP 在国际上被认为是控制由食品引起疾病的最经济的方法，并就此获得联合国粮食及农业组织和世界卫生组织共同建立的食品法典委员会（CAC）的认同。它强调企业本身的作用，与一般传统的监督方法相比较，其重点在于预防而不是依赖于对最终产品的测试，它具有较高的经济效益和社会效益。被国际权威机构认可为控制由食品引起的疾病的最有效的方法。

HACCP 是用于分析和测定关键控制点的一项专门技术，它不是一个死板的体系，必须根据产品的生产加工及设备等因素相应制定。HACCP 是一个动态的、详细的体系。HACCP 需要其他质量管理措施及卫生规范的支持，如供应商质量保证、统计质量控制及良好实验室操作规范等。这些均与 ISO 9000 族标准相连，使企业向全面质量管理方面发展。

ISO 2005 年 9 月 1 日发布最新国际标准 ISO 22000：2005《食品安全管理体系——食物链中各类组织的要求》。它使全世界的组织以统一的方法执行关于食品卫生的 HACCP 系统更加容易，它不会因国家或涉及的食品不同而不同。ISO 22000：2005 的目的是让食物链中的各类组织执行食品安全管理体系，其范围从饲料生产者、初级生产者、食品制造商、运输和仓储工作者、转包商到零售商和食品服务环节以及相关的组织，如设备、包装材料生产者、清洗行业、添加剂和配料生产者。

6.4.3　我国的质量认证

我国目前开展的产品认证可以分为国家强制性产品认证和非强制性产品认证。

1. 强制性产品认证

（1）强制性产品认证制度。

我国强制性产品认证制度是以《中华人民共和国产品质量法》、《中华人民共和国进出口商品检验法》、《中华人民共和国标准化法》为基础建立的。强制性产品认证制度的对象主要是涉及人体健康、动植物生命安全、环境保护、公共安全、国家安全的产品。国家认监委负责按照法律法规和国务院的授权，协调有关部门按照"四个统一"的原则建立国家强制性产品认证制度，拟定、调整《强制性产品认证目录》并与国家质检总局共同对外发布。指定的认证机构在授权范围内承担具体产品的认证业务，向获证产品颁发 CCC 认证证书；地方质量技术监督局和各地出入境检验检疫局负责对列入自录产品的行政执法监督工作，确保对那些列入目录并且没有获得认证的产品，不得进入本行政区域内。

"四个统一"，即统一目录，统一标准、技术法规、合格评定程序，统一认证标志，统一收费标准。"四个统一"实现了对国内外企业一视同仁，遵循了 WTO/TBT 国民待遇原则。强制性产品认证遵循国际认证通行准则，认证制度的建立和运作、认证/检测/检查机构的运作和认证实施规则程序皆遵循 ISO/IEC 有关国际指南和标准。

（2）CCC 认证。

2001 年 12 月，国家质检总局发布了《强制性产品认证管理规定》，以强制性产品认证制度替代原来的进口商品安全质量许可制度和电工产品安全认证制度。即用国家强制性产品认证"CCC"标志，取代原来实行的"长城"标志和"CCIB"标志。国家质检总局授权中国进出口质量认证中心（CQC）开展产品认证（CCC 标志）的有关工作。

"中国强制认证"，英文名称为 China Compulsory Certification，缩写为 CCC。

截至 2009 年，实施强制性认证的产品目录内产品种类已发展到 23 大类 172 种。

目前的 CCC 认证标志分为四类，分别为：①CCC+S——安全认证标志；②CCC+F——消防认证标志；③CCC+S&E——安全与电磁兼容认证标志；④CCC+EMC——电磁兼容类认证标志。

2. 非强制性产品认证

非强制性产品认证是对未列入国家认证目录内产品的认证，是企业的一种自愿行为，称为自愿性产品认证。

中国进出口质量认证中心按照 ISO/IEC 导则 65 评定认可开展非强制性产品认证。加施 CQC 标志表明产品符合有关质量、安全、环保、性能等标准要求，认证范围涉及 500 多种产品，旨在保护消费者人身和财产安全，维护消费者利益；提高国内企业的产品质量，增强产品在国际市场上的竞争力，也使国外企业的产品能更顺利地进入国内市场。

3. 我国的主要认证标志

（1）无公害农产品标志：使用该标志的食用农产品上市时，不得检出超标的农药残留物。

（2）有机产品认证标志：该标志证明其在生产和加工过程中，绝对禁止使用农药等人工合成的化学物质。

（3）绿色食品标志：允许有限制地使用农药、化肥、激素（生长调节剂）、食品添加剂、防腐剂等人工合成的化学物质，由省级绿色食品管理机构审核实施。

（4）食品市场准入标志：表明食品符合质量安全的基本要求，由国家质检总局审核颁发。

（5）纯羊毛标志：凡纯羊毛产品达到国际羊毛局提出的诸如强力、色牢度、耐磨、可洗性等品质要求，经核准可使用纯羊毛标志。

（6）国家免检产品标志：获得此标志的产品免予政府部门实施的质量监督检查，由国家质检总局审核发布。

（7）中国强制认证标志：英文名称缩写为 CCC，是我国政府为保护消费者人身安全和动植物生命安全、保护环境、保护国家安全、依法实行的产品合格评定制度。

（8）中国名牌产品标志：由国家质检总局审核发布。

（9）中国质量环保产品认证标志：由中国质量认证中心开展认证，企业可自愿参与认证。该标志表明产品质量合格，且符合特定的环保要求。

（10）中国质量认证中心产品认证标志：由中国质量认证中心开展，可对 21 类产品实施该项认证。

（11）原产地认证标志：表示该产品的原产地已经官方注册认定。

（12）中国实验室国家认可标志：由中国国家实验室认可委员会颁发，其检测报告和准证书具有法定效力。

（13）定量包装产品计量保证能力合格标志：由省级质量技术监督部门检查合格，可在其生产的定量包装商品上使用全国统一的"C"标志。

（14）采标标志：是企业对产品质量达到国际先进水平或国际水平的自我声明形式，由各地市质量技术监督局发布实施。

【知识拓展】

中国环境标志低碳产品认证标志

中国环境标志低碳产品认证标识图形由外围的 C 状外环和青山、绿水、太阳组成（图 6-1）。标识的中心结构表示人类赖以生存的环境；外围的 C 状外环是碳元素的化学元素符号，代表低碳产品。整个图像向人们传递了一种通过倡导低碳产品来共同保护人类赖以生存的环境的含义。

中国环境标志低碳产品认证是立足于中国环境标志认证（十环认证），以综合性的环境行为指标为基础，以低碳指标为特色，促进国家节能减排目标的实现，服务于国家低碳经济发展。中国环境标志低碳产品认证，一方面对生产领域中各类产品的温室气体排放设定相关限值标准，可以帮助生产商和销售商更好地传播产品在保护气候方面的信息，对于产业自身节能减排、提高本身竞争力有很大作用；另一方面低碳产品认证可以成为联系公众与可持续发展战略的纽带，帮助消费者在消费过程中进行判断和选择，为社会树立良好的消费价值导向，有助于构建全方位的生态消费体系和形成新的消费价值观，推动我国低碳和可持续消费，引导消费者为保护气候做出应有的贡献。

图 6-1　中国环境标志低碳产品认证标志

【本章小结】

商品质量认证的种类按照实施认证的约束力，可分为自愿性认证和强制性认证；按照认证的内容，可分为安全认证、质量认证，以及安全、质量同时认证；按认证的作用范围，可分为国际认证、区域性认证和国家认证。产品质量认证的概念与意义、产品质量认证的类型、形式、程序和标志。

质量体系认证质量体系认证是指第三方（社会上的认证机构）对供方的质量体系进行审核、评定和注册活动，其目的在于通过审核、评定和事后监督来证明供方的质量体系符合某种质量保证标准，对供方的质量保证能力给予独立的证实。质量体系认证具有以下特点：认证的对象是供方的质量体系、认证的依据是质量保证标准、认证的机构是第三方质量体系评价机构、认证获准的标志是注册和发给证书、认证是企业自主行为的特点。ISO 9000 族标准由四个核心标准——主体、其他标准、技术报告、小册子、技术规范（TS）构成。

ISO 9000 族标准的内容包括：机构标准明确规定了为保证产品质量而必须建立的管理机构及职责权限；程序组织的产品生产必须制定规章制度、技术标准、质量手册、质量体系操作检查程序，并使之文件化。过程质量控制是对生产的全部过程加以控制，是面的控制，不是点的控制。从根据市场调研确定产品、设计产品、采购原材料，到生产、检验、包装和储运等，其全过程按程序要求控制质量。并要求过程具有标识性、监督性、可追溯性。ISO 9000 质量管理体系的意义：可以完善组织内部管理，使质量管理制度化、体系化和法制化，提高产品质量，并确保产品质量的稳定性；表明尊重消费者权益和对社会负责，增强消费者的信赖，使公众可以相信该组织的服务承诺和组织的产品质量的一致性，从而放心地采用其生产的产品，提高产品的市场竞争力，并可借此机会树立组织的形象，提高组织的知名度，形成名牌企业；有利于发展外向型经济，扩大市场占有率，是政府采购等招投标项目的入场券，是组织向海外市场进军的准入证，是消除贸易壁垒的强有力的武器；通过 ISO 9000 质量管理体系的建立，可以举一反三地建立健全其他管理制度；通过 ISO 9000 认证可以一举数得，非一般广告投资、策划投资、管理投资或培训可比，具有综合效益；还可享受国家的优惠政策及对获证单位的重点扶持。环境管理体系认证使用的标准是 ISO 14000 标准。HACCP 是危害分析关键控制点（Hazard Analysis Critical Control Point）的简称。它作为一种科学的、系统的方法，应用在从初级生产至最终消费过程中，通过对特定危害及其控制措施进行确定和评价，从而确保食品的安全。我国目前开展的产品认证可以分为：国家强制性产品认证和非强制性产品认证。

🎧【案例分析】

被 修 改 的 标 准

某厂声称本厂产品执行国家标准，标准规定"产品的检测温度为 25℃±1℃，湿度＜60%"。但是审核时发现检验室并没有温湿度控制手段。

审核员问："温湿度问题如何解决？"

检验员说："上次审核时已给我们开出了不合格报告，由于资金紧张，而且考虑到同行业其他厂商对该产品的检测也不考虑温湿度的影响，另外该标准是推荐性标准，我们可以参照执行，进行一些改动，因此我们决定将该条件删除。"检验员出示了厂经理办公会的决定，取消对温湿度的要求。

在销售科，审核员看到与顾客签订的销售合同上，填写的产品执行标准仍然是该国家标准。

问题：

这种情况属于什么问题？为什么会出现这种情况？

【理论考察】

1. 单项选择题

（1）指对一般产品以自愿方式实施的，表明产品的质量符合规定要求是（　　）。

  A．安全认证   B．质量认证

  C．产品认证   D．技术认证

（2）依据产品标准和相应技术要求，经认证机构确认并通过颁发认证证书和认证标志来证明某一产品符合相应标准和相应技术要求的活动是（　　）。

  A．产品质量认证   B．产品技术认证

  C．产品品牌认证   D．产品数量认证

（3）CCC+S 是（　　）认证标志。

  A．消防   B．安全与电磁兼容

  C．安全   D．电磁兼容类

（4）我国强制性产品认证制度建立的基础不包括（　　）。

  A．《中华人民共和国产品质量法》 B．《中华人民共和国进出口商品检验法》

  C．《中华人民共和国标准化法》 D．《中华人民共和国商品法》

（5）各国推行质量管理的经验是 ISO 9000 族标准的（　　）。

  A．理论基础   B．主观条件

  C．实践基础   D．客观条件

2. 多项选择题

（1）商品质量认证按认证的作用范围，可分为（　　）。

  A．国际认证   B．区域性认证

  C．企业认证   D．国家认证

（2）ISO 9000 族标准中的核心标准包括（　　）。

  A．《质量管理体系　基础和术语》 B．《质量管理体系　要求》

  C．《质量管理体系　业绩改进指南》 D．《质量和环境管理体系审核指南》

（3）（　　）等小册子是实施 ISO 9000 族标准的指导性文件。

  A．《质量管理计划》   B．《质量管理原则》

  C．《选择和使用指南》   D．《小型组织实施指南》

（4）商品质量认证按照认证的内容，可分为（　　）。

  A．安全认证   B．质量认证

  C．安全及质量同时认证   D．免认证

（5）我国目前开展的产品认证可以分为（　　）。

  A．企业产品认证   B．社会产品认证

  C．国家强制性产品认证   D．非强制性产品认证

3. 判断题

（1）中国实验室国家认可标志由中国国家实验室认可委员会颁发，其检测报告和准证书具有法定效力。   （　　）

（2）《测量管理系统》标准只适用于需要用测量结果证实满足规定要求的组织。　（　　）

（3）环境管理体系认证使用的标准是 ISO 14000 标准。　（　　）

（4）质量控制是对生产的全部过程加以控制，是点的控制，不是面的控制。　（　　）

（5）有机产品认证标志证明产品在生产和加工过程中，绝对禁止使用农药等人工合成的化学物质。　（　　）

4. 简答题

（1）质量体系认证具有哪些特点？

（2）ISO 9000 族标准主要在哪几个方面规范质量管理？

5. 论述题

论述 ISO 9000 质量管理体系的意义。

【同步实务】

商品质量体系认证实训

实务描述：

根据本章所学知识，探究商品质量的各种认证，分组制作课件进行讲解，加强学生商品质量认证的知识。

实务分析：

（1）商品质量认证分类与认证机构及区别；

（2）产品质量认证相关材料；

（3）质量体系认证相关知识。

实务要求：

每个小组根据以上三个内容，任选一个主题进行讲解。

（1）针对所调研的主题设计课件，要求形式完整，内容充实。

（2）搜集资料，每个学生都要参与，态度积极认真。

（3）针对所选的主题，结合课件进行深刻讲解。

实务步骤：

（1）学生分组，每组 4～6 人，选出小组长，明确分工。

（2）各个小组按计划进行前期准备工作，收集和整理所选主题的实物材料和文字资料。

（3）在充分掌握有关信息的基础上，小组成员集中分析讨论，制作讲解课件。

（4）各小组抽选一名学生作为评委，成立评委组，设计评分表格。

（5）各小组选出代表，用多媒体讲述所选主题。

（6）评委组根据评分标准对各小组调查情况进行评比、打分。

（7）指导教师作为整个调研活动的组织者、观察者、记录者，对各小组表现进行总结、评价。

实务评价：

填写评分表（表 6-1）。

表 6-1 评 分 表

学生姓名	自评得分	小组评分	教师评分	总分

注：① 每人总分为 100 分；

② 学生自评满分为 20 分，小组评分满分为 30 分，教师评分满分为 50 分；

③ 三项分数相加为学生本次实务的最后得分。

第7章 商 品 检 验

学习目标

1. 理论目标
掌握商品检验与商品品级的概念；
理解商品检验的基本内容与种类；
掌握商品品级的划分方法。
2. 实务目标
掌握商品质量检验的方法，能够运用商品抽样检验与抽样检验方法对商品进行检验；
能够运用各种商品品级划分的方法，对商品品级进行恰当的划分。

导入案例

谁来为"毒草莓"事件造成的损失"买单"

自从媒体曝出草莓乙草胺超标后，您有多久没敢吃草莓了？北京晨报记者获悉，受"毒草莓"事件影响，草莓种植户损失惨重。半个月来，草莓身价暴跌，昌平区6000栋草莓日光温室已造成经济损失2683万元。昨日，市网信办、市科协指导首都互联网协会新闻评议专业委员会召开会议，辟谣"吃草莓致癌"。

"毒草莓"事件已经过去一段时间了，但很多顾客还是心有余悸，"毒草莓"事件的发酵，给农户造成了重大损失，很多农户的草莓烂在地里，令人十分痛心。然而回顾事情的来龙去脉，究竟谁成为了事件的推手，又该由谁来为这巨大的损失负责呢？

2015年4月26日，央视财经频道在一档求证类节目中，公布了对在北京市随机购买的8份草莓样品的检测结果：全部样品都检出百菌清和乙草胺两种农药，前者检出值在国家标准范围内，后者在我国不允许使用于草莓种植中，属b-2类致癌物。消息一出，有关草莓含致癌农残的消息迅速传播开来。事件发生后，北京市组织了草莓专项监测，抽样覆盖全市16区县。抽样地点涉及农企、合作社、生产基地和种植户；批发市场、集贸市场、超市、水果专卖店、社区菜市场、流动摊点等。175个样本覆盖北京、山东、河北、辽宁、浙江等主产地，检测显示，乙草胺均未检出。

随着信息技术、网络技术的发展，人们可以方便、快捷地获取方方面面的信息，然而在信息飞速传播的时代，谣言也在以惊人的速度传播。谣言如何发出？相关媒体是否应该负起媒体义务，及时澄清事实，不信谣、不传谣？又有多少公众在"朋友圈"轻轻一点，让谣言继续蔓延？有关部门作为发布权威信息的部门，对事件的回应是否应该更及时、更高效？

食品安全关系每一个人，从"化学"香蕉到"蛆虫"橘子，再到"打针"西瓜、"毒草莓"，受伤害的岂止是这些水果？再看另一些食品安全事件，奶粉、咸鸭蛋、油条、辣条、羊肉串等，让公众谈吃色变。公众的食品安全又该由谁来保障？

　　商品检验越来越受到重视，权威部门的商品检验将影响社会公众对商品的信心，做好商品检验工作，无论是对消费者，还是对商家来说，都是非常重要的工作。

7.1　商品检验的内容与种类

7.1.1　了解商品检验

1．商品检验的概念

　　商品检验是指商品的供货方、购货方或者第三方在一定条件下，借助某种手段和方法，按照合同、标准或国际、国家有关法律、法规、惯例，对商品的质量、规格、重量、数量以及包装等方面进行检查，并做出合格与否或通过验收与否判定的业务活动；或为维护买卖双方合法权益，避免或解决各种风险损失和责任划分的争议，使得商品交接结算而出具的各种第三方有关证书的业务活动。

　　商品检验是商品进入流通领域不可缺少的重要环节和实务内容，在国际贸易中向来具有公认的重要地位。例如，买卖双方办理商品交接、计价、结算、通关、计税以及处理争议、判断运输与保险、履约责任、办理索赔等，无一不是凭据商品检验来行事的。

　　商品的质量检验是商品检验的中心内容，因此，狭义的商品检验是指商品的质量检验。商品的质量检验曾经在早期质量管理的发展阶段发挥了保证商品质量的"把关"作用，就是在全面质量管理不断发展、完善的今天，由于预防和控制并非总是有效，商品的质量检验仍然是商品质量保证工作的一项重要内容。

2．商品检验的依据

　　商品检验是一项科学性、技术性、规范性较强的复杂工作，为使检验结果更具有公正性和权威性，必须根据具有法律效力的质量法规、标准及合同等开展商品检验工作。

　　（1）商品质量法规。

　　国家有关商品质量的法律、法令、条例、规定、制度等，规定了国家对商品质量的要求，体现了人民的意志，保障了国家和人民的合法权益，具有足够的权威性、法制性和科学性。商品质量法规是国家组织、管理、监督和指导商品生产和商品流通，调整经济关系的准绳，是各部门共同行动的准则，也是商品检验活动的重要依据。质量法规包括：商品检验管理法规、产品质量责任法规、计量管理法规、生产许可证及产品质量认证管理法规等。

　　（2）技术标准。

　　技术标准是指规定和衡量标准化对象的技术特征的标准。它对产品的结构、规格、质量要求、实验检验方法、验收规则、计算方法等均作了统一规定，是生产、检验、验收、使用、洽谈贸易的技术规范，也是商品检验的主要依据，它对保证检验结果的科学性和准确性具有重要意义。

　　（3）购销合同。

　　供需双方约定的质量要求，双方必须共同遵守。一旦发生质量纠纷，购销合同的质量要求，即为仲裁、检验的法律依据。但是，购销合同必须符合《中华人民共和国经济合同法》的要求。

3．商品检验的目的

　　商品质量是否符合规定的标准，只有经过检验才能确定。在流通过程中，商品处于核心地位，商品质量就是商品经营的命脉。商品检验是商业收购部门对工业部门生产出来的商品在收购前的质量评定。评定的目的是维护生产、流通、消费三者的利益。

商品检验是企业生产经营的重要组成部分，商品在经营管理中进行质量评比，优选新品种方案，对新产品进行质量分析以及制定和修订质量标准，都要依据检验的结果。商品检验工作的好坏直接影响着经营管理的经济效益。

综上，商品检验的目的是按照商品质量标准来验证商品质量特性是否符合要求，确保用户使用的商品达到规定的技术要求。根本目的是维护消费者利益，把好商品质量关，杜绝假冒、伪劣商品进入流通领域，确保质量合格的商品进入流通领域，实现商品的使用价值。

4. 商品检验的任务

商品检验的任务体现在以下四个方面：

（1）从商品的用途和使用条件出发，分析和研究商品的成分、结构、性质及其对商品质量的影响，确定商品的使用价值。

（2）拟定商品质量指标和检验方法，运用各种科学的检测手段评定商品质量，并确定是否符合规定标准的要求。

（3）研究商品检验的科学方法和条件，不断提高商品检验的科学性、精确性、可靠性，使商品检验工作更加科学化、现代化。

（4）探讨提高商品质量的途径和方向，促进商品质量的提高，并为选择适宜的包装、保管和运输方法提供依据。这点在进出口贸易中尤为重要。

7.1.2　商品检验的基本内容

商品检验的基本内容，包括商品的质量、规格、数量、重量、包装及其是否符合安全、卫生要求等。

1. 品质检验

品质检验是根据合同和有关检验标准的规定或申请人的要求，对商品使用价值所表现出来的各种特性，运用人的感官或化学、物理等各种手段进行测试、鉴别。其目的就是判别、确定该商品的质量是否符合合同中规定的商品质量条件。品质检验包括外观品质检验和内在品质检验。

（1）外观品质检验。

外观品质检验是指对商品的外观尺寸、造型、结构、款式、表面色彩、表面精度、软硬度、光泽度、成熟度、气味等的检验。

（2）内在品质检验。

内在品质检验是指对商品的化学组成、化学性质、生理性能和机械性能、生物学性质等技术指标的检验。

2. 规格检验

规格表示同类商品在量（如体积、容积、面积、粗细、长度、宽度、厚度等）方面的差别，与商品品质优次无关。例如，鞋类的大小、纤维的长度和粗细、玻璃的厚度和面积等规格，只表明商品之间在量上的差别，而商品品质取决于品质条件。商品规格是确定规格差价的依据。由于商品的品质与规格是密切相关的两个质量特征，因此，贸易合同中的品质条款中一般都包括了规格要求。

3．数量和重量检验

商品的数量和重量是贸易双方成交商品的基本计量和计价单位，是最后结算的依据，直接关系着双方的经济利益，也是贸易中最敏感而且最容易引起争议的因素之一。商品的数量和重量检验包括商品的个数、件数、双数、打数、令数、长度、面积、体积、容积和重量等的检验。

4．包装质量检验

商品包装本身的质量和完好程度，不仅直接关系着商品的质量，还关系着商品的数量和重量，也是商业部门判断商品短缺原因、分清责任归属、确定索赔对象的重要依据之一。如果在进货验收中发现有商品数量或重量不足时，若包装破损的，责任在运输部门；包装完好的，责任在生产部门。包装质量检验的内容主要是包装内外的质量，如包装材料、容器结构、造型和装潢等对商品贮存、运输、销售的适宜性，包装体的完好程度，包装标志的正确性和清晰度，包装防护措施的牢固度等。

5．安全、卫生检验

安全检验主要指商品安全性能方面的检验，如商品的易燃、易爆、易腐蚀、放射性、毒害性的检验，电子电器类商品的漏电检验、绝缘性能检验和 X 光辐射检验。

卫生检验是根据《中华人民共和国食品卫生法》、《化妆品卫生监督条例》、《中华人民共和国药品管理法》等法规，对食品、药品、食品包装材料、化妆品、玩具、纺织品、搪瓷器皿、玻璃器皿、塑料制品等进行的卫生检验，以及对生产、加工、贮藏的肉食品的卫生检疫。包括商品中的有毒有害物质及微生物的检验，如食品添加剂中砷、铅、镉的检验，茶叶中的农药残留量检验等。

对于进出口商品的检验除上述内容外，还包括海损鉴定、集装箱检验、进出口商品的残损检验、出口商品的装运技术条件检验、货载衡量、产地证明、价值证明以及其他业务的检验。

7.1.3　商品检验的种类

商品检验可以从不同的角度，按照不同的分类标志分别划分为若干种类。

1．按检验目的划分

按检验目的的不同，商品检验通常可分为生产检验、验收检验和第三方检验三种。

（1）生产检验。

生产检验又称第一方检验、卖方检验，是由生产企业或其主管部门自行设立的检验机构，对所属企业进行原材料、半成品和成品产品的自检活动。目的是通过检验及时发现不合格产品，以保证产品质量，维护企业信誉。经检验合格的产品应有"检验合格证"标志。

生产企业确保不合格品不流入下道工序，确保出厂产品达到质量标准和其他规定要求；商业部门发现有质量问题的商品及时处理，使不合格商品不能进入消费领域，以保证消费者的利益和企业信誉。生产检验是企业质量管理的职能之一，也是企业质量体系的基本要素之一。这项工作做好了，就可以保证顾客买到质量可靠的商品。

（2）验收检验。

验收检验又称第二方检验、买方检验，是由商品的买方（如商业部门、物资部门、外贸部门、工业用户）为维护自身及其顾客的利益，保证所购商品符合标准或合同要求所进行的检验活动。目的是通过检验及时发现问题，反馈产品质量信息，促使卖方纠正或改进产品质量。在实践中，商业或外贸企业还常派"驻厂员"，对商品质量形成的全过程进行监控，及时要求卖方解决发现的问题。

（3）第三方检验。

第三方检验又称公正检验、法定检验，是由处于买卖利益之外的第三方（如专职监督检验机构），以公正、权威的非当事人身份，根据有关法律、标准或合同所进行的商品检验活动，如公正鉴定、仲裁检验、国家质量监督检验等。目的是维护各方的合法权益和国家权益，协调矛盾，促使商品交换活动的正常进行。第三方检验（法定检验）由于具有公正性、权威性，其检验结果被国内外所公认，具有法律效力。

2. 按检验对象流向划分

按检验对象的流向不同，可分为内销商品检验和进出口商品检验两种。

（1）内销商品检验。

内销商品检验是指国内的商品经营者、用户、内贸部门的质量管理与检验机构、各级商品质量监督管理与监督检验机构，依据国家的法律、法规及有关技术标准或合同，对内销商品所进行的检验活动。目前我国商品经营企业大都不具备对商品质量进行检测、鉴定的技术手段，多采用简单的感官检验或委托有关检验机构检验。

《中华人民共和国产品质量法》第二十一条规定："销售者应当执行进货检查验收制度，验明产品合格证明和其他标识。"《中华人民共和国消费者权益保护法》规定："经营者销售的商品应当检验、检疫。"而未检验、检疫或者伪造检验、检疫结果的，视严重程度按规定分别处以没收违法所得 1～5 倍罚款或 1 万元以下的罚款及停业整顿、吊销营业执照等处罚。

（2）进出口商品检验。

进出口商品检验是指由国家质检总局、地方质检机构指定的商检机构，依照有关法律、法规、合同规定、技术标准、国际贸易惯例与公约等，对进出口商品进行的法定检验、鉴定检验和监督管理检验。

1）法定检验是根据国家法律、法规，对指定的重要进出口商品执行强制性检验，未经检验合格不准出口或进口，以维护国家的信誉和利益。

2）鉴定检验与法定检验性质不同，不是强制性检验，而是凭对外贸易关系人（进口商、出口商、承运部门、仓储部门、保险公司等）的申请办理的，其工作范围和内容十分广泛，包括运用各种技术手段和经验，检验鉴定各种进出口商品的品质、数量、重量、包装、破损等实际情况与使用价值，做出检验、鉴定结果与结论，提供有关数据，签发检验、鉴定证书或其他有关证明。

3）监督管理检验是由国家质检总局及其认可的进出口检验鉴定机构通过行政管理手段，对进出口商品有关企业的检验部门和检验人员进行监督管理，对生产企业的质量体系进行评审，对进出口商品进行抽查检验等，是我国质检部门对进出口商品执行检验把关的重要手段。

3. 按受检商品的数量划分

按接受检验的商品数量不同，商品检验可分为全数检验、抽样检验和免于检验三种。

（1）全数检验。

全数检验又称全额检验、百分之百检验，是对整批商品逐个（件）地进行的检验。主要用于贵重商品（如珠宝首饰）的检验；质量关系到消费者生命安全的商品（如家用电器的漏电性）的检验；精度要求高的商品（如高倍显微镜）的检验；质量不稳定商品的质量检验；

小批量商品的检验等。全数检验的优点是对整批商品质量情况的了解比较全面，给人一种心理上的放心感。缺点是检验工作量大，费用较高，工作单调易造成检验人员疲劳而导致漏检或错检。

（2）抽样检验。

抽样检验是按照已确定的抽样方案，从整批商品中随机抽取少量商品用作逐一测试的样品，并依据测试结果推断整批商品质量合格与否的检验。抽样检验的优点是抽样检验的商品数量相对较少，占用人力、物力和时间较少，节约检验费用，有利于及时交货，是比较经济的检验方式。缺点是提供的质量信息少，检验不完整，可能导致检验结果和实际商品品质有偏差。因而被抽检样品的数量比例越大或商品质量的稳定程度越高，其误差越小。如果能预先注意和控制抽样可能出现的错误，其可靠性可优于全数检验。抽样检验适用于批量较大、价值较低、质量特性较多，且质量较稳定或具有破坏性的商品检验，如天然矿泉水、糕点、乳制品，不适用于质量差异程度大的商品批次。在商品检验工作中多采用抽样检验。

（3）免于检验。

为了鼓励企业提高产品质量，减轻企业负担，扶优扶强，给企业创造一个宽松、良好的外部经营环境，国家质检总局于 2000 年 8 月中旬起，开始实施免检工作。对于生产技术和检验条件较好、质量控制具有充分保证、产品质量长期稳定的生产企业生产的产品，在企业自检合格后，商业和外贸部门可以直接收货，免于检验。免检是对优质产品的一种鼓励措施。但是涉及安全、卫生及有特殊要求的商品不能申请免检。

国家产品免检标志属于质量标志。获得免检证书的企业在免检有效期内，可按规定自愿在商品或其铭牌、包装物、使用说明书、质量合格证上使用免检标志，并在三年内免于各地区、各部门各种形式的质量监督检查。

免检证书是证明产品免于质量监督检查和许可使用免检标志的证明文件，由国家质检总局统一制作、编号。在免检有效期内，出现下列情况之一的，应当重新更换免检证书：一是使用新的注册商标的；二是获得免检证书的企业名称变更的。

我国《进出口商品免验办法》中第三条规定，申请人申请免验，应当具备以下条件：

一申请免验的进出口商品的生产企业，必须建立完善的质量体系。

进口商品的生产企业应当经国家商检局认可或者有认证协议的有关机构实施考核，并获得其颁发的质量体系评审合格证书。

出口商品的生产企业应当由中国出口商品生产企业质量体系（ISO9000）工作委员会认可、并经国家商检局注册的评审机构考核，获得其颁发的生产企业质量体系评审合格证书。

二申请免验的进出口商品质量应当长期稳定，商检机构检验合格率连续 3 年达到 100%；

三进口商品的中国用户或者出口商品的外国用户对申请免验的进出口商品没有质量异议。

4. 按检验有无破坏性划分

按检验有无破坏性，商品检验可分为破坏性检验和非破坏性检验两种。

（1）破坏性检验。

破坏性检验是指为取得必要的质量信息，需将样品解剖、破坏来进行测定或试验的检验，如纺织品、塑料制品、皮革制品、纸张、食品罐头、饮料等的各种力学和微生物学检验。

（2）非破坏性检验。

非破坏性检验又称无损检验，是指经测定、试验后，仍能发挥其正常使用性能的检验，如电器类、纺织品类。

【知识拓展】

商品检验的工作程序

商品质量检验的工作程序一般分为定标、抽样、检验、判定、处理五大步骤。

（1）定标是指检验前根据合同或标准规定，明确技术要求，掌握检验手段和方法以及商品合格判定原则，拟订商品检验计划。

（2）抽样是按合同或标准规定的抽样方案，随机抽取样品，使样品对商品批次总体具有充分的代表性，同时要对样品进行合理的保护。

（3）检验是指在规定的检验环境条件下，使用规定的试验设备和试验方法，检测样品的质量特性。

（4）判定是指通过将检测的结果与合同及标准所规定技术指标进行比照，根据合格判定原则，对被检商品合格与否做出判定。

（5）处理是指对检验结果出示检验报告，反馈质量信息，对不合格的商品做出处理。

7.2　商品抽样与抽样检验方法

商品的抽样检验是在对工农业产品和进出口商品进行质量检验时，被广泛运用并普遍认可的一种商品检验形式。其目的是用尽可能少的样品所反映的质量状况来统计推断整批商品的质量情况。

7.2.1　商品抽样的内涵

抽样是根据商品标准或合同所确定的方案，从商品被检批中抽取一定数量有代表性、用于检验的单位商品的过程，又称拣样或取样。

被检批商品一般应为同一来源、同质的商品，如同一产地，同一原料，同一时间，同一方法、设备生产，同一种类，同一质量等级的商品。通常以一个订货合同为一批，如果同批质量差异较大或订货量很大或连续交货，也可分为若干批。组成被检批的基本单位称为单位商品，其划分形式有自然划分和按抽检需要人工划分两种，如单个（台或件）商品、一对（双）商品、一组（套、袋、桶、箱、垛、车、船等）商品、一定长度（或面积、体积、重量）商品等。它与生产、贮运、采购和销售所规定的单位商品可以一致，也可以不一致。

被检批商品中所包含的单位商品的总数，叫作批量，用 N 表示。批量大小应由商品特点和生产、流通条件决定。体积小、质量稳定的，批量可大些；体积大、质量不稳定的，批量可小些。根据抽样检验要求，批量不宜太小或太大，太小则检验工作量大，费用高，失去抽样检验的优越性；反之，批量太大会给抽样带来困难，一方面易混淆不同来源、不同质量，另一方面若因不合格拒收，则再进行全数检验或返工或退货的工作量大，增加供货方损失，因此，批量大小应因时因地具体规定，不可统一而论。

由被检批中抽取用于检验的单位商品（即样品）的全体，称为样本。样本中所包含的单位商品的数量称为样本大小（或样本量），通常用 n 表示，它是抽样方案的主要因素之一。

7.2.2　抽样方法

抽取具有代表性的样品的关键是确定科学的抽样方法。进行商品检验，必须遵守为保证检验结果准确性的各种规定，其中正确的商品抽样方法是保证获得准确检验结果的重要因素。为此，要正确选择抽样方法，控制抽样误差，以获取较为准确的检验结果。抽样方法很多，但公认最为合理，并在世界广泛采用的是随机抽样方法。此外，由于历史的原因，在我国还广泛流行着百分比抽样法。

1．随机抽样法

目前，公认最科学并在世界广泛采用的是随机抽样法。随机抽样法又称为无限制的随机抽样法，是指被检批中的任一单位产品，都有同等机会被抽取的方法。其特点是全批中每一个单位产品被选取的机会均等，并不受任何主观意志的限制。抽样者完全是用偶然方法抽取，事先并不考虑或选择应抽取哪一个样品。与此相反，其他抽样方法对获选的样品大多都有所限制。

常用的随机抽样法有以下三种类型：单纯随机抽样法、分层随机抽样法和系统随机抽样法。

（1）单纯随机抽样法。

单纯随机抽样法又称简单随机抽样法，它是所有随机抽样法中最为简单的一种方法，也是最有代表性的抽样方法。通常是按照随机原则，不加任何分组、划类、排序等先行工作，从总体中直接抽取检验样品。采取此法，对校验批中的全部产品，可以完全做到随机化抽取。这种方法的特点是可避免检验员的主观意识的影响，它对发现这类商品的共同缺陷较为有效，通常用于批量较小的商品的抽样，但当被检商品批量较大时，操作起来就较复杂，适宜采用分层随机抽样法。

单纯随机抽样法一般常采用掷骰子、掷硬币、抽签、查随机数表等方法抽取样品。实际工作中多采用后两种方法。

1）抽签法。将交验批中各产品的号码，逐个写在签条或卡片上，投入箱（罐）中摇拌均匀，然后按抽签方法不加任何选择地在全部签条或卡片中随机抽取所需样品的号码，连续抽取 n 次，就得到一个容量为 n 的样本。抽签法简单易行，适用于个数较少的总体。当总体中的个体数较多时，将总体"搅拌均匀"就比较困难，用抽签法产生的样本代表性差的可能性很大。

2）查随机数表。随机数表又称乱数表，是用数字随机排列编写而成的数字表格，可以利用计算机自制。抽样前，先将整批商品逐一编号，其号码从一编起，多为两位数，也可为三位数，编号之次序与方法不受任何限制。然后使用随机数表，从随机数表中任何一列的任何一行开始，依次选取与样品数相等的号码个数，然后按选取的号码对号抽取样品。也可以用笔尖在随机数字表中任定一点，从所定点的号码开始，依次连续选取与规定样品数量相同的号码个数，然后对号抽取商品作为样品。

（2）分层随机抽样法。

分层随机抽样法又称分类随机抽样法，它是将一批同类商品划分成若干层次（分层时应注意每个层次内部是均匀的），再从每一层次中随机抽取若干样品，最后将抽取的样品放在一起作为试样。由于生产过程中的质量事故常常是间隔出现的，采取分层随机抽样法能克服简单随机抽样法可能漏掉的集中性缺陷。对于商品批量巨大、到货期不集中、堆放场所较多的商品，不宜采用单纯随机抽样法。这时可将商品均匀整齐地堆码，对商品批量大且在同一场地整齐堆放的商品可以采用分层抽样法，即在每层分别按单纯随机抽样抽取样品，然后集中试样进行检验。这种方法尤其适用于批量较大且质量波动也可能较大的商品批，其样本具有较好的代表性，是目前使用最广、最多的一种抽样方法。

（3）系统随机抽样法。

系统随机抽样法又称规律性抽样法，是指按一定规律，从整批同类商品中抽取样品的方法。一般做法是：对一批同类商品或同批商品先按顺序编号，从中任意选定一个号码作为抽样的基准号码，如选定 5 是基准号码，则逢 5（即 5，15，25，35，45……）就将商品抽出作为试样。这样抽出的试样，在整批商品中的分布是比较均匀的，更具有代表性。但此法不适用于产品质量缺陷呈规律性变化的商品。

2. 百分比抽样法

百分比抽样法即不论产品的批量大小，均按确定的同一百分比从交验批中抽取样品。

例如，按 5% 的比例抽样，当批量为 1000 个时抽取 50 个；批量为 100 个时抽取 5 个。并规定不允许有不合格品。这样，当两批产品的不合格率相同时，50 个样品中抽到不合格品的可能性，显然要比 5 个样品中抽到不合格品的可能性大得多。因此，把样品的不合格率作为交验批不合格率，显然是不科学的。由此可见，商品不论批量大小，一律采用相同的百分比推算抽样结果，显然是对大批量严，对小批量宽。若交货方把大批化为小批办法交验，很容易混过检验关，抽样检验便失去了作用。

又如，百分比抽样法规定，第一次抽样不合格时，不能做出判断，须加倍抽样，在加倍抽样时，则不允许有不合格品出现，这样的判断方法造成的错判率也是很高的。在对外贸易中，外商首先关心的是商品的抽样方法。实践证明，百分比抽样法在国际贸易中是不科学的、完全行不通的。

值得注意的是，百分比抽样法至今仍在我国广泛使用。我国部分中小企业的某些产品仍沿用百分比抽样法，某些大型企业的个别产品，亦有使用百分比抽样法的，这种不科学、不合理的抽样方法，应尽早在我国废弃。国家标准局十分重视这一问题，已委托有关部门编制有关抽样检验的国家标准，已陆续发布了多个关于抽样检验的国家标准。这些抽样标准的发布，开创了我国抽样检验的新时代，不论从哪一角度来看，都有极深远的意义。

根据商品性能特点，抽样方法在相应的商品标准中均有具体规定。抽样时必须按抽样方法正确地抽取样品，不得随心所欲，否则即便花气力进行了精确的分析测试，其检验结果也会失去实际意义。此外，对整批商品而言，试样总是很少的一部分，尽量使这很少的试样能代表整批商品，还必须特别注意试样的包装和保管，以保证试样在检验前不发生任何变质现象。

7.2.3 抽样检验方法

抽样检验的目的在于用尽量少的样品所反映的质量状况来统计推断整批商品的质量，而不同的抽样检验方法，对准确判定整批商品的平均质量有重要影响。为满足各种不同情况的需要，目前已经形成多种具有不同特点的抽样检验方法。

1．按商品质量特性划分

按照商品质量特性，抽样检验方法可分为计量抽样检验方法和计数抽样检验方法。

（1）计量抽样检验方法。

计量抽样检验方法是指从批量商品中抽取一定数量的样品，检验此样本中每个样品的质量，然后与规定的标准值或技术参数进行比较，据此确定该批商品是否合格的方法。有些产品的质量特性，如白炽灯管的寿命、棉纱的拉力、炮弹的射程等，都是连续变化的，可以用抽取样本的连续尺度定量地衡量一批产品的质量情况。

（2）计数抽样检验方法。

计数抽样检验方法是指从批量商品中抽取一定数量的样品，通过对样品品质的检验，用计数方法来表示商品质量状况的抽样检验方法。有些产品的质量特性，如焊点的不良数、测试坏品数以及是否合格，只能通过离散的尺度来衡量，即对抽取样本后通过离散尺度进行衡量。计数抽样检验中对单位产品的质量采取计数的方法来衡量，对整批产品的质量，一般采用平均质量来衡量。

2．按抽样检验形式划分

按照抽样检验的形式，抽样检验方法可以分为调整型抽样检验方法和非调整型抽样检验方法。

（1）调整型抽样检验方法。

调整型抽样检验方法是由正常、加严、放宽等不同抽样方案与转移规则相互联系而组成的一个完整的抽样检验体系。根据若干批商品质量变化情况，按转移规则及时调整抽样检验方案，以维护买卖双方的利益。调整型抽样检验方法适用于各批质量有联系的连续批商品的质量检验。

（2）非调整型抽样检验方法。

非调整型抽样检验方法是指抽样检验方案不考虑商品批的质量变化，也没有转移规则，而是以确定的商品检验方案对商品批进行抽样检验。此种方法对孤立存在的商品质量检验较为适宜。

3．按抽样检验的程序划分

按照抽样检验的程序，抽样检验方法可以分为一次、二次及多次抽样检验方法。

（1）一次抽样检验方法。

一次抽样检验方法最为简单，只需要抽样检验一个样本就可以做出该批商品是否合格的判断。该法的特点是方法简单，使用方便，应用广泛，但所需的样本量大，抽样检验工作量较大。

（2）二次抽样检验方法。

二次抽样检验方法是先抽取第一个样本进行检验，若据此可判断该批商品是否合格，则检验终止。否则，再抽取第二个样本，再次检验后，将两次结果综合在一起判断该批商品合格与否。

（3）多次抽样检验方法。

多次抽样检验方法的原理与二次抽样检验方法相似，每次抽取样本大小相同，但抽样检验次数多，合格判定数与不合格判定数也多。例如，我国国家标准 GB/T 2828 系列和 GB/T 2829 系列都采用五次抽样检验方法，国际标准 ISO 2859 系列标准采用七次抽样检验方法。该法的特点是所需样本相对于一次抽样检验方法要少，能够节省检验费用，但是管理较为复杂，需要专门培训质检人员，这就增加了管理费用，因而不适用于价值较低的商品。

【知识拓展】

商品质量检验员的岗位职责

（1）认真学习商品质量检验有关法律、法规、规章。

（2）严格执行国家级行业的有关商品技术标准和其他相关技术标准。

（3）负责商品的检验、检测、诊断工作。

（4）负责商品生产过程中的各项检验工作，包括过程和完成检验，严把维修质量关，并按规定的要求认真填写质量检验签证单和技术档案。

（5）负责商品检测工作，及时进行质量分析，为不断改进质量提出意见和建议。

（6）做好商品质量状况的上传下达工作，当好领导的参谋，起到顾客、领导和职员之间的桥梁作用。

（7）参与商品质量事故原因分析和质量判断。

（8）秉公行使质量检验和技术鉴定的职权。

（9）完成上级分配的其他工作任务。

7.3　商品质量检验的方法

商品的性质和用途不同或检验部门的检验目的不同，往往采用的检验方法也不一样。商品质量检验的方法很多，根据检验所用的器具、原理和条件，主要分为感官检验法和理化检验法两类。在实际工作中，这些检验方法是按照商品的不同质量特性进行选择和相互配合使用的。

7.3.1　感官检验法

感官检验又称感官分析、感官检查、感官评价。感官检验法是借助人的感觉器官来检测评价商品质量的一种方法。它是用人的感觉器官作为检验器具，也就是利用人的眼、耳、口、鼻、手的感知，去判定或评价商品的外形结构、外观疵点、色泽、声音、滋味、气味、弹性、硬度、光滑度、包装和装潢等的质量情况，并对商品的种类、品种、规格、性能等进行识别。这种方法可以用"望闻问切"，由表及里，由此及彼，全面审评来概括。

感官检验法的优点是方法简单，快速易行；不需要专门仪器设备或特定场所；不易损坏商品体；成本较低。缺点是不能检验商品的内在质量；检查的结果难以用准确数字而只能用比较性或定性词语表示；受检验人知识、经验、审美观和感官灵敏度的影响，检验结果带有一定主观片面性。

感官检验法广泛应用于食品、纺织品、日用工业品、医药用品等领域，其中食品的应用最广。与其他产品相比，食品的质量检验更多地依赖于感官检验方法。迄今为止还没有能用来评价食品味道的仪器，而借助于仪器的感官质量检验并非总是有助于预测消费者对产品的反应，因此，重要的是要将仪器检验结果与人的感官检测结果结合起来。那么对于流通中的质量检验评定，则要求检验员必须经过相应的培训。为了减小检验结果的误差，可采取实物标准法、多人评审法、记分法来进行商品检验。

感官检验一般在理化检验之前进行，几乎对所有的商品都是必要的。即使在国际贸易中，感官检验法也被普遍采用。它特别适用于目前还不能用仪器定量评价其感官指标的商品和不具备以昂贵、复杂仪器检验条件的企业、部门及消费者。

近几十年发展、形成的现代感官检验技术和应用学科，已克服了传统感官检验缺乏科学性、客观性和可比性的不足，从经验上升为理论，具有一整套根据心理学原理设计，并利用统计学的方法分析和处理感官数据的基础方法，将不易确定的商品感官指标客观化、定量化，从而使感官检验更具有可靠性和可比性，成为与理化检验相互补充和印证、并行不悖的现代检验技术。

绝大多数商品，尤其对感官质量检验有特殊要求的项目，如化妆品的香型、服装的款式、乐器的音质、白酒的口味、电视机的图像清晰度、纺织品的花色图案和手感等都必须通过感官检验来判断其质量的优劣。因此，感官检验法是商业实践中普遍采用的检验商品质量状况的方法。

1. 感官检验法的类别

（1）按照人的感觉器官分类。

按照人的感觉器官的不同，感官检验可分为视觉检验、听觉检验、味觉检验、嗅觉检验和触觉检验五类。

1）视觉检验。视觉检验是用视觉来检查商品的外形、结构、颜色、光泽、外观疵点等质量特性。例如，食品的检验项目多由视觉进行，从色泽判定肉的新鲜度、水果的成熟度；酒类的透明度、悬浮物；通过照蛋器观察蛋类的内在质量等。光、商品体、眼睛和大脑构成视察要素。由于反射的光线被商品体改变，改变光经过眼睛的光路系统（角膜、水样液、虹膜、瞳孔、水晶体、玻璃体等），在感光系统——视网膜上聚集成像，视细胞将光刺激接收并转化为神经冲动，经视神经传入大脑的皮质层区而产生视感觉。因此，光线的强弱、照射方向、背景对比以及检验人员的生理、心理和专业能力，都会影响视觉检验效果。为了提高视觉检验的可靠性，视觉检验必须在标准照明（非直射典型日光或标准人工光源）条件下和适宜的环境中进行，并且应对检验人员进行必要的挑选和专门的训练。例如，鉴定茶叶的汤色时，应在反射光线下进行；检验布面疵点时，应用 40 瓦加罩青光正常日光灯 3～4 支，照度不得低于 750 勒克斯等。

2）听觉检验。听觉检验是凭借人的听觉器官（耳）来检查商品的质量，如检查玻璃制品、金属制品、瓷器、木器有无裂纹或其他内在缺陷；评价乐器、收音机、音响的音质音量；检查冰箱、空调器、抽油烟机、电动剃须刀、电吹风机等家用电器的噪声；评定瓜果的成熟度、蛋品的新鲜度等。听觉检验至今还不能完全用仪器测定来替代，其重要原因之一就是人的耳朵灵敏度高且动作范围广。听觉检验要求在安静的环境条件下进行，避免外界因素对听觉灵敏度的影响。例如，人们在购买小提琴时，拨拉琴弦，如琴声高音清脆和谐、低音浑厚自然者品质优良，如高音不亮、低音沉闷者品质不佳。

3）味觉检验。味觉检验是利用人体的味觉器官（主要是舌头）来评价有一定滋味要求的商品（如食品、药品等）的一种感官检验。味觉是指溶解于水或唾液中的化学物质作用于舌面和口腔黏膜上的味觉细胞（味蕾）产生的兴奋，再传入大脑皮层而引起的感觉。

食品的味觉主要有酸、甜、苦、咸、辣、涩、鲜、碱味等，食品滋味和风味的好坏，是决定食品质量高低的重要指标。凡质量正常的食品均具有特有的滋味和风味，同一类别的天然食品因品种不同，滋味与风味也常有明显的类别。经过加工调制的食品，由于调制方法和使用调料的不同，滋味和风味各异。食品一经腐败变质，则会改变原有的滋味和风味，即使未变质的食品，如滋味不佳，质量也会下降，所以对于各种食品的滋味和风味必须采用味觉检验，以区分品质。味觉常同其他感觉，特别是嗅觉、肤觉相联系，如辣味觉就是热觉、痛觉和基本味觉的混合。

视觉也对味觉检验有影响。关于物质化学结构和味道的关系的研究直至今日尚未取得令人满意的结果，目前只能充分说明咸味和酸味特征及质量，而对于甜味和苦味感觉还难以从化学上说明。人体的某些疾病还能够明显地干扰味觉，如肾上腺机能不全会提高对食盐的味觉敏感性，而感冒也会使人的味觉发生变化。此外，味刺激的温度、时间等因素也对味觉的感受性有显著的影响。

因此，影响味觉检验的主、客观因素较多，为了顺利地进行味觉检验，一方面要求检验人员必须具有辨别基本味觉特征的能力，并且被检样品的温度要与对照样温度一致；另一方面要采用正确的检验方法，遵循一定的规程，如宜在饭前两小时或饭后两小时进行检验，检验时不能吞咽物质（大多数试样要先制成粉状），应使其在口中慢慢移动，每次检验之前或之后必须用温开水漱口，等等。

4）嗅觉检验。嗅觉检验是通过人的嗅觉器官（鼻）来检查商品的气味，进而评价商品质量的检验，广泛用于食品、药品、化妆品、家用化学制品、香精、香料等商品的质量检验，还用于鉴别纺织纤维、塑料等燃烧气味的差别。嗅觉对人类来说可能是属于较退化的一种感觉机能，因此，为了保证嗅觉检验的工作质量，必须对检验人员严加选择，据调查，在163个成人中只有17%的人具有正常的嗅觉，其余的人不是因患有萎缩症就是因患有鼻炎而嗅觉失灵。对于嗅觉正常的人，也要给予培训，传授嗅觉的有关知识，并做记忆力、表现力和鉴别力等测验。就检验结果而言，少数专家的鉴别比多数外行的消费者可靠的多。

嗅觉检验前不能闻有刺激性的气味，检验顺序从气味淡向气味浓的方向进行。检验时应避免检验人员的嗅觉器官长时间与强烈的挥发物质接触，并注意采取措施防止串味现象。嗅觉检验可直接嗅到检验物或将被检验物涂在适宜的底垫上，或用有吸附能力的无气味的、不黏的纸制成小窄条吸收检验物嗅后评审。在检验化妆品时，为评价化妆品的组分和皮肤的天然气味的协同作用，通常将化妆品涂到皮肤上进行。

5）触觉检验。触觉检验是利用人的触觉来评价商品质量。触觉是皮肤受到机械刺激而引起的感觉，包括触压觉和触摸觉，是皮肤感觉的一种。皮肤感觉除触觉外，还有痛觉、热觉、冷觉等，它们也参与感官检验。人的手指和头面部的触觉感受性较高，因此，通常是通过手来进行触觉检验，采用手按、拉、捏、揉、摸、折、弯等手段，根据手感来评定。触觉检验主要用于检查纸张、塑料、纺织品、食品等商品的表面特性、强度、厚度、软硬度、干湿度、冷热度、黏度、弹性、韧性等质量特性。触觉检验要求对检验人员加强专门培训，并保持手指皮肤处于正常状态。进行触觉检验时双手要清洁，接触商品要轻微。

例如，服装质量的感官检验项目如下：

视觉检验：看面料的花色图案、款式、对称性、服帖性，车缝质量。

触觉检验：看织物的柔软性、厚薄、弹性、舒适性。

茶叶质量的感官检验项目如下：

视觉检验：看干茶色泽、条索外形、白毫、净度，开汤后的汤色、叶底。

嗅觉检验：看茶叶干香、茶汤香味。

味觉检验：看茶汤的滋味。

（2）按照感官检验目的分类。

按照检验目的不同，感官检验可分为分析型感官检验与偏爱型感官检验两类。

1）分析型感官检验。分析型感官检验又称Ⅰ型或 A 型感官检验，是以经过培训的评价员感觉器官作为"仪器"来测定商品的质量特性或鉴别商品之间的差异等。例如，质量检验、商品改进、商品评优等都属于此类型。这种检验要求评价员对商品做出客观评价，尽量避免人的主观意愿对评价结果的影响，为此在进行试验时，必须保证以下三点：①评价尺度和评价基准物应统一、标准化；②试验条件应规范化；③评价员在经过适当的选择和训练后，应维持在一定水平。

分析型感官检验是通过人的感官检验第一种质量特性，如商品的大小、重量、硬度、色泽、噪声等，与人的主观好恶没有关系或关系不大，可以逐渐采用仪器进行测量。但是，分析型感官检验在某种程度上比仪器检验快速、经济，甚至当检验人员经验非常丰富时还具有相当高的精度，因此难以被完全取代。分析型感官检验是以判断商品是否有差异为主，各检验人员之间不允许有相反的判断。通常所说的感官检验或感官分析主要是指这种类型。

2）偏爱型感官检验。偏爱型感官检验又称Ⅱ型或 B 型感官检验，是以未经训练的消费者对商品的感觉判断来了解消费者对商品的偏爱程度，所以是一种主观评价方法。例如，在新产品开发过程中对试制品的评价、市场调查中使用的感官检查等，都属于此类型。这种检验不像分析型感官检验那样需要统一的评价标准和条件，而是依靠评价者生理、心理的综合感觉而定，即其感觉程度和主观判断起着决定性作用，因而评价结果往往因人因时、因地而异，并且允许有相反判断。

偏好型感官检验的对象是受人的感觉、嗜好所影响的第二种质量特性，如口感、美感等，其优劣的客观标准不十分明确，情感色彩较浓。这类感官检验是以判断商品是否被喜欢为主，各检验人员之间允许有相反判断，适用于消费者偏爱检验。尽管人们也在设法用仪器来代替这类检验，但效果并不好。

2．感官检验的一般要求

（1）对检验条件的要求。

感官检验应在专门的检验室内进行，检验室要与样品制备室分开。重要的是，应为评价员创造一个安静的、舒适的、尽可能排除外界干扰的检验环境。因此，检验室空间不宜太小，座位要舒适；室内温、湿度和气流速度应符合要求；为避免评价员彼此影响，需设置隔板；要避免无关的气味污染检验环境；应控制光的色彩和强度，颜色检验不能在一般灯光下进行，也不能在照明不良处进行外观检验；应限制音响，特别是要尽可能避免引起评价员分心的谈话和其他干扰；专门的音响效果检验必须在有隔音设备处进行。

（2）对检验评价员的要求。

实验室内感官分析的评价员与消费者偏爱检验的评价员不同，前者需要进行专门的选择与培训，后者只要求评价员有代表性，通常所说的评价员主要指前者。实验室内感官分析的评价员有初级评价员、优选评价员、专家三种。

检验的目的不同对评价员的要求也不相同，其基本条件是：身体健康，不能有任何感觉方面的缺陷；具有从事感官分析的兴趣；个人卫生条件较好，无明显个人气味；具有所检验商品的专业知识并对所检验的商品无偏见。为保证检验工作质量，要求评价员在感官分析期间保持正常的生理状态，为此在检验前一小时内不抽烟、不吃东西，但可喝水，评价员身体不适时不能参加检验，也不能使用有气味的化妆品。

感官检验所需要的评价员的数量与所要求的结果精度、检验方法、评价员水平等因素有关。一般要求的精度越高，方法的功效越低，需要的评价员的数量越多。考虑到实际检验中评价员可能缺席的情况，评价员数量应超过所要求的评价员数目，一般多出 50%。

用于选择和培训评价员的检验方法和样品应与评价员将要实际使用的检验方法和样品相一致。应该让评价员使用同一方法进行多次检验，根据正确回答的比例判断其水平，对评价员还应定期考核。

（3）对被检样品的要求。

按有关标准或合同规定抽样，要使被抽检样品具有代表性。样品的制备方法应视样品本身形状及所关心的问题而定，对同种样品的制备方法应一致。抽样应当依据抽样对象的形态、形状，合理选用抽样工具与样品容器。抽样工具与样品容器必须清洁，不含被鉴定成分，供微生物鉴定的样品应无菌操作。样品与盛装容器要适应，且容器应对检验结果无影响。抽取的样品应妥善保存，保持样品原有的品质特点。抽样后应及时鉴定。

样品应编码，并随机地分发给评价员，避免因分发次序的不同，影响评价员的判断。为防止产生感官疲劳和适应性，每次评价样品的数目不宜过多，具体数目决定于检验的性质和样品的类型。

（4）对检验时间的要求。

评价样品时要有一定时间间隔，应根据具体情况选择适宜的检验时间。一般选择上午或下午的中间时间为宜，因为此时评价员的敏感性较高。

7.3.2　理化检验法

理化检验法是在实验室的一定环境条件下，借助各种仪器、设备、试剂，运用物理、化学以及生物学的方法来检测评价商品质量的一种方法。它主要用于检验商品的成分结构、物理性质、化学性质、安全性、卫生性以及对环境的污染和破坏性等。

理化检验法的优点是检验结果精确，可用数字定量表示；检验的结果客观，不受检验者主观意志的影响；能深入分析商品的内在质量。缺点是需要一定的仪器设备和场所，成本较高；往往需要破坏一定数量的商品，消耗一定数量的试剂，费用较大；检验时间较长；要求检验人员具备扎实的基础理论知识和熟练的操作技术。因此，理化检验法在商业企业直接采用较少，多作为感官检验之后、必要时进行补充检验的方法（如采用燃烧法检验毛织品的真伪等），或委托商检机构作理化检验。

现代检测技术在检验仪器联用以及与计算机联用、实施自动控制和数据处理等方面的发展，促进了理化检验法向着商品少损或无损、操作快速和自动化的方向发展，从而日渐成为先进的检验方法。例如，利用光谱分析可以无损、快速、准确地测出毛织品的纤维种类及其含量。

理化检验法根据其检验原理可分为物理检验法、化学检验法和生物学检验法三类。

1. 物理检验法

物理检验是指包括对商品的物理量及其在力、电、声、光、热作用下所表现的物理性能和机械性能的检验。物理检验法通常按其采用的测试仪器和具体方法分为一般物理检验法、力学检验法、电学检验法、光学检验法、热学检验法和电学检验法等。

（1）一般物理检验法。

一般物理检验法是通过各种量具、量仪、天平、秤或专用仪器来测定商品的长度、细度、面积、体积、厚度、质量、密度、容重、表面光洁度等一般物理特性的检验方法，如用秤检测食品的净重，用尺检测羊毛的长度等。

（2）力学检验法。

力学检验法是通过各种力学仪器测定商品机械性能的检验方法。这些性能包括抗拉强度、抗压强度、抗弯曲强度、抗冲击强度、抗疲劳强度、耐磨强度、硬度、弹性等。商品的机械性能与商品的耐用性能密切相关，还可以间接测量商品的其他特性，如吸湿材质不匀率等。

（3）光学检验法。

光学检验法是通过各种光学仪器来检验商品品质的一种方法。这种方法不仅可以用来检验商品的物理性质，而且还可用来检验某些商品的成分和化学性质，常见的仪器有光学显微镜、折光仪、旋光仪、比色计等。例如，用光学显微镜来观测商品（如纺织纤维、皮革、纸张等）的细微结构，以判定商品的种类和使用性能；利用折光仪测定油脂的折光率，可判断油脂的新陈、掺假或变质；利用旋光仪测定糖的旋光度，可确定糖中蔗糖的含量；利用比色计测定某些商品的颜色，确定其品质或等级。

（4）热学检验法。

热学检验法是使用热学仪器来测定商品热学特性（包括熔点、凝固点、沸点、耐热性、耐寒性等）的检验方法。它是判断某些商品质量好坏的重要手段，如检验玻璃制品、搪瓷制品、金属制品、塑料制品、皮革制品、橡胶制品、化工制品、化妆品等商品。例如，将玻璃杯置于 $0 \sim 5 \, ℃$ 水中 5 分钟，取出后即投入沸水中，未炸裂者为合格品。

（5）电学检验法。

电学检验法是利用电学仪器测定商品的电学特性（电阻、电容、电压、介电系数、电流强度、静电性等）的方法。通过商品的某些电学特性如电阻、电容等的测量，还可以间接测定商品的其他质量特性，如吸湿性、材质的不匀率等。电学检验法可节省大量的材料，能迅速得出较准确的结果或数据，使用简单方便。

2. 化学检验法

有许多商品的实质成分会直接左右商品的使用价值。而这些商品有时用单纯的感官检验法或物理检验法很难判定其使用价值，这时对其化学成分及其含量需采用一定的化学检验方法加以分析，达到商品检验目的。化学检验法是用化学试剂和仪器对商品的化学成分及其含量进行测定，并把检验结果与规定的质量标准进行比较，进而判定商品是否合格的方法。具体操作方法，它可分为化学分析法和仪器分析法两类。

（1）化学分析法。

化学分析法是根据商品在加入某种化学试剂后所产生的化学反应来确定商品的化学成分的种类、含量及其化学性质的检验方法。化学分析法又分为定性分析和定量分析两种。

1）定性分析。定性分析是鉴别商品中化学成分的种类及其稳定性的方法。定性分析只能判断商品成分中有什么和没有什么，反映不出量的概念。例如，纤维性商品的检验，将纤维性商品放置在 5%或 10%的氢氧化钠水溶液中加热，如以蛋白质为主要成分的丝、羊毛纤维就会溶解，而棉、麻纤维就不会溶解。

　　2）定量分析。定量分析是在定性分析的基础上，确定成分含量，以数据表示。它比定性分析更深入一步。有益成分含量越高，有害成分含量越少，则商品质量越好。如牛乳酸度，牛乳酸度有两种，即外表酸度和真实酸度。牛乳放置时间久了会产生酸败，致使鲜乳的酸性不同程度的增加，由此可以判定其新鲜与否。测试时取用一定量的牛乳，加入同量的蒸馏水，再加酚醛酒精溶液，用一定浓度的氢氧化钠溶液滴定，如呈现微红色，牛乳的含酸量在 0.2%以下，表明其是鲜牛乳。

　　化学分析法具有设备简单、经济易行、结果准确的优点，在理化检验中仍占有主要地位。缺点是在检验中需用化学试剂和一定的仪器设备，所需时间长，操作烦琐。由于其应用的局限性以及不能满足生产经营部门快速测定的要求，一方面促使化学分析法日趋改进，分析技术和分析方法都有重大改革（包括仪器的改革、分析过程的自动化、操作手续的简化等），出现了各种快速化学分析法；另一方面有些测定项目已逐步为其他仪器检验法所代替。

　　（2）仪器分析法。

　　仪器分析法是用专用的仪器设备，分析商品成分及其内部结构的一种先进的分析手段。优点是操作简便、迅速，对于含量很低的成分或商品内部的微观结构，用一般理化检验方法不能检出的，也可清楚地检测或显示出来。

　　仪器分析法包括光学分析法和电化学分析法。光学分析法是通过被测成分吸收或发射电磁辐射的特性差异来进行化学分析的，具体包括比色法、分光光度法、核磁共振波谱法、荧光光谱法、发射光谱法等。电化学分析法是利用被测物的化学组成与电物理量之间的定量关系来确定被测物的组成和含量，包括伏安法、极谱法、电位滴定法、电导滴定法、电解分析法。

　　仪器分析法适用于微量成分含量的分析，操作较简便，快速，但对某些成分灵敏度较低，不如化学分析法准确，且仪器价格较贵，对操作人员要求较高，从而使其应用有一定的局限性。

　　3. 生物学检验法

　　生物学检验法是利用仪器、设备、试剂，在实验室环境条件下通过培养试验和生化试验检验质量指标的方法，主要用于食品、药品和一些日用工业品以及包装对危害人体健康安全等性能的检验。

　　生物学检验法分为微生物检验法和生理学检验法。

　　（1）微生物学检验法。

　　微生物学检验法是利用培养、分离、形态观察、显微镜观察等，来检测商品中有害微生物存在与否及其数量的检验方法。这些有害微生物主要有大肠杆菌、致病性微生物、霉腐微生物等。微生物检验法常用于食品、化妆品、卫生纸等商品被细菌、霉菌等微生物污染程度的检验。

　　例如，烟熏火腿微生物合格指标为，菌落总数：出厂时不超过 10000 个/克，零售时不超过 30000 个/克；大肠菌群：出厂时不超过 40 个/100 克，零售时不超过 90 个/100 克；致病菌：不得检出。

（2）生理学检验法。

生理学检验法是以动物为试验对象，通过观察商品致使动物活体发生的生理变化（如毒性、发热量、消化率、过敏反应）来检测商品质量的方法。试验动物多利用哺乳动物，如鼠、兔、狗、猴等。生理学试验法主要用于新食品资源、食品添加剂、辐照食品、药品等商品的毒性和食品营养价值的测定。只有经过无毒试验，视情况需要并经有关部门批准后，才能在人体上进行试验。

生物学检验法的优点是检验结果客观，可量化，精确度高；缺点是检验需要仪器设备，检验条件要求严格，检验员必须经过充分培训，要求具有专业技能。

【知识拓展】

质量检验报告的主要内容

（1）原材料、外购件、外协件进厂验收检验的情况和合格率指标。

（2）产品出厂检验的合格率、返修率、报废率、降级率以及相应的金额损失。

（3）按车间和分小组的平均合格率、返修率、报废率、相应的金额损失及排列图分析。

（4）产品报废原因的排列图分析。

（5）不合格品的处理情况。

（6）重大质量问题的调查、分析和处理情况。

（7）改进质量的建议报告。

（8）检验人员工作情况等。

7.4　商 品 品 级

7.4.1　商品品级概述

1．商品品级的概念

品级是依照商品质量高低所确定的等级。

商品品级是对同一品种商品按其达到质量指标的程度所确定的等级，是表示商品质量高低优劣的标志，也是表示商品在某种条件下适合其用途大小的标志，是商品鉴定的重要内容之一。它是相对的、有条件的，有时会因不同时期、不同地区、不同使用条件及不同个性而产生不同的质量等级和市场需求。

商品分级是商品品级确定的过程，是根据商品的质量标准和实际质量检验结果，将同种商品划分为若干等级的工作，是商品检验的重要内容之一。分级是给商品检验下结论，体现了商品质量的高低，其标记让人一目了然。

2．商品品级的表示方法

（1）用等或级表示。

商品质量的等级通常用等或级的顺序来表示，如优等、一等、二等，或优级、一级、二级，或甲等、乙等。有的产品分级是先分等，在每一等中再分级，如甲等一级、甲等二级、乙等一级、乙等二级。

我国国家标准 GB/T 12707—1991《工业产品质量分等导则》规定了我国境内生产和销售的工业产品质量等级的划分和评定原则。它将工业产品的实物质量，原则上按照国际先进水平、国际一般水平和国内一般水平分为三个档次，相应地划分为优等品、一等品和合格品三个等级。这样有利于从整体上综合反映我国工业产品质量水平，有助于推动技术和管理进步，促进产品更新换代和质量提高。

优等品：质量标准达到国际先进水平，且实物质量水平与国外同类产品相比达到近五年内的先进水平。

一等品：质量标准达到国际一般水平，且实物质量水平达到国际同类产品的一般水平。

合格品：按我国一般标准（国家标准、行业标准、地方标准、企业标准）组织生产，实物标准水平必须达到相应标准的要求。

优等品、一等品的产销率要求在 90%以上，销售量在同类商品中占有一定比例。

也有用合格品、不合格品（残次品、等外品、次品、副品）或正品、副品来表示的。

商品质量等级的确定，主要依据商品的标准和实物指标的检测结果，由行业部门统一负责。优等品和一等品等级的确认，须有国家级检测中心、行业专职检验机构或受国家、行业委托的检验机构出具的实物质量水平的检验证明，合格品由企业检验判定。

商品等级划分的数目，因商品不同而异，少的划分为二三个等级，多的划分为六七个等级。一般来说，服装、工业品分三个等级，而食品特别是农副产品、土特产等多为四个等级，最多达到六七个等级，如茶叶、棉花、卷烟等。

（2）用其他标记表示。

有的产品的质量等级用其他标记表示，如大米按加工精度（糙米皮层被碾去的程度或留皮程度）分为特等、标准一等、标准二等、标准三等，小麦粉的等级分为特制一等、特制二等、标准粉、普通粉，绵白糖的等级分为精制、优级、一级，海蜇皮的等级分为一等品、二等品、三等品，皱纹卫生纸的等级分为 A、B、C、D、E 五级。

许多商品还同时以特殊的标记来表明自身的质量等级。例如，瓷器是以底部的印记来表示等级的。图形印记"○"为一等品，印记"□"为二等品，印记"△"为三等品，不合格底部则印有"次品"字样。布匹布料质量好坏，需看布匹上字的颜色：红字为一等品，绿字为二等品，蓝字为三等品，黑字为等外品。皮鞋制品真皮优质产品使用的真皮标志，是由一个全羊、一对牛角、一张猪脸组成的变形图案，主体为白底黑字，中间的"CLP"是"真皮产品"的英文缩写，用钞票识别器照射时，图案正中会出现红色的手写体"真皮"两字，在两字中间还有"HQ"两个字母，标志反面下方的编号在紫外线的照射下，会由浅红变成黄色。

（3）表示不合格品。

不符合产品质量特性规定的产品称为不合格品或等外品、次品、残次品、副品。对于食品、饮料、药品、电器等的品质、卫生安全指标而言，不合格品是不能上市销售的，而由其他指标导致的不合格品如包装质量不合格是可以作为处理品销售的；另一类是不涉及人身安全健康的指标导致的不合格，如器皿外观缺陷、纺织品服装质量缺陷之类的产品是可以上市销售的，但要求标明不合格品或处理品字样。

处理品并不都是质量有问题的产品的代名词，下面几种情况是可以冠以处理品销售的：

1）产品的某些质量指标达不到标准，仍然有使用价值的。

2）产品质量完好，但不合时尚的。

3）由于资金周转、换季、转行等各种原因需削价处理的。

商品评定品级，有利于生产部门加强管理，提高生产技术水平和产品质量，也有利于商业部门限制劣质产品进入流通领域，还有利于物价管理部门进行物价管理和监督，维护消费者利益。

7.4.2　商品品级的划分方法

商品品级的划分方法又称商品的分级方法，商品的分级方法很多，主要有百分记分法、限定记分法和限定缺陷法三种。

1. 百分记分法

百分记分法是用分数表示商品质量的一种方法。它是将商品的各项质量指标规定为一定分数，其中，重要的指标占的分数高，次要指标占的分数低，各质量指标分数之和为 100 分。

例如，酒类各项质量指标分数的规定为：

白酒：色 10 分、香 25 分、味 50 分、风格 15 分。

啤酒：色 10 分、香 20 分、味 50 分、泡沫 20 分。

葡萄酒：色 20 分、香 30 分、味 40 分、风格 10 分。

香槟酒：色 15 分、香 20 分、味 40 分、风格 10 分。

如果某一项或几项质量指标不符合商品标准的要求，就要相应减分，使总分下降。最后按总分达到的等级分数线划分等级。因此，分数总和越高，等级也越高。百分记分法多用于食品等商品的品级划分。

例如，出口红茶各项质量指标的分数为：干茶外形，30 分；滋味，20 分；香气，30 分；叶底，20 分；总分 100 分。

按分数区分品数的标准为：超级，91～100 分；特级，81～90 分；上级，71～80 分；中上级，61～70 分；中级，51～60 分；普通级，41～50 分。

2. 限定记分法

限定记分法是将商品的各种质量缺陷（即质量指标达不到质量标准要求的疵点）规定为一定分数，由缺陷分数的总和及其所在的等级分数线来确定商品的等级。缺陷越多，总分越高，品级越低。限定记分法多用于日用手工业品、纺织品等商品的品级划分。

3. 限定缺陷法

限定缺陷法是在商品可能产生的质量缺陷（疵点）范围内，规定各类商品每个等级所限定质量缺陷的种类、数量和程度。

例如，全胶鞋，可能产生质量缺陷的外观指标有 13 项，其中鞋面起皱或麻点这个缺陷，一级品限定"稍有"，二级品限定"有"；鞋面砂眼这个缺陷，一级品限定"无"，二级品限定其砂眼直径不得超过 1.5 毫米、深度不得超过鞋面厚度，而且低筒鞋限两处、高筒鞋限四处，同时不得集中于鞋的下部，在弯曲处不许有；还有其他许多缺陷限制。此外，在 13 项指标中，如果一级品超过四项不符合要求者，降为二级品；二级品超过六项不符合要求者，则降为不合格品。限定缺陷法一般适用于鞋类（如胶鞋）、日用工业品（如玻璃制品、搪瓷制品、陶瓷制品）和某些文化用品（如纸张）等商品的品级划分。

无论采用哪一种商品品级的划分方法，凡达不到等级要求的，均应划为等外品或废品。

【知识拓展】

中国质量检验协会的主要职责

（1）宣传贯彻国家有关质量的法律、法规、方针、政策，宣传质量检验在国民经济中的重要作用，提高全民质量意识。

（2）开展多种形式的学术交流和技术培训，不断提高质检机构和企业质检人员的业务素质和检验水平，维护质量检验工作的科学性和公正性；受国家质检总局的委托，实施国家质量检验师执业资格制度的管理。

（3）通过开展多种形式的技术咨询和服务，帮助企业做好技术基础工作，开展企业质量检验机构的评审，建立健全质量体系，促进企业提高质量检验和质量控制水平，确保和提高产品质量，提高市场竞争能力。

（4）接受国家质检总局委托，承担产品质量申诉处理、质量纠纷调解、质量法律咨询、仲裁检验、质量鉴定等工作，同时还承担有关质量检验和质量监督等方面的具体的技术性管理工作及其他工作，积极向政府有关部门反映情况，提出意见和建议，充分发挥桥梁、纽带和参谋、助手作用。

（5）承办企业及有关单位委托的新产品投产和技术成果的鉴定，开展质量评估，利用各种媒体和措施向消费者提供质量信息，引导质量消费，宣传和普及质量知识和消费常识，提高广大消费者的质量意识，为企业、用户和消费者服务，切实维护企业和消费者的合法权益。

（6）贯彻"专注质量，扶优治劣，引导消费，服务企业"的方针，对产品质量、服务质量以及工程质量开展多种形式的第三方的检验、鉴定和监理，以检验数据为依据，积极宣传和扶持名优产品、名优企业，打击假冒伪劣产品，充分发挥社会监督作用。

（7）组织开展质量检验技术、质量检验设施和质量检验标准的研究、开发、咨询和服务，组织对专用质量检验设备和非标准设备的开发、鉴定和推广应用。

（8）在国家质检总局统一指导、协调下开展国际交流合作，与国外质检机构及相应的组织建立友好、合作关系，促进质检工作与国际惯例接轨。

（9）组织出版专业刊物及有关的书籍资料。

（10）承办国家质检总局有关司（局）临时交办和委托的工作。

【本章小结】

商品检验是企业生产经营的重要组成部分，是商品进入流通领域不可缺少的重要环节和实务内容。商品检验就是按照商品质量标准来验证商品质量特性是否符合要求，确保用户使用的商品达到规定的技术要求，从而维护消费者利益，确保质量合格的商品进入流通领域，实现商品的使用价值。商品检验的基本内容，包括商品的质量、规格、数量、重量、包装及其是否符合安全、卫生要求等，其中，商品质量检验是商品检验的核心内容。商品质量检验程序一般由定标、抽样、检验、判定、处理五大步骤组成。常用的抽样方法有简单随机抽样法、分层随机抽样法和系统随机抽样法。商品质量检验的方法有很多，主要分为感官检验法和理化检验法两类。商品品级的划分方法很多，常用的有百分记分法、限定记分法和限定缺陷法三种。商品质量分级是商品质量检验的最后结果，是确定商品价格的重要依据。

【案例分析】

东阿阿胶原粉 842 项检测项目全部 "零检出"

2012 年，日本厚生劳动省指定检测机构对东阿阿胶出口日本的阿胶原粉进行了检测，检测结果显示，842 项农药残留、兽药残留、重金属、细菌等检测项目均为零检出，这标志着山东东阿阿胶股份有限公司的阿胶原粉通过了日本权威机构最严格的质量检测。

众所周知，日本的保健品市场巨大，对食品安全要求之苛刻也是尽人皆知。想要在巨大的日本市场站稳脚跟，赢得日本市场的认可，最重要的就是要拥有过硬的产品质量以及安全可靠的效果。而毒奶粉、染色馒头、地沟油、"金黄色葡萄球菌饺子"等这些近年频发的食品安全事件不仅触动了国内消费者的神经，更是使对质量要求严格的日本市场对中国进口保健品和食品望而却步。

2010 年，日本厚生劳动省指定检测机构对山东东阿阿胶股份有限公司出口日本的阿胶原粉进行了 243 项农残、兽药残留、重金属、二氧化硫、环拉酸等项目检测，结果显示，所有项目均为零检出。而此次 842 项的检测是继 2010 年日本检测机构对东阿阿胶原粉检测的"升级版"，据了解，是目前日本一次性检测最多的项目。

此次对东阿阿胶原粉的升级检测，由原来 243 项扩大到 842 项。这 842 项检测项目包括 725 种农药、108 种兽药，再加上 5 种重金属（汞、铅、砷、镉、铬）、金黄色葡萄球菌等 3 项微生物以及各种抗生素等，共计 842 项的检测结果都为零检出，不仅说明东阿阿胶对产品质量严格把关，值得国内外消费者信赖，更为中国保健品、药品出口行业打了一剂强心针。

思考：

1. 此案例中的商品检验可以采用哪种检验方法？
2. 食品质量安全对我国居民身心有哪些影响？
3. 应如何进行食品质量的监督和检查？

【理论考察】

1. 单项选择题

（1）商品的（　　　）是商品检验的中心内容。

    A. 质量检验　　　　　　　　　　　B. 规格检验

    C. 数量和重量检验　　　　　　　　D. 包装质量检验

（2）按照（　　　）的不同，感官检验可分为视觉检验、听觉检验、味觉检验、嗅觉检验和触觉检验五类。

    A. 感官检验目的　　　　　　　　　B. 人的感觉器官

    C. 人的感觉程度　　　　　　　　　D. 人的感觉差别

（3）（　　　）是在实验室的一定环境条件下，借助各种仪器、设备、试剂，运用物理、化学以及生物学的方法来检测评价商品质量的一种方法。

    A. 化学检验法　　　　　　　　　　B. 物理检验法

    C. 感官检验法　　　　　　　　　　D. 理化检验法

（4）（　　）是用化学试剂和仪器对商品的化学成分及其含量进行测定，并将检验结果与规定的质量标准进行比较，进而判定商品是否合格的方法。

A．感官检验法 B．物理检验法

C．化学检验法 D．理化检验法

（5）（　　）分为微生物检验法和生理学检验法。

A．生物学检验法 B．物理检验法

C．化学检验法 D．理化检验法

2．多项选择题

（1）按商品检验目的的不同，商品检验通常可分为（　　）三种。

A．生产检验 B．验收检验

C．第三方检验 D．质量检验

（2）按检验对象的流向不同，商品检验可分为（　　）。

A．生产检验 B．内销商品检验

C．进出口商品检验 D．质量检验

（3）按接受检验的商品数量不同，商品检验可分（　　）。

A．进出口商品检验 B．全数检验

C．抽样检验 D．免检

（4）按检验有无破坏性，商品检验可分为（　　）。

A．全数检验 B．破坏性检验

C．非破坏性检验 D．生产检验

（5）商品抽样的方法包括（　　）。

A．随机抽样法 B．百分比抽样法

C．抽样检验方法 D．计数抽样检验方法

3．判断题

（1）理化检验法是在实验室的一定环境条件下，借助各种仪器、设备、试剂，运用物理、化学以及生物学的方法来检测评价商品质量的一种方法。 （　　）

（2）实验室内感官分析的评价员有初级评价员、优选评价员、专家三种。 （　　）

（3）评价样品时要有一定时间间隔，应根据具体情况选择适宜的检验时间。一般选择上午或下午的中间时间为宜，因为此时评价员的敏感性较高。 （　　）

（4）化学分析法是用专用的仪器设备，分析商品成分及内部结构的一种分析手段。 （　　）

（5）物理检验法是利用仪器、设备、试剂，在实验室环境条件下通过培养试验和生化试验检验质量指标的方法，主要用于食品、药品和一些日用工业品以及包装对危害人体健康安全等性能的检验。 （　　）

4．简答题

（1）商品质量检验员的岗位职责有哪些？

（2）商品品级的划分方法有哪些？解释其内涵。

（3）物理检验法有哪些分类？

5．论述题

商品品级是如何进行表示的？

【同步实务】

感 官 检 验 训 练

实务描述：

结合所学知识，自选四类商品进行感官检验，试比较分析通过感官检验，是否可以评定这些产品的商品质量。

实务分析：

（1）体会什么是感官检验。

（2）掌握感官检验的类别。

（3）掌握感官检验的一般要求。

实务要求：

（1）请同学们明确任务分工，在自己的日用品中选择出四类商品；

（2）遵循感官检验的基本要求；

（3）根据选择出商品的实际情况，运用相应的感官检验方法对其商品进行检验；

（4）请同学们以小组为单位进行小组讨论，对感官检验的商品质量进行评定。

（5）要求同学们总结出不同的感官检验分别适合什么类别的商品，并形成总结报告。

实务步骤：

（1）4～5 人一组，进行任务分工。

（2）组员在生活用品中选择出商品，并实施感官检验。

（3）组员进行资料的汇总和讨论，评定商品质量。

（4）搜集资料，小组讨论，根据结论撰写项目总结报告。

（5）指导教师对学生的完成情况进行评价和总结。

实务评价：

填写评分表（表 7-1）。

表 7-1 　　　　　　　　　　评 分 表

学生姓名	自评得分	小组评分	教师评分	总分

注：① 每人总分为 100 分；

　　② 学生自评满分为 20 分，小组评分满分为 30 分，教师评分满分为 50 分；

　　③ 三项分数相加为学生本次实务的最后得分。

第8章 商 品 包 装

学习目标

1. 理论目标

了解商品包装概念、功能及其分类；理解商品包装设计的原则，商品包装材料应具备的性能，主要包装材料的特点与应用；掌握商品包装的标志与商品包装的方法和技术。

2. 实务目标

通过本章的学习学生应具备以下能力：

能依据商品包装功能选择合适的包装；依据商品包装设计的原则进行设计包装；理解并给商品包装标上适合的标志，掌握商标商品包装的方法和技术。

导入案例

液态奶的包装问题

包装，不仅仅是一个美丽的外壳，作为食品的贴身衣物，它的安全性将直接影响到食品的质量，不合格的食品包装往往会在使用过程中给人体造成不良的影响。更严重者，甚至会威胁到人们的生命。"民以食为天，食以质为先"，食品包装安全的问题已日益成为社会各界普遍关注的焦点，食品包装安全已成为国家、企业和消费者最关心、最直接、最现实的利益问题。

全球著名食品和饮料公司瑞士雀巢食品集团，在欧洲四国同时召回一批共三个系列的婴儿液态牛奶，原因是牛奶在制造过程中被包装盒油墨中的化学物质丙基噻吨酮（ITX）污染。至于为何发生包装盒油墨污染牛奶的情况，雀巢将牛奶受污归咎于多年的合作商——瑞典利乐包装。

要对包装的原材料从源头进行严格的筛选和管理。含有 ITX 的 UV 印墨是一种普遍使用的印刷技术，目前广泛应用在各种食品企业中。这种技术可以使包装看起来光泽更好，更有吸引力。可是我们不能只靠精美的外表来吸引消费者，却将消费者的健康权狠狠地抛在了脑后。液态奶的安全问题，是每个消费者必须面对的，更是每个生产厂家必须解决的，我们应该寻求一种新的原材料来解决包装污染的问题，这是对消费者负责，也是对企业自己负责。

8.1 商品包装的功能和分类

8.1.1 包装的概念

国家标准 GB/T 4122.1—2008《包装术语 第1部分：基础》对包装的定义是"为在流通过程中保护产品，方便储运，促进销售，按一定的技术方法而采用的容器、材料及辅助物等的总名称。也指为了达到上述目的而采用的容器、材料及辅助物的过程中施加一定技术方法等的操作活动"。

商品包装包括两层含义：一是指为了使商品方便运输、储存，促进销售，便于使用，对商品进行包裹、存放的容器和辅助材料，通常叫包装材料或包装用品，如箱、纸、桶、盒、绳、钉等；二是指对商品进行包裹、存装、打包、装潢的整体操作过程，是包装商品的具体业务，如装箱、扎件、灌瓶等。产品经过包装所形成的总体称为包装体，包装体是一般意义上包装的延伸，它包括从包装产出到产品组合，分发包装产品，处理废弃物及回收利用，体现了与包装有关的许多部门之间的系统联系。

8.1.2 商品包装的功能

随着国民经济的不断发展，商品包装在生产、流通和人们生活中的地位和作用日益增长，在现代生产中，绝大多数产品只有经过包装后，才算完成它的生产过程，才能进入流通领域和消费领域。在现代市场营销活动中，商品包装被冠以"无声推销员"的美誉，是宣传商品、宣传企业形象的工具，是商品特征的放大镜、免费的广告。因此，良好的商品包装从商品的生产、销售，到人们的生活的过程中始终起着重要作用。

1. 保护商品质量安全与数量完整

保护商品是包装的首要功能。商品在流通过程中，经过搬运、装卸、运输、储藏等过程时容易受到外界因素影响，引起破损、变形、污染、渗漏或变质等损害，使商品降低或失去使用价值。商品在运输过程中可能经受振动、冲击、压力、低温、高温等破坏，商品包装可以抗振动，保证商品在运输中的安全，尤其是在采用集装箱和托盘运输时，商品包装不能过于简陋，以免发生商品损害事故。商品在储存、堆码时所产生的静压力的破坏性也很严重，有一定强度的包装可以保证商品在规定堆积高度下的稳定性和安全性。另外，环境方面对商品的破坏因素主要是水、高温、低温和湿度的变化及污染等，因此有一定的防潮、防腐蚀等防护措施的包装可以保证包装本身在外界环境因素影响下性能稳定，不会造成商品的锈蚀、变质。采取一定措施密封包装，还可以防虫、鼠等生物或微生物的威胁和侵害。科学合理的包装，能使商品抵抗各种外界因素的破坏，从而保护商品的性能，保证商品质量和数量的完好。

2. 便于商品流通，方便消费

商品只有经过流通领域才能实现其消费，而包装为商品流通提供了条件和方便。将商品按一定的数量、形状、规格、大小，用不同的容器进行包装，在商品包装外面印上各种标志，反映被包装物的品名、数量、规格、颜色以及整体包装的体积、毛重、净重、厂名、厂址及储运中的注意事项等，这样既有利于商品的分配调拨、清点计数，也有利于合理运用各种运输工具和仓容，提高运输、装卸、堆码效率和储运效果，加速商品流转，提高商品流通的经济效益。同时合理的商品包装，其绘图、商标和文字说明等既展示了商品的内在品质，方便消费者识别，又介绍了商品成分、性质、用途和使用方法，便于消费者购买、携带、保存和使用。

3. 美化商品，促进销售

精美的商品包装，可起到美化商品、宣传商品和促进销售的作用。包装是"无声的推销员"，好的包装本身就是很好的广告。无包装的商品会因卫生状况不好或携带不便影响顾客的购买欲望。而包装能否抓住消费者的视线，唤起兴趣，引发联想，是商品能否进入消费者选择对象范围的关键。那些具有色彩鲜明、构图精美、造型奇异、文字醒目等特征的包装，会使消费者爱不释手，促成其购买该商品。良好的包装是给商品"梳妆打扮"，给人以美的享受，能诱导和激发消费者的购买动机和重复购买的兴趣。特别是在当今人们的物质生活和文化生活水平不断提高的情况下，包装更成为消费者购买商品时的重要考虑因素。包装既能提高商品的市场竞争力，又能以其新颖独特的艺术魅力吸引顾客、指导消费，成为促进消费者购买的主导因素。优质包装在提高出口商品竞争力、扩大出口、促进对外贸易的发展等方面均具有重要意义。

4. 使商品的价值和使用价值增值，节约费用

新颖独特、精美合理的包装，是商品价值增值的重要手段。一方面，合理的包装增加了商品的自然寿命，因而使商品的使用价值增值，具有提高商品身价的功能。另一方面，合理而精美的包装可以使零散的商品以一定数量的形式集成一体，从而大大提高装载容量并方便运输和装卸，可以节省运输费、仓储费等项费用支出，增加企业的经济效益。另外，有的包装还可多次回收利用，这样既节约包装材料及包装容器，又有利于降低成本。

8.1.3 商品包装的分类

商品包装种类繁多，根据习惯常有下列几种分类：按包装形态不同分，有内包装、中包装和外包装；按运输方式不同分，有铁路货物包装、公路货物包装、船舶货物包装和航空货物包装等；按包装在流通中的功能分，有运输包装和销售包装；按包装的材料分，有木箱包装、纸袋包装、麻布袋包装、塑料包装、金属包装、玻璃与陶瓷包装和复合材料包装等；按包装商品分，有食品包装、药品包装、液体包装、粉粒包装、危险品包装等；按包装技术和方法分，有收缩包装、真空包装、充气包装、防潮包装、防锈包装和缓冲包装等。重点介绍最常见的，也是主要的包装种类，即运输包装和销售包装。

1. 运输包装

运输包装又称商品的大包装或外包装，是一种主要以方便运输、储存为目的的商品包装。它具有保障商品安全，方便储运装卸和加速交接与点验等作用。运输包装的特点是容积大，结构坚固，标志清晰，搬运方便。合理的运输包装方法是：在不影响质量的前提下，压缩轻泡商品体积，拆装大型货物，套装形状相似的商品，并加衬垫缓冲材料等。

商品的运输包装一般有散装、裸装和包装三种形式。散装是指不需要也不必要进行包装，而直接将商品装载在运输工具内的包装方式，如石油、煤炭、原盐等均可采用这种包装方式。裸装是指那些自然成件，能抵抗外界作用，在储运过程中可以保持原状的商品，不必包裹的包装方式，如钢板、原木等均可采用这一包装方式。包装是指需要外加包裹物，使商品形成包、箱、袋、桶或捆件等形状的包装方式。除了可采用散装和裸装的商品外，大多数商品都要经过包装方可运输。常用的运输包装形式主要有：

（1）箱型包装。

运输包装中的箱型包装主要有纸箱和木箱。纸箱是用瓦楞纸制成的包装箱。纸箱的特点是：重量轻；成本低；牢固；开启方便；防尘；便于捆扎、搬运；易于折叠平放，占地面积少；可回收复用。木箱包装是以木板、胶合板或纤维板为原料制成的木制箱型包装。木箱的优点是：耐压、耐震，体积大、载重量大，可重复使用。缺点是：成本高，重量大、笨重，不易开启，占地面积大。

（2）桶型包装。

运输包装中的桶型包装有金属桶、木桶、塑料桶、纸桶及纸板合成桶等。金属桶有铁桶、马口铁桶、铁塑桶等。金属桶具有坚固耐用、防渗漏、防腐蚀等功能。用作运输包装的木桶有胶合板桶、纤维板桶、松木桶等，具有透湿、隔潮的功能。塑料桶主要用于盛装化工产品，特点是质轻、耐腐蚀、不易破碎。

（3）袋型包装。

运输包装中的袋型包装主要有麻袋、布袋、纸袋、塑料袋等，广泛应用于谷物、豆类、砂糖、化工原料、化学肥料以及粉状、颗粒状或块状商品的包装。

（4）集合包装。

集合包装是指将若干包装件或商品组合成一个合适的运输单元或销售单元。从商品销售角度来看，集合包装（或称为组合包装）既能节约消费者的购物时间，同时又有扩大销售的作用。从商品运输角度来看，集合包装具有安全、快速、简便、经济、高效的特点。常见的集合包装有集装箱和托盘集合包装。

1）集装箱集合包装。集装箱集合包装是集合包装最主要的形式。集装箱是指具有固定规格和足够强度，能装入若干件货物或散装货的专用于周转的大型容器。集装箱的出现和发展，是包装方法和运输方式的一场革命，它的出现对于运输的意义在于：集装箱结构牢固，密封性好，整体性强，能够保证集装商品的运输安全；能够节省集装商品的包装费用，简化理货手续，减少营运费用，降低运输成本；能够组织公路、铁路、水路的联运，能够实现快速装卸，加快了运输工具的周转，减少了商品在运输环节的滞留；能够实现装卸作业的机械化、自动化控制，提高了劳动生产率，为实现运输管理现代化提供了条件。

随着集装箱运输的发展，为了适应装载不同类型商品的要求，出现了不同用途的集装箱。例如，有适合装日用百货和鲜活食品的通用集装箱；有适合装大型货物和重货的敞顶式集装箱和平板式集装箱；有适合装易腐性食品和液体化学品的罐式集装箱；有适合装颗粒状、粉末状货物的散装货集装还有适合装汽车的汽车集装箱等。

2）托盘集合包装。托盘集合包装是指在一件或一组货物下面附加一块垫板，板下有角，形成插口，方便铲车的铲叉插入，进行搬运、装卸、堆码作业。这种货物与特制垫板的组合称为托盘集合包装。托盘集合包装兼备包装容器和运输工具的双重作用，是使静态货物转变为动态货物的媒介物。它的最大特点是：使装卸作业化繁为简，完全实现机械化；可以简化单体包装，节省包装费用，保护商品安全，减少损失和污染；能够进行高层堆垛，合理利用存储空间。托盘按制作材料不同可分为木托盘、胶合板托盘、钢托盘、铝托盘、塑料托盘和纸托盘等。托盘按组合形式不同分为平板式托盘和非平板式托盘两种。非平板式托盘包括箱式托盘、立柱式托盘和框架式托盘等。近些年国际上出现的集装滑片是一种新型托盘，它的作用与一般托盘一样，都是用来集装货物，以便使用机械进行装卸和搬运作业。滑片的形状不同于普通托盘，它在片状平面下方无插口，但在操作方向上有突起的折翼，以便于配套的铲车进行操作。滑片托盘质轻体薄，成本低廉，功能完善，故目前正得到快速发展。

2. 销售包装

销售包装又称小包装，是用于直接盛装商品并同商品一起出售给消费者的小型包装。销售包装的特点是：能够保护商品、美化商品、宣传商品，便于商品陈列展销，便于消费者识别、选购、携带和使用，是增加商品附加价值的重要手段。销售包装的类型很多，一般按其主要功能不同来分，有便于使用的包装方式，便于选购、携带和陈列展销的包装方式等。具体如收缩包装、贴体包装、速冻包装、保鲜包装、隔热包装、真空包装、充气包装、无菌包装、防虫包装、防潮包装、防震包装、防锈包装、喷雾包装、易拉瓶包装、按钮包装、可食包装、蒸煮包装、礼品包装、透明包装、开窗包装、携带式包装、可折叠包装、展开式包装、悬挂式包装、配套包装、组合包装等。下面简要介绍几种流行的销售包装款式。

（1）悬挂式包装。

它是当前最流行的包装方式之一，主要有纸卡式，用于小手工具和厨房用品的包装；泡罩式，多用于玩具、文教用品、工艺品及各式胸花等的包装；贴体式，多用于日用品、打火机、小刀、办公用具等的包装；袋装式，用于扳手、日常工具、旅行用具等的包装。

（2）透明式、开窗式包装。

透明式、开窗式包装多用于高级服装、内衣、毛衣、工艺品等的包装。此种包装方式便于消费者观察，易引起消费者的购买欲望、兴趣，且包装盒表面上绘有精美图案，突出了商品的特点。

（3）配套包装和组合包装。

配套包装是将各种相互配合的商品包装在一起，便于消费者购买和使用。例如，成套化妆品、床上用品、文教用品等常用这种包装方式。组合包装是将几种不同商品组合在一起，成组出售，如罐头、酒类、饮料、调味品、小食品、快餐面等。

（4）分散包装。

与配套包装相反，分散包装就是将原来整件的商品分成小包装，主要用于食品、药品等的包装。

（5）礼品包装。

礼品包装是用特制的装饰材料将商品包扎起来，使礼品显得精美、大方、典雅、高贵、不同寻常。

8.2 商品包装设计的原则

包装不仅具有充当产品"保护神"的功能，还具有积极的促销作用。随着近年来市场竞争的日益激烈，以包装促销的趋势越来越明显。关于包装设计的基本原则，有学者提出"醒目、理解、好感"的三个原则。

1. 引起消费者的关注

包装要起到促销的作用，首先要能引起消费者的注意，因为只有引起消费者注意的商品才有被购买的可能。因此，包装要使用新颖别致的造型、鲜艳夺目的色彩、美观精巧的图案。同时，各有特点的材质能使包装具有醒目的效果，使消费者一看见就产生强烈的兴趣。

造型的奇特、新颖能吸引消费者的注意力。例如，酒瓶造型，一般以圆柱体为主，有的酒瓶运用模仿造型，设计成复杂的锚形或人体形，在以圆柱体、长方体造型为主的酒瓶中会显得非常突出、美观。色彩美是人们最容易感受的，有的市场学者甚至认为色彩是决定销售的第一要素。他们在长期的市场调查中发现，有的颜色作为产品的包装，会严重影响产品销售，灰色便是其中之一。他们认为，这是因为灰色难以使人心动，自然也难以使人产生购买的冲动。他们提出红、蓝、白、黑是四大销售用色，这是在制作红、蓝、白、黑、绿、橙、黄、茶色的形象并进行比较时发现的。一般来说，包装的图案要以衬托品牌商标为主，充分显示品牌商标的特征，使消费者通过商标和整体包装的图案就能立即识别出它是某厂的产品。特别是名牌产品与名牌商店，包装上醒目的商标可以立即起到招来消费者的作用。包装的材质变化同样能引起人们的注意。例如，山东某地出口的瓷器礼品，别出心裁地用玉米皮编成手提式套箱做包装，这样既充分利用了农村富余劳动力，又使本地大量的廉价材料变成具有民间特色、质地雅致的工艺品包装，比起一般的纸盒包装更具有艺术性。

2. 准确地传达产品信息

成功的包装不仅要通过造型、色彩、图案、材质的使用引起消费者对产品的注意与兴趣，还要使消费者透过包装精确地理解产品，因为人们要购买的并不是包装，而是包装内的产品。准确传达产品信息的最有效的办法是真实地传达产品形象，如可以采用全透明包装，或者在包装容器上开窗展示产品，或者在包装上绘制产品图形，或者在包装上做简洁的文字说明，或者在包装上印刷彩色的产品照片等。

准确地传达产品信息也要求包装的档次与产品的档次相适应，掩盖或夸大产品的质量、功能的包装都是失败的包装。例如，我国出口的人参曾用麻袋、纸箱包装，外商怀疑是萝卜干，他们自然是从这种粗陋的包装上去理解的。相反，低档的产品用华美贵重的包装，也不会吸引消费者。目前我国市场上的小食品包装大多十分精美，醒目的色彩、华丽的图案和银光闪烁的铝箔袋加上动人的说明，对消费者，特别是儿童有着极大的诱惑力，但很多时候袋内的食品价值与售价相差甚远，使人有上当受骗的感觉，所以，包装的档次一定要与产品的档次相适应。根据国内外市场上的成功经验，对高收入者使用的高档日用消费品的包装多采用单纯、清晰的画面，柔和、淡雅的色彩及上等的材质原料；对低收入者使用的低档日用消费品，则多采用明显、鲜艳的色彩与画面，再用"经济实惠"之词加以表示。这都是为了将产品信息准确地传达给消费者，使消费者理解。准确地传达产品信息还要求包装所用的造型、色彩、图案等不违背人们的习惯，不会导致理解错误。例如，人们对包装色彩的运用有这样的经验：黄油不用黄色的包装设计而采用其他色彩就会滞销，咖啡用蓝色包装同样卖不出去。因为人们长期以来已经对用某些颜色表示的产品内容有了比较固定的理解，这些颜色也可称为商品形象色。商品形象色有的来自商品本身，如茶色代表着茶，桃色代表着桃，橙色代表着橙，黄色代表着黄油和蛋黄酱，绿色代表着蔬菜，咖啡色就是取自咖啡等。

3. 赢得消费者好感

赢得消费者好感也就是说，包装的造型、色彩、图案、材质要能引起人们喜爱的情感，因为人的喜好对购买冲动起着极为重要的作用。

消费者对产品的好感来自两个方面，首先是实用方面，即包装能否满足消费者的各方面需求，为消费者提供方便，这涉及包装的大小、多少、精美等因素。同样的护肤霜，可以是大瓶装，也可以是小盒装，消费者可以根据自己的习惯选择；同样的产品包装，精美的容易被人们选作礼品，包装差一点的只能自己使用。当产品的包装为消费者提供了方便时，自然会引起消费者的好感。

其次，消费者对产品的好感还直接来自于消费者对包装的造型、色彩、图案、材质的感觉，这是一种综合性的心理效应，与个人以及个人所处的环境有密切的关系。以色彩来说，各人有各人自己喜爱和讨厌的颜色，这当然是不能强求统一时。但个人对颜色的喜好也有共同点，如女性大部分都喜欢白色、红色与粉红色，它们被称为女性色，女性用品的包装如使用白色与红色就能引起女士们的喜爱；而男性喜欢庄重严肃的黑色，黑色又称为男性色，男性专用品的包装用黑色能得到男士的青睐。

8.3　商品包装的材料

包装材料是指用于制造包装容器和包装运输、包装装潢、包装印刷、包装辅助材料以及其他包装有关材料的总称。现代包装材料包括纸材、塑料、金属、复合材料、玻璃、木材等主要包装材料，以及黏合剂、涂料、油墨、缓冲材料、封缄和捆扎材料等辅助包装材料。为了实现保护产品、利于储运流通、便于携带使用、促进销售等包装功能，必须对包装材料的性能有充分的了解，在此基础上合理选用材料并扩大包装材料的来源，不断采用新的包装材料和加工新技术，创造新型包装容器与包装技法。

8.3.1　商品包装材料应具备的性能

从现代包装的功能来看，包装材料应具有以下几个方面的性能：

1. 保护性能

包装材料应具有一定的机械强度和适当的阻隔性能，具有一定的强度、刚度、韧性和弹性等，以适应压力、冲击、振动等静力和动力因素的影响，对水分、水蒸气、气体、光线、芳香气、异味、热量等具有一定的阻挡能力。包装材料本身的毒性要小，以避免污染产品和影响人体健康；包装材料应无腐蚀性，并具有防虫、防蛀、防鼠、抑制微生物等性能，以保护产品安全；包装材料还应可以防止内装物变质、损失，保证其质量安全。另外，包装材料还应能够适应气温变化，能够防潮、防水、防腐蚀、耐热、耐寒、抗老化、透气遮光、防紫外线穿透、耐油、卫生安全等，而自身无异味、无毒、无臭，能保护内装物完好无损。

2. 加工操作性能

包装材料应宜于加工，易于制成各种包装容器，易于包装作业的机械化、自动化控制，以适应大规模工业生产，便于印刷包装标志。包装材料应具有一定的刚性、热合性和防静电性，有一定的光洁度以及可塑性、可焊性、易开口性、易加工、易充填、易分合等性能，以适应更高生产效率的自动包装机械操作。

3. 与产品的适应性或相容性

必须根据被包装物的理化性质和对包装的不同要求选择与被包装物相适应的或相容的包装材料，使产品在不与包装材料相互作用的同时能得到全面保护。相容性问题既涉及物理方面的因素，又涉及化学方面的因素，是一个很复杂的问题，在采用一种新的包装材料之前，往往要做许多试验才能确定使用。

随着科学的不断进步和计算机的广泛应用，根据产品性质和流通环境来对包装结构、包装材料、包装有效期进行科学的设计已经成为可能。包装材料要与商品的流通环境和保质期联系起来考虑，必须研究从产品最初包装到产品到达消费者手中的全部流通环节和环境。充分考虑到可能遇到的恶劣气候、装卸条件、运输工具的冲击和振动，并以此为依据选择、确定包装材料的阻隔性、强度、所需的缓冲充填物、捆扎材料等。根据被包装产品的保质期和包装有效期确定合理的包装材料是一件相当困难的工作。

液体产品的包装需用防渗透材料；对氧气敏感的产品的包装需要用阻氧性好的材料并可使用脱氧剂；易吸湿性产品的包装应选用防潮材料并可使用干燥剂；易锈蚀产品的包装应选用阻氧阻湿材料并加入防锈剂；对于某些带有香气的产品，应使用保香阻隔材料包装并防止异味侵入；某些油脂食品的包装除了需要用阻氧遮光包装材料防止油脂氧化外，还应防止油脂和包装材料中的添加剂在包装有效期内发生化学迁移等。

丝绸匹头，有的是在商店与顾客直接见面，有的则是进厂加工整理或制成衣服，其包装应该有所不同。前者应讲究包装，以突出绸缎的质量特点，后者则要求货物平整不皱，启封方便，以利厂方加工。又如，聚氨醋现场发泡衬垫技术是较新的科技成果，使用它可以提高商品身价，保证商品安全，但使用这种包装需逐一成型，费用高，又花费时间，故现在只用于包装名贵的雕刻品及仿古瓷器等贵重工艺品，而对一般的工艺品，如木雕、摆件等则使用聚乙烯塑料和气泡薄膜包装即可。

4. 符合经济性的同时应具备附加商品价值的性能

包装材料应来源广泛、取材方便、成本低廉，使用后的包装材料和包装容器应易于处理、不污染环境，以免造成公害。包装材料和技术落后既增加成本又达不到预期效果，亦不可取。实际应用中选择何种包装材料及方法，除了考虑上述几种要求外，还应考虑节省包装材料费用及包装机械设备费用、劳务费用等，要使用最合适的材料，采取最合理的包装方法，取得最佳的效果。因为包装具有增加商品附加值的性能，所以对于销售包装材料，要求透明度好、表面光泽、造型和色彩美观、便于陈列，在提高商品价值的同时，增加消费者的购买欲望。

5. 方便使用及环保的性能

无论用何种材料包装商品，基本要求是便于开启和提取内装物，便于再封。包装材料的选择还应满足绿色包装工程的需要，包闭，不易破裂和损坏。此外，包装材料要有利于生态环境保护，有利于节约资源，体现易回收、可复用、可再生、可降解、易处置等特点。

8.3.2　主要包装材料的特点与应用

1. 纸和纸板

纸和纸板是支柱性的传统包装材料，消耗量大，应用范围广，其产值占包装总产值的 45% 左右。纸和纸板具有以下特点：

（1）具有适宜的强度、耐冲击性和耐摩擦性。

（2）密封性好，清洁卫生。

（3）具有优良的成型性和折叠性，便于采用各种加工方法加工，适用于机械化、自动化的包装生产。

（4）具有最佳的可印刷性，便于介绍和美化商品。

（5）价格较低，且重量轻，可以降低包装成本和运输成本。

（6）用后易于处理，可回收复用和再生，不会污染环境，能节约资源。

纸和纸板也有一些致命的弱点，如难以封口、受潮后牢度下降以及气密性、防潮性、透明性差等，从而使它们在包装应用上受到一定的限制。

用纸和纸板制成的大包装容器主要有纸箱、纸盒、纸桶、纸袋、纸罐、纸杯、纸盘等，广泛应用于运输包装和销售包装中。在纸制包装容器中，用量最多的是瓦楞纸箱，约占 50% 以上。在运输包装中，瓦楞纸箱正在取代传统的木箱，广泛用于包装日用百货、家用电器、服装鞋帽、水果、蔬菜等。目前，瓦楞纸箱正在向规格标准化、功能专业化、减轻重量、提高抗压强度等方向发展。除瓦楞纸箱外，其他纸制包装容器多用于销售包装，如食品、药品、服装、玩具及其他生活用品的包装。纸盒可制成开窗式、摇盖式、抽屉式、套合式等，并在表面加以装饰，具有较好的展销效果。纸桶结实耐用，可以盛装颗粒状、块状、粉末状商品。纸袋种类繁多，用途广泛。纸杯、纸盘、纸罐都是一次性使用的食品包装，由于价廉、轻巧、方便、卫生而被广泛应用。纸杯一般为盛装冷饮的小型容器。纸盘用于冷冻食品包装，既可冷冻，又可在微波炉上烘烤加热。纸罐采用高密度纸板制成，有圆筒形、圆锥形等，一般涂以防渗漏层，用于盛装饮料。目前，纯纸罐已被纸、塑料和铝箔组成的复合罐取代。纸浆模制包装是用纸浆直接经模制压模、干燥而制成的衬垫材料，如模制鸡蛋盘，用于包装鸡蛋，可以大大减少鸡蛋在运输中的破损率。

2. 包装用塑料及其特点

塑料是 20 世纪蓬勃发展的新兴材料，它的出现使现代商品包装发生了根本性改变，即改变了商品包装的整个面貌。塑料在整个包装材料中的用量仅次于纸和纸板，包装用塑料的占有量占塑料总消费量的 25%。其基本特点包括：

（1）物理、机械性能优良，具有一定的强度和弹性，耐折叠、耐摩擦、耐冲击、抗震动、抗压、防潮、防水，并能阻隔气体等。

（2）化学稳定性好，耐酸碱、耐油脂、耐化学药剂、耐腐蚀、耐光照等。

（3）密度小，是玻璃密度的 1/2，是钢铁密度的 1/5，属于轻质材料，因此制成的包装容器重量轻，适应包装轻量化的发展需要。

（4）加工成型工艺简单，便于制造各种包装材料和包装容器。

（5）适合采用各种包装新技术，如真空、充气、拉伸、收缩、贴体、复合等。

（6）具有良好的透明性、表面光泽度、可印刷性和装饰性，为包装装潢提供了良好的条件。

塑料作为包装材料也有一些不足之处：强度不如钢铁；耐热性不如玻璃；易老化；有些塑料在高温下会软化，在低温下会变脆、强度下降；有些塑料带有异味，某些有害成分可能渗入内装物；易产生静电；塑料包装废弃物处理不当会造成环境污染等。因此，在选用塑料包装材料时要注意以上问题。包装用塑料在许多方面已经取代或逐步取代了传统包装材料，如制成编织袋、捆扎绳代替棉麻；制成包装袋、包装盒、包装桶代替金属；制成瓶罐代替玻璃；制成各种塑料袋代替纸张；制成周转箱、钙塑箱代替木材；制成多种泡沫塑料代替传统的缓冲材料等。包装用塑料包括软性薄膜、纤维材料和刚性的成型材料等。

3. 金属

金属作为包装材料历史悠久，目前在我国和日本、欧洲等国，金属包装材料占所有包装材料的第三位，美国占第二位。金属包装材料的主要优点体现在以下方面：

（1）强度高，包装容器的壁厚可以很薄。这样的包装重量轻，强度较高，不易破损，便于储存、运输，对商品有良好的保护性。

（2）具有独特的光泽，便于印刷、装饰，且商品外表美观华丽。另外，金属箔和镀金薄膜是理想的商标材料。

（3）具有良好的综合保护性能。金属对水、气等透过率低；不透光，能有效地避免紫外线等有害影响；综合性能好，能长时间保持商品的质量，有的包装有效期可达两年之久。因此，金属材料广泛应用于罐头、饮料、粉状食品、药品等的包装。

（4）资源丰富，加工性能好。地球上铁矿石的可开采量居第一位，其次是铝。金属材料可用不同的方法加工出形状、大小各异的包装容器。

（5）生产历史悠久，工艺比较成熟，生产成本低，是近代四种主要包装材料之一。

金属材料的优点很多，但也存在一些无法避免的缺点：化学稳定性比较差，在潮湿大气下易发生锈蚀，遇酸、碱易发生腐蚀；金属及焊料中的铅、砷等易渗入食品中，污染食品；金属离子会影响食品的风味，且当金属容器采用酚醛树脂作为内壁涂料时，若加工工艺不当，还会影响食品的质量安全等，因而在包装使用上受到一定限制。实际应用中，常在钢板外镀锌、镀锡、镀铬或加涂层以提高其耐酸碱性和耐腐蚀性，但由此也促使其成本上升。因此，目前刚性金属材料主要用于制造运输包装桶、集装箱及饮料、食品和其他商品的罐、瓶、盒销售包装，另外还有少量用于加工各种瓶罐的盖底及捆扎材料等。例如，重型钢瓶、钢罐用于存放酸类液体和压缩、液化及加压溶解的气体；薄钢板桶广泛用于盛装各类食用油脂、石油和化工商品；铝和铝合金桶用于盛放酒类和各种食品；镀锌薄钢板桶主要用于盛放粉状、浆状和液体商品；铁塑复合桶用于盛放各种化工产品及腐蚀性、危险性商品；马口铁罐、镀铬钢板罐为罐头和饮料工业的重要包装容器；金属瓶、盒用于盛放饼干、奶粉、茶叶、咖啡、香烟等。软性金属材料主要用于制造软管和金属箔，如铝制软管广泛用于包装膏状化妆品、医药品、清洁用品、文化用品、食品等；铝箔多用于制造复合包装材料，用于食品、卷烟、药品、化妆品、化学品等的包装。

4．木材

木制包装是指以木材制品和人造木材板材（如胶合板、纤维板）制成的包装的统称。木材作为包装材料具有悠久的历史，我国很早就开始使用木材作为包装材料。包装木材的种类繁多，其用途也各不相同，可分为天然木材和人造木材两大类。木制包装的特点是强度高、坚固、耐压、耐冲击，化学、物理性能稳定，易于加工，不污染环境等。现在虽然出现了许多优质的包装材料，但由于木材具有很多优点，如分布广，可以就地取材，质轻且强度高，有一定的弹性，能承受冲击和震动作用，容易加工，具有很高的耐久性且价格低廉等，因此它在现今的包装工业中仍然占有很重要的地位。它目前仍是大型和重型商品运输包装的重要材料，也用于包装那些批量小、体积小、重量大、强度要求高的商品。

木材也有一些缺点，如组织结构不均匀，各向异性，易受环境温度、湿度的影响而变形、开裂、翘曲和降低强度，易腐朽、易燃、易被白蚁蛀蚀等。不过这些缺点，经过适当的处理可以得到消除或减轻。木材作为包装材料虽然具有独特的优越性，但由于森林资源的匮乏、环境保护的需要及价格高等原因，其发展潜力不大。目前，木制包装容器已逐渐减少，正在被其他包装容器所取代。木材包装材料主要有木箱、木桶、木匣、木夹板、纤维板箱、胶合板箱以及木制托盘等。木制包装一般适用于大型的或较笨重的机械、五金交电、自行车以及怕压、怕摔的仪器、仪表等商品的外包装。

5．包装用玻璃与陶瓷

玻璃与陶瓷均属于以硅酸盐为主要成分的无机材料。玻璃与陶瓷作为包装材料历史悠久，玻璃瓶也是我国传统的饮料包装容器，目前玻璃仍是现代包装的主要材料之一。

玻璃包装容器无毒、无味；透明、美观、阻隔性好、不透气，原料丰富，价格低廉，并且可以多次使用；而且具有耐热、耐压、易清洗的优点，既可高温杀菌，也可低温储藏。正是其良好的机械性能和化学稳定性以及价格较便宜、资源丰富的诸多优点，使其成为许多饮料首选的包装材料。但作为包装材料，玻璃存在着耐冲击强度低、碰撞时易破碎、自身重量大、运输成本高、内耗大等缺点，限制了玻璃的应用。目前，玻璃的强度化、轻量化技术以及复合技术已有一定发展，加强了其对包装的适应性。玻璃主要用来制造销售包装容器，如玻璃瓶和玻璃罐，广泛用于酒类、饮料、罐头食品、调味品、药品、化妆品、化学试剂、文化用品等的包装。此外，玻璃也用于制造大型运输包装容器，用来存装强酸类产品；还用来制造玻璃纤维复合袋，用于包装化工产品和矿物粉料。

陶瓷的化学稳定性与热稳定性均较佳，耐酸碱腐蚀，遮光性优异，密封性好，成本低廉，可制成缸、罐、坛、瓶等多种包装容器，广泛用于包装各种发酵食品、酱菜、腌菜、咸菜、调味品、蛋制品及化工原料等。陶瓷瓶是酒类和其他饮料的销售包装容器，，其结构造型多样，古朴典雅，釉彩和图案装潢美观，特别适用于高级名酒的包装。

6. 复合材料

复合材料包装是以两种或两种以上材料紧密复合制成的包装。多层复合软包装材料的出现是包装发展史上的重大进步。它不但改变了过去许多旧的包装概念，而且带动了包装机械、包装材料、包装技术乃至整个包装科学的重大发展。复合材料主要由塑料与纸、塑料与铝箔、塑料与铝箔和纸、塑料与玻璃、塑料与木材等材料复合制成，具有更好的机械强度和气密性、防水、防油、耐热或耐寒、容易加工等优点。功能完美、品种多样、价格低廉、适应不同产品需要的复合包装材料为今天的包装工业带来了巨大的经济效益，是现代商品包装材料的发展方向，特别适用于食品的包装。然而，多层复合材料的出现也带来了能源和材料的消耗和包装废弃物的回收等新问题。

近年来研制的多功能新型复合软包装材料就是一种便于回收的绿色包装材料。这种由无机氧化物涂覆的包装材料具有与铝蒸镀膜相同的阻隔性且透明度较好，有很好的耐破裂、耐折叠、耐化学药品及耐热性能，并便于用微波炉加热包装内的食品，它将成为铝塑复合材料的替代产品。

7. 其他包装材料

其他包装材料如用于包装的织品材料，主要是棉、麻植物纤维，以及矿物纤维和化学纤维，它们主要用于制袋和包裹商品。例如，布袋和麻袋有适宜的牢度，轻巧，使用方便，适用于盛装粮食及其制品、食盐、食糖、农副产品、化肥、化工原料、中药材等。

竹类、野生藤类、树枝类和草类等材料是来源广泛、价格低廉的天然包装材料。用它们编制成的容器具有通风、轻便、结实、造型独特等特点，适用于包装各种农副土特产品。

8.4　商品包装的方法和技术

为了有针对性地合理保护不同特性商品的质量，包装过程中需要采用各种包装技法。商品包装技法是指包装操作时所采用的技术和方法，它往往与包装设备联系在一起，有时它的完成还需要一些辅助材料和衬垫材料、防潮材料、防锈材料、包扎材料等。商品包装技法还包括包装操作中所完成的一系列工作，如置放、排列、加固、捆扎等，以及包装操作中所采用的各种技术，如缓冲、保鲜、防潮、防霉、防锈等。包装技法与包装的各种功能密切相关，特别是与保护功能关系密切。有时为了取得更好的保护效果，也将两种或两种以上技法组合使用。随着科学技术的进步，商品包装技法正在不断发展完善。商品包装技法很多，下面分别作出说明。

8.4.1　一般包装技法

针对产品不同形态，多数产品都需要考虑采用的技术和方法称为一般包装技法，通常包括以下几项：

1. 对内装物的合理置放、固定和加固

在运输包装体中装进形态各异的产品，需要具备一定的技巧。只有对产品进行合理置放、固定和加固，才能达到缩小体积、节省材料、减少损失的目的。例如，对于外形有规则的产品，要注意套装；对于薄弱的部件，要注意加固；包装内重量要注意均匀；产品与产品之间要注意隔离和固定。

2. 对松泡产品进行压缩体积

对于一些松泡产品，包装时所占用容器的容积太大，相应地也就多占用了运输空间和储存空间，增加了运输储存费用，所以对于松泡产品要压缩体积。对松泡产品进行压缩体积时，一般采用真空包装技法。

3. 外包装形状尺寸的合理选择

有的商品运输包装件需要装入集装箱，这就存在包装件与集装箱之间的尺寸配合问题。如果配合得好，就能在装箱时不出现空隙，有效地利用箱容，并有效地保护商品。包装尺寸的合理配合主要指容器底面尺寸的配合，即应采用包装模数系列。外包装高度则应由商品特点来决定，松泡商品可选高一些，沉重的商品可选低一些。包装件装入集装箱只能平放，不能立放或侧放。在外包装形状尺寸的选择中，要注意避免过高、过扁、过大、过重的包装。过高的包装会重心不稳，不易堆码；过扁的包装则给标志刷字和标志的辨认带来困难；过大的包装内装物量太多，不易销售，而且体积大也会给流通带来困难；过重的包装则纸箱容易破损。

4. 内包装形状尺寸的合理选择

内包装在选择形状尺寸时，要与外包装形状尺寸相配合，即内包装的底面尺寸必须与包装模数相协调。当然，内包装主要是作为销售包装来使用的，更重要的是要有利于商品的销售，有利于商品的展示、购买和携带。

5. 外包装的捆扎

外包装捆扎对包装起着重要的作用，有时还能起关键性作用。捆扎的直接目的是将单个物件或数个物件捆紧，以便于运输、储存和装卸。此外，捆扎能防止失窃并保护内装物，还能通过压缩容积来减少保管费和运输费，并能加固容器，一般合理的捆扎能使容器的强度增加 20%～40%。捆扎的方法有多种，一般根据包装形态、运输方式、容器强度、内装物重量等不同情况，分别采用井字、十字、双十字和平行捆等不同方法。对于体积不大的普通包装，捆扎一般在打包机上进行，而对于集合包装，用普通捆扎方法费时费力，一般采用收缩薄膜包装技术和拉伸薄膜包装技术。

8.4.2　运输包装技法

在商品运输过程中常用的包装技法有缓冲包装技法、防潮包装技法、防锈包装技法、防霉（雾）包装技法、集合包装等。

1. 缓冲包装

缓冲包装是指为了减缓商品受到的冲击和震动，确保其外形和功能完好而设计的具有缓冲减震作用的包装。一般的缓冲包装结构有三层，即内层商品、中层缓冲材料和外层包装箱。缓冲材料在外力作用时能有效地吸收能量，及时分散作用力从而保护商品。缓冲包装技法依据商品性能特点和运输装卸条件的不同分为全面缓冲法、部分缓冲法和悬浮式缓冲法三种。全面缓冲法是在商品与包装之间填满缓冲材料，对商品所有部位进行全面的缓冲保护。部分缓冲法是在商品或内包装件的局部或边角部位使用缓冲材料进行衬垫。这种方法对于某些整体性好或允许加速度较大的商品来说，既不减低缓冲效果，又能节约缓冲材料，降低包装成本。对于允许加速度小的易碎或贵重物品，为了确保安全，可以采用悬浮式缓冲法。这种方法采用坚固的容器外包装，将商品或内包装（商品与内包装之间的合理衬垫）用弹簧悬吊固着在外包装容器中心，通过弹簧缓冲作用保护商品，以求万无一失。常用的缓冲包装材料有泡沫塑料、木丝、弹簧等。发泡包装是缓冲包装的较新方法，它是通过特制的发泡设备，将能生产塑料泡沫的原料直接注入内装物与包装容器之间的空隙处，约经几十秒钟即引起化学反应，进行 50～200 倍的发泡，形成紧裹内装物的泡沫体。对于一些形体复杂或小批量的商品，这种方法最为合适。

2. 防潮包装

防潮包装是为了防止潮气侵入包装件，影响内装物质量而采取的包装方法。防潮包装设计就是防止水蒸气通过，或将水蒸气的通过减少至最低限度。一定厚度和密度的包装材料可以阻隔水蒸气的透入，其中金属和玻璃的阻隔性最佳，防潮性能较好；纸板结构松弛，阻隔性较差，但若在表面涂布防潮材料，就会具有一定的防潮性能；塑料薄膜有一定的防潮性能，但它多由无间隙、均匀连续的孔穴组成，水蒸气易在孔隙中扩散，造成其透湿的特性。塑料薄膜透湿的强弱与塑料材料有关，特别是由于加工工艺、密度和厚度的不同，其差异性较大。为了提高包装的防潮性能，可用涂布法、涂油法、涂蜡法、涂塑法等方法对包装进行处理。涂布法就是在容器内壁和外表加涂各种涂料，如在布袋、塑料编织袋内涂树脂涂料，在纸袋内涂沥青等。涂油法即为增强瓦楞纸板的防潮能力，在其表面涂上光油、清漆或虫胶漆等；涂蜡法即在瓦楞纸板表面涂蜡或楞芯渗蜡；涂塑法即在纸箱上涂以聚乙烯醇丁醛（PVB）等。还有在包装容器内盛放干燥剂（如硅胶、泡沸石、铝凝胶）等。此外，对易受潮和透油的包装，可内衬一层至多层防湿材料（如牛皮纸、柏油纸、邮封纸、上蜡纸、防油纸、铝箔和塑料薄膜等），或用一层至多层防潮材料直接包裹商品。上述方法既可单独使用，又可几种方法一起使用。

3. 防锈包装

防锈包装是为防止金属制品锈蚀而采用一定防护措施的包装方法。防锈包装可以采用在金属表面进行处理的化学防护法，如镀锌、镀锡、镀铬等，镀层不但能阻隔钢铁制品表面与大气接触，且发生电化学作用时镀层先受到腐蚀，保护了钢铁制品的表面；也可采用氧化处理（俗称发蓝）和磷化处理（俗称发黑）的化学防护法；还可采用涂油防锈、涂漆防锈和气相防锈等方法，如五金制品可在其表面涂一层防锈油，再用塑料薄膜封装。涂漆处理是对薄钢板桶和某些五金制品先进行喷砂等机械处理后涂上不同的油漆的方法。气相防锈是采用气相缓蚀剂进行防锈的方法，目前采用较多的是气相防锈纸，即将涂有缓蚀剂的一面向内包装制品，外层用石蜡纸、金属箔、塑料袋或复合材料密封包装。若包装空间过大，则可添加适量防锈纸片或粉末。此外，还可采用普通塑料袋封存、收缩或拉伸塑料薄膜封存、可剥性塑料封存和茧式防锈包装、套封式防锈包装以及充氮和干燥空气等封存法防锈。

4. 防霉包装

防霉包装是防止包装和内装物霉变而采取一定防护措施的包装方法。它除采取防潮措施外，还要对包装材料进行防霉处理。防霉包装必须根据微生物的生理特点，改善生产和控制包装储存等环境条件，达到抑制霉菌生长的目的。首先，要尽量选用耐霉腐和结构紧密的材料，如铝箔、玻璃和高密度聚乙烯塑料、聚丙烯塑料、聚酯塑料及其复合薄膜等，这些材料具有微生物不易透过的性质，有较好的防霉效能。其次，要求容器有较好的密封性，因为密封包装是防霉的重要措施，如采用泡罩、真空和充气等严密封闭的包装，既可阻隔外界潮气侵入包装，又可抑制霉菌的生长和繁殖。再次，采用药剂防霉的方法，可在生产包装材料时添加防霉剂，或用防霉剂浸渍包装容器和在包装容器内喷洒适量防霉剂，如采用多菌灵、百菌清、水杨脱苯胺、菌霉净、五氯酚钠等，用于纸与纸制品、皮革、棉麻织品、木材等包装材料的防霉。最后，还可采用气相防霉处理，主要有多聚甲醛包装、充氮包装、充二氧化碳包装等，也具有良好的防霉变效果。

8.4.3 销售包装技法

在销售包装中常见的技法一般包括泡罩包装技法（泡眼、罩壳、浅盘）、贴体包装技法、真空包装技法、充气包装技法、收缩包装技术、拉伸薄膜包装技法、无菌包装技法、保鲜剂包装技法、脱氧包装技法等。

1. 泡罩包装与贴体包装

泡罩包装是将商品封合在用透明塑料薄片形成的泡罩与底板之间的一种包装方法。贴体包装是将商品放在能透气的、用纸板或塑料薄片制成的底板上，上面覆盖加热软化的塑料薄片，通过底板抽真空，使薄片紧密包贴商品，且四周封合在底板上的一种包装方法。泡罩包装和贴体包装多用于日用小商品的包装，其特点是透明直观，保护性好，便于展销。

2. 真空包装与充气包装

真空包装是将商品装入气密性包装容器，抽去容器内部的空气，使密封后的容器内达到预定真空度的一种包装方法。这种方法一般用于高脂肪低水分的食品包装，其作用主要是排除氧气，减少或避免脂肪氧化，而且可以抑制霉菌或其他好氧微生物的生长繁殖。真空包装如用于轻纺工业品包装，能缩小包装商品体积，减少流通费用，同时还能防止虫蛀、霉变等。

充气包装是在真空包装的基础上发展起来的，它是将商品装入气密性包装容器中，用氮、二氧化氮等惰性气体置换容器中原有空气的一种包装方法。它是通过改变包装容器中的气体组成成分、降低氧气浓度的方法，达到防霉腐和保鲜的目的。充气包装主要用于肉类食品、谷物加工等食品包装，其作用是能减慢或避免食品的氧化变质，亦可防止金属包装容器由于罐内外压力不等而易发生的瘪罐问题。另外，充气包装技法还用于日用工业品的防锈和防霉包装。

3. 收缩包装

收缩包装是以收缩薄膜为包装材料，包裹在商品外面，通过适当温度加热，使薄膜受热自动收缩紧包商品的一种包装方法。收缩薄膜是一种经过特殊拉伸和冷却处理的塑料薄膜，当薄膜重新受热时，其横向和纵向产生急剧收缩，薄膜厚度增加，收缩率可达 30%～70%。这种应力重新受热后会自动消失，使薄膜在其长度和宽度方向急剧收缩，厚度增加，从而使内包装商品被紧裹，具有良好的包装效果。收缩包装具有透明、紧凑、均匀、稳固、美观的特点，同时由于密封性好，还具有防潮、防尘、防污染、防盗窃等保护作用。收缩包装适用于食品、日用工业品和纺织品的包装，特别适用于形态不规则商品的包装。

4. 拉伸薄膜包装

拉伸薄膜包装技法是在 20 世纪 70 年代开始采用的一种新的包装技术。它是依靠机械装置，在常温下将弹性薄膜围绕包装件拉伸、裹紧，最后在其末端进行封合的一种包装方法，薄膜的弹性也使集装的物件紧紧固定在一起。拉伸薄膜不需加热，所消耗能量只有收缩薄膜包装技术的 1/20。它与收缩包装技法的效果基本一样，它的特点是：采用此种包装不用加热，很适合于那些不能加热的食品的包装，如鲜肉、冷冻食品、蔬菜等；可以准确地控制裹包力，防止产品被挤碎；由于不需要加热收缩设备，可节省设备投资和设备维修费用，还可节省能源。

5. 无菌包装

无菌包装是将食品充填并密封于由复合材料制成的包装内，然后使其在短时间内保持 135℃ 左右的高温，以杀灭包装容器内细菌的包装方法。这种方法可以较好地保持鱼、肉、蔬菜等内装食品的鲜味、营养价值及色调等。无菌包装适于液体食品包装，是在罐头包装基础上发展而成的一种新技术。无菌包装是先将食品和容器分别杀菌并冷却，然后在无菌室进行包装和密封。和罐头包装相比，无菌包装的特点是：能较好地保存食品原有的营养素、色、香、味和组织状态；杀菌所需热能比罐头少 25%～50%；冷却后包装可以使用不耐热、不耐压的容器，如塑料瓶、纸板盒等，既能降低成本，又便于消费者开启。

6. 保鲜剂包装

保鲜剂包装是采用固体保鲜剂（由沸石、膨润土、活性炭、氢氧化钙等原材料按一定比例组成）或液体保鲜剂（如以椰子泊为主体的保鲜剂，以碳酸氢钠、过氧乙酸溶液、亚硫酸与酸性亚硫酸钙、复方卵磷脂和中草药提炼的 CM 为主体的保鲜剂等）对果实、蔬菜进行保鲜的一种包装方法。固体保鲜剂法是将保鲜剂装入透气小袋，封口后再装入内包装，以吸附鲜果、鲜菜散发的气体而延缓后熟过程的一种包装方法。液体保鲜剂法是采用一种鲜果浸涂液，鲜果浸后取出，表面形成一层极薄的可食用保鲜膜，既可堵塞果皮表层呼吸气孔，又可起到防止微生物侵入和隔温、保水的作用。硅气窗转运箱保鲜包装是采用塑料密封箱加盖硅气窗储运鲜果、鲜菜、鲜蛋的保鲜方法。硅气窗又称人造气窗，它在塑料箱、袋上开气窗，能较好地调节氧气、二氧化碳浓度，抑制鲜菜、果和鲜蛋的呼吸作用，延长其储存期。

7. 脱氧包装

脱氧包装又称除氧封存剂包装，即利用无机系、有机系、氢系三类脱氧剂，除去密封包装内游离态氧，降低氧气浓度，从而有效地阻止微生物的生长繁殖，起到防霉、防褐变、防虫蛀和保鲜的目的。脱氧包装适用于某些对氧气特别敏感的制品的包装。

8.5　商品包装的标志与商标

8.5.1　商品包装标志

商品包装标志是指按规定在包装上印刷、粘贴、书写的文字和数字、图形以及特定记号和说明事项等。包装标志便于识别商品，便于运输、仓储等部门工作，便于收货人收货，在保证安全储运、减少运转差错、加速商品流通方面有重要作用。

包装标志按表现形式，可分为文字标志和图形标志两种；按功能和用途的不同，又可分为运输包装标志、销售包装标志、商品环境标志和商品质量标志。

商品运输包装标志是用简单文字或图形在运输包装外面印刷的特定记号和说明条款，是商品运输、装卸和储存过程中不可缺少的辅助措施。

商品运输包装标志根据作用的不同又可分为运输标志（识别标志）、指示标志和危险品标志（或称警告标志）、国际海运标志。

1. 运输标志

商品运输标志（识别标志），又称收发货标志，是指在运输过程中识别货物的标志，也是一般贸易合同、发货单据和运输保险文件中记载的有关标志事项的基本部分。运输标志，又称唛头，通常有一个简单的几何图形和一些字母、数字及简单的文字组成，它不仅是运输过程中辨认货物的根据，而且是一般贸易合同、发货单据和运输、保险文件中记载有关标志的基本部分。其内容有商品的货号、品名、规格、色别、计量单位、数量等级等。

商品分类图形标志（FL）是按照国家统计目录分类，规定用几何图形加简单文字构成的特定符号，同时按商品类别规定用单色颜色印刷。

供货号（GH）是供应该批货物的供货清单号码（出口商品用合同号码）。

货号（HH）是商品顺序编号，以便出入库、收发货登记和核定商品价格。

品名、规格（PG）是商品名称或代号，标明单一商品的规格、型号、尺寸、花色等。

数量（SL）是包装容器内含商品的数量。

重量（ZL）是包装件的重量（千克），包括毛重和净重。

生产日期（CQ）是产品生产的年、月、日。

生产工厂（CC）是生产该产品的工厂名称。

体积（TJ）是包装件的外径尺寸，长×宽×高＝体积。

有效期限（XQ）是商品有效期至某年某月。

收货地点和单位（SH）是货物到达站、港和某单位（人）收。

发货单位（FH）是发货单位或人。

运输号码（YH）是运输单号码。

发货件数（JS）是发运的货物件数。

外贸出口商品要用中、外文对照印刷相应的标志并标明原产国别。收发货标志的具体要求在国家标准 GB 6388—1986《运输包装收发货标志》中均有明确规定，如表 8-1 所示。

表 8-1　　　　　　　　　　　　　　运输包装收发货标志内容

序号	标志内容		含　　义
	代号	中文	
1	FL	商品分类图示标志	表明商品类别的特征符号
2	GH	供货号	供应该批货物的供货清单号码
3	HH	货号	商品顺序编号

续表

序号	标志内容		含 义
	代号	中文	
4	PG	品名规格	标明商品的规格、型号等
5	SL	数量	装入包装容器内的商品数量
6	ZL	重量（毛重、净重）	包装件的重量（kg）
7	CQ	生产日期	产品生产的年、月、日
8	CC	生产工厂	生产该产品的工厂全称
9	TJ	体积	包装件外形尺寸：长（cm）×宽（cm）×高（cm）=体积（cm³）
10	SH	收货地点和单位	货物到达站、港和某单位（人）收（可用贴签或涂写）
11	FH	发货单位	发货单位（人）
12	YH	运输号码	运输单号码
13	JS	发运件数	发运的件数

2. 包装储运图示标志

包装储运图示标志又称为指示标志，是根据不同商品对物流环境的适应能力，用醒目简洁的图形或文字表明在装卸运输及储运过程中应注意的事项。根据国家标准 GB/T 191—2008《包装储运图示标志》规定，标志共分为 17 种，如表 8-2 所示。

表 8-2　　　　　　　　　　　　包装储运图示标志

1. 易碎物品 运输包装件内装易碎品，因此搬运时应小心轻放		2. 禁用手钩 搬运运输包装时禁用手钩
3. 向上 表明运输包装件的正确位置是竖直向上		4. 怕晒 表明运输包装件不能直接照射
5. 怕辐射 包装物品一旦受辐射便会完全变质或损坏		6. 怕雨 包装件怕雨淋

续表

7. 重心 表明一个单元货物的重心		8. 禁止翻滚 不能翻滚运输包装	
9. 此面禁用手推车 搬运货物时此面禁放手推车		10. 堆码层数极限 相同包装的最大堆码层数，n 表示层数极限	
11. 堆码重量极限 表明该运输包装件所能承受的最大重量极限	$\cdots kg_{max}$	12. 禁止堆码 该包装件不能堆码并且其上也不能放置其他负载	

标志1使用示例

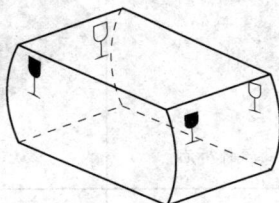

标志3使用示例

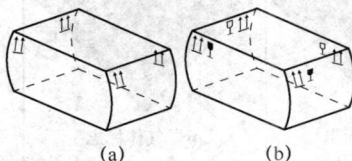

(a)   (b)

标志7使用示例

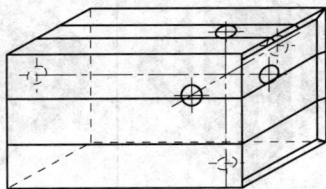

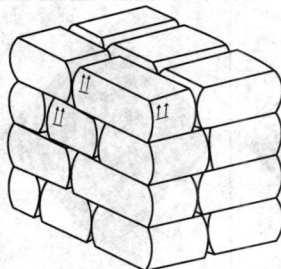

本标志应标在实际的重心位置上

3. 危险货物包装标志

危险货物包装标志是对易燃、易爆、易腐、有毒、放射性等危险性商品，起警示作用，在运输包装上加印的特殊标记，也是以文字与图形构成。国家标准 GB 190—2009《危险货物包装标志》对危险货物包装标志的图形、适用范围、颜色、尺寸、使用方法均有明确规定，如图 8-1 所示。

4. 国际海运标志

国际海事对国际海运货物规定了"国际海运危险品标志"，如图 8-2 所示。我国出口商品同时使用这套标志。

图 8-1　危险货物包装标志

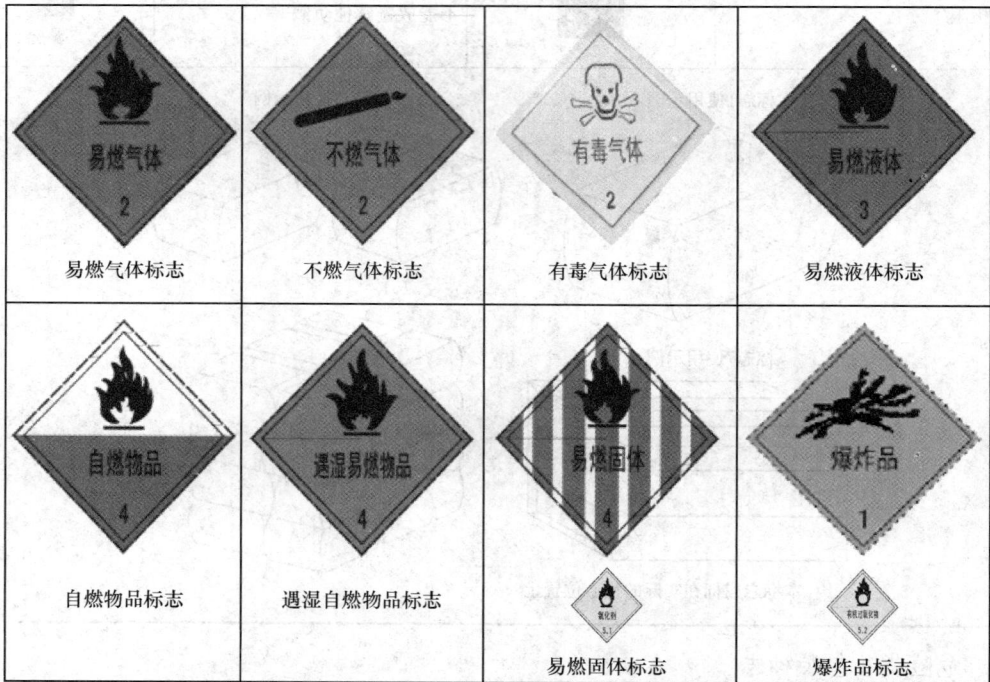

图 8-2　国际海运危险品标志

在商品运输包装上除上述标志外，有时也印有其他标志，如质量认证标志、商检标志、商品条形码等。

8.5.2　商标

商标是经营者在商品或服务项目上使用的，将自己经营的商品或提供的服务与其他经营者经营的商品区别开来的一种显著标志。它是表示商品质量和商品来源的标志，是企业信誉的象征和无形资产。在很大程度上，最后商品销售时消费者还是看重牌子。《中华人民共和国商标法》规定，经商标局核准注册的商标，包括商品商标、服务商标和集体商标、证明商标，商标注册人享有商标专用权，受法律保护，如果是驰名商标，将会获得跨类别的商标专用权法律保护。

1. 商标的概念、特征及作用

世界知识产权组织对商标的定义是：商标是用来区别某一工业或商业企业或这种企业集团的商品的标志。从定义看出：①商标的使用者是商品的生产者，经营者或劳务的提供者，而不是消费者；②标志物是商品或劳务，而不是物品；③标志是为了使不同厂商的商品或劳务能互相区别，不致产生混同，有利于市场竞争，而不是为了赠予、储备、铭志，也不是为了国家调配，管理物质而标志；④商标的组成要素，必须是文字、字母、图形或其组合图案。

商标的主要特征为：①商标是商品的标志；②商标具有排他性；③商标具有竞争性；④商标是一种具有产权意义的标志；⑤商标是具有显著特征的标志。

商标的作用为：①商标具有区别作用；②商标对商品质量具有监督保证作用；③商标具有广告宣传作用。

2013 年新修正的《中华人民共和国商标法》在规定有关商标注册事项时，也表述了我国商标的概念，即"任何能够将自然人、法人或者其他组织的商品与他人的商品区别开的标志，包括文字、图形、字母、数字、三维标志、颜色组合和声音等，以及上述要素的组合，均可以作为商标申请注册"。经商标局核准注册的商标为注册商标，包括商品商标、服务商标和集体商标、证明商标。商标注册人享有商标专有权，受法律保护。

【知识拓展】

商 标 与 品 牌

有人把商标和"品牌"混为一谈，其实品牌是一种基于被消费者认可而形成的资产。品牌（brand）一词，最早的意思是"打上烙印"。早期的人们利用这种方法来标记自己的家畜，后来也运用到手工业中。这些烙铁印记即为品牌的雏形。品牌是一个复合概念。它由品牌名称、品牌认知、品牌联想、品牌标志、品牌色彩、品牌包装及商标等要素构成。在各种品牌的定义中，菲利普·科特勒的定义最能体现品牌不同层面的含义：品牌是一种名称、名词、标记、符号或设计，或是它们的组合。运用品牌的目的是借以辨认某个销售者或某个消费者的产品或劳务，并使之同竞争者的产品和劳务区别开来。商标是指能够将不同的经营者所提供的商品或者服务区别开来，并可为视觉感知的标记。商标最为重要的特征就是必须具有显著性。商标显著性是指商标所具有的标示企业商品或服务出处并使之别于其他企业之商品或服务的属性。商标是一个法律用语，它所强调的是其法律意义，具有一定的严肃性和稳定性。

商标和品牌不能混淆使用，商标是一个法律概念，具有法律上的延续性和稳定性，更加强调权利的取得与保护；品牌永远离不开市场和消费，市场的瞬息万变与消费者的情感投入决定了品牌的灵活多变。但是，商标与品牌之间的紧密联系却不能轻易忽视，商标相较于品牌更加具有直观性，他与消费者的生活密不可分。可以说，消费者的目光所及都有商标的存在，而品牌内涵的包容性使得消费者对品牌的感知有一个积累的过程，经过时间的打造，人们才能充分感知品牌的魅力，从认知商标到感受品牌，这一过程为品牌的深入人心打开了一扇门。

2. 商标的种类

商标有很多种类，可以按照商标的结构、用途、使用等进行分类。

（1）根据商标的结构分类。

1）文字商标。文字商标是由各种文字、拼音字母、数字等单独构成的商标，如"全聚德"、"六必居"等。除商品的通用名称和法律规定禁止使用的文字外，商标使用人可根据经营需要任意选择使用文字商标。文字商标发音清晰，音节少，具有易呼易记的特点，适用于多种传播方式。

2）图形商标。图形商标是用图形构成的商标，图形商标形象生动、色彩明快，具有显著特征，不受语言的限制，易于识别，但是图形商标没有商标名称，不便呼叫，表意也不如文字商标准确。

3）记号商标。记号商标是由某种记号构成的商标。从广义上讲，图形商标也可以称是记号商标，《中华人民共和国商标法》尚未专门规定记号商标，但在实践中仍然有人使用，并获准注册。

4）组合商标。组合商标是由文字、图形或记号结合组成的商标，组合商标利用和发挥了文字商标和图形商标的特点，图文并茂，形象生动，引人注目，便于识别、呼叫，很受消费者欢迎。

（2）根据商标使用者分类。

1）制造商标。制造商标是指商品制造者在自己生产的产品上所使用的某种特定的标志。它能起到区别生产厂家的作用。我国生产企业普遍使用制造商标。

2）销售商标。销售商标是指商品销售者为了将本企业的销售业务与其他企业的销售业务区别开来，而在自己经销的商品上所使用的独特标志。此种商标常在制造商生产能力较弱，或销售商实力雄厚且享有盛誉的情况下使用。

3）服务商标。服务商标是指金融、铁路、航空、邮电、旅馆等服务行业把自己的服务业务同他人的服务业务区别开来而使用的标记。

4）集体商标。集体商标是指属于一个组织（商会、协会）所有，由其成员共同使用的商标，该组织对其成员规定了商品的标准，使用集体商标的所有企业的商品必须具有共同的质量特征，借以维护该集体商标的信誉，集体商标不能转让。

（3）根据商标用途分类。

1）营业商标。营业商标是以生产或经营企业的名称、标记作为商标。例如，"盛锡福"帽店、"亨得利"钟表店等都是以企业名称作为商标申请注册。

2）等级商标。等级商标是某一企业生产的同类商品，因其规格质量标准不同而使用不同的商标，以区别商品的等级，从而树立不同的品牌形象。例如，联合利华作为一家本地化的跨国公司，其洗涤用品有力士、阳光及伞等品牌；联合利华全球的品牌，有立顿、四季宝、家乐牌、和路雪、力士、旁氏和奥妙等；同时运用国际标准，使中国本土的品牌，如夏士莲、中华牙膏、京华茶叶、老蔡酱油和蔓登琳冰淇淋等产品永葆青春。

3）证明商标。证明商标是证明商品达到一定质量水平的标志，通常为具有一定权威的社会团体所有，准许那些原料、制作工艺、质量、精确度、安全性等方面达到该组织规定标准的企业，在其商品上使用的特定标志。国际上最著名的"纯羊毛标志"就是国际羊毛局的证明标志。

4）防御商标。防御商标是为了防止他人侵犯而申请使用的一系列与自己名牌商标相雷同而又相互联合的商标。例如，国外一家食品商，因"乐口福"商标享有盛名，而又申请注册了"乐福口"、"口福乐"、"福口乐"、"福乐口"等商标，形成一道防护墙，使他人无法侵犯。

3．商标管理

《中华人民共和国商标法》第 8 条商标不得使用下列文字、图形：

（1）同外国的国家名称、国徽、军旗相同或者近似的，禁用为商标。

1）任何种类文字的商标与外国国名的全称、简称、缩写相同或近似的，均视为与外国国名相同。但外国国名的旧称已不作为国名使用的，不受此限。

2）组合商标的文字含外国国名的，视为与外国国名近似。例如，美丽的英国作为标志时即属此类情况。

3）商标的图形与外国的国旗、国徽、军旗相同或者近似的，禁止注册。但商标图形有其他含义的不受此限制。

（2）同政府间国际组织的旗帜、徽记、名称相同的或者近似的，禁用为商标。

但政府间国际组织的缩写或其标志有其他含义的不受此限制。

（3）同"红十字"、"红新月"的标志，名称相同或者近似的但商标明显有其他含义的不受此限。

（4）带有民族歧视性的文字或图形禁用为商标。

该条款的规定是为了维护各民族的尊严，体现中华人民共和国民族团结和世界各民族一律平等的原则。商标本身构成带有民族歧视性的，或者在特定的商品、服务上产生民族歧视性的，禁用为商标。

1）商标的文字、图标及其组合伤害民族形象或者民族尊严的。

2）商标用在特定的商品上，产生民族歧视的。但不产生民族歧视性的不受此限。

（5）夸大宣传并带有欺骗性的文字或图形禁用为商标的文字、图形或者其组合夸大宣传其使用商品、服务的质量、主要原料功能、用途、重量、数量及其他特点的，并带有欺骗性的，禁用为商标。但夸张并不带有欺骗性的，不受此限。

🌱【本章小结】

商品包装是指在流通过程中保护商品，方便运输，促进销售，按一定的技术方法而采用的容器、材料及辅助等的总体名称。商品包装的功能为保护商品质量安全与数量完整；便于商品流通，方便消费；美化商品，促进销售；使商品的价值和使用价值增值，节约费用。商品包装种类繁多，重点介绍最常见的，也是主要的包装种类，即运输包装和销售包装。常用的运输包装形式主要有：箱型包装、桶型包装、袋型包装、集合包装。销售包装又称小包装，是用于直接盛装商品并同商品一起出售给消费者的小型包装。包装材料是指用于制造包装容器和包装运输、包装装潢、包装印刷、包装辅助材料以及包装有关材料的总称。现代包装材料包括纸材、塑料、金属、辅复合材料、玻璃、木材等主要包装材料，以及黏合剂、涂料、油墨、缓冲材料、封缄和捆扎材料等辅助包装材料。为了有针对性地合理保护不同特性商品的质量，包装过程中需要采用各种包装技法。商品包装技法是指包装操作时所采用的技术和方法，它往往与包装设备联系在一起，有时它的完成还需要一些辅助材料和衬垫材料、防潮材料、防锈材料、包扎材料等。商品包装标志是指按规定在包装上印刷、粘贴、书写的文字和数字、图形以及特定记号和说明事项等。包装标志便于识别商品，便于运输、仓储等部门工作，便于收货人收货，在保证安全储运，减少运转差错，加速商品流通方面有重要作用。

🎧【案例分析】

山姆森玻璃瓶——一个价值600万美元的玻璃瓶

说起可口可乐的玻璃瓶包装，至今仍为人们所称道。1898年，鲁特玻璃公司一位年轻的工人亚历山大·山姆森在同女友约会时，发现女友穿着一套筒型连衣裙，显得臀部突出，腰部和腿部纤细，非常好看。约会结束后，他突发灵感，根据女友穿的这套裙子的形象设计出一个玻璃瓶。经过反复的修改，亚历山大·山姆森不仅将瓶子设计得非常美观，很像一位亭亭玉立的少女，他还把瓶子的容量设计成刚好一杯水大小。瓶子试制出来之后，大众交口称赞。有经营意识的亚历山大·山姆森立即到专利局申请专利。

当时，可口可乐的决策者坎德勒在市场上看到了亚历山大·山姆森设计的玻璃瓶后，认为非常适合作为可口可乐的包装。于是他主动向亚历山大·山姆森提出购买这个瓶子的专利。经过一番讨价还价，最后可口可乐公司以600万美元的天价买下此专利。要知道在100多年前，600万美元可是一项巨大的投资。然而实践证明可口可乐公司这一决策是非常成功的。

亚历山大·山姆森设计的瓶子不仅美观，而且使用非常安全，易握不易滑落。更令人叫绝的是，其瓶型的中下部是扭纹型的，如同少女所穿的条纹裙子；而瓶子的中段则圆满丰硕，如同少女的臀部。此外，由于瓶子的结构是中大下小，当它盛装可口可乐时，给人的感觉是分量很多的。采用亚历山大·山姆森设计的玻璃瓶作为包装以后，可口可乐的销量飞速增长，在两年的时间内，销量翻了一倍。从此，采用山姆森玻璃瓶作为包装的可口可乐开始畅销美国，并迅速风靡世界。600万美元的投入，为可口可乐公司带来了数以亿计的回报。

问题：

为什么山姆森设计的玻璃瓶会卖到600万美元？600万美元的投入，为可口可乐公司带来了数以亿计的回报，这说明了什么问题？

🧊【理论考察】

1. 单项选择题

（1）包装标志按表现形式，可分为文字标志和（   ）标志两种。

   A. 字母   B. 符号   C. 图形   D. 数字

（2）按功能和用途的不同，标志分类中不包括（   ）。

   A. 运输包装标志   B. 销售包装标志   C. 商品环境标志   D. 商品数量标志

（3）GH 标志的含义是（   ）。

   A. 供货号   B. 货号   C. 品名规格   D. 数量

（4）FH 标志的含义（   ）。

   A. 发运件数   B. 发货单位   C. 运输号码   D. 生产工厂

2. 多项选择题

（1）常用的运输包装形式主要有（   ）。

   A. 箱型包装   B. 桶型包装   C. 袋型包装   D. 集合包装

（2）用于包装的织品材料，主要是棉、麻植物纤维，以及矿物纤维和化学纤维，它们主要用于（　　）商品。

     A．捆绑　　　　　　B．提拉　　　　　　C．制袋　　　　　　D．包裹

（3）根据使用者分类，商标可分为（　　）。

     A．制造商标　　　　B．销售商标　　　　C．服务商标　　　　D．集体商标

（4）针对产品不同形态，多数产品都需要考虑采用的（　　）称为一般包装技法。

     A．材料　　　　　　B．技术　　　　　　C．方法　　　　　　D．特性

（5）根据用途分类，商标可分为（　　）。

     A．营业商标　　　　B．等级商标　　　　C．证明商标　　　　D．防御商标

3．判断题

（1）包装是为在流通过程中保护产品，方便储运，促进销售，按一定的技术方法而采用的容器、材料及辅助物等的总名称。　　　　　　　　　　　　　　　　　　　　（　　）

（2）商品运输包装标志是用简单文字或符号在运输包装外面印刷的特定记号和说明条款，是商品运输、装卸和储存过程中不可缺少的辅助措施。　　　　　　　　　　　　（　　）

（3）商品运输包装标志根据作用的不同又可分为运输标志（识别标志）、指示标志和危险品标志（或称警告标志）、国际海运标志。　　　　　　　　　　　　　　　　（　　）

（4）"YH"表示的含义是发运件数。　　　　　　　　　　　　　　　　　　　（　　）

（5）"TJ"表示的含义是体积。　　　　　　　　　　　　　　　　　　　　　（　　）

4．简答题

（1）简要介绍几种流行的销售包装款式。

（2）从现代包装的功能来看，包装材料应具有哪些方面的性能？

（3）商标的作用有哪些？

5．论述题

论述商品包装的功能

【同步实务】

设计液态奶包装

实务描述：

根据本章所学知识，为液态奶设计一款包装，加强学生的商品包装知识。

实务分析：

（1）液态奶的具有哪些特性；

（2）商品包装对液态奶所起到的功能；

（3）对液态奶包装的方法和技术的采用。

实务要求：

每个小组根据以上六个内容，为液态奶设计一个合适的包装。

（1）设计的包装要能适合液态奶的特性。

（2）实施查阅相关资源，每个学生都要参与商品包装的设计过程，态度积极认真。

（3）针对所选的包装进行讲解，包装的制作要符合要求，并能对包装选择的原因地讲解。

实务步骤：

（1）学生分组，每组 6～8 人，选出小组长，分工明确；

（2）各个小组按计划进行前期准备工作，收集和整理实物材料和文字资料。

（3）在充分掌握有关信息的基础上，小组成员集中分析讨论，进行包装选材和设计。

（4）各小组中抽选一名学生作为评委，成立评委组，设计评分表格。

（5）全班学生集中，各小组选出代表，展示所设计的包装。

（6）评委组根据评分标准对各小组调查情况进行评比、打分。

（7）指导教师作为整个活动的组织者、观察者、记录者，对各小组表现进行总结。

实务评价：

填写评分表（表 8-3）。

表 8-3　　　　　　　　　　　　　　评　分　表

学生姓名	自评得分	小组评分	教师评分	总分

注：① 每人总分为 100 分；

　　② 学生自评满分为 20 分，小组评分满分为 30 分，教师评分满分为 50 分；

　　③ 三项分数相加为学生本次实务的最后得分。

第9章 商品储运与养护

学习目标

1. 理论目标

了解商品储运与养护的概念和意义；

理解商品质量的物理变化、机械变化、化学变化以及生物学变化；

明确商品运输的原则与基本要求。

2. 实务目标

能够运用所学的储运知识进行储运管理工作；

能够运用各种养护技术对商品进行维护保养。

导入案例

农产品冷链运输面临的风险

2010年，国家发展改革委在《农产品冷链物流发展规划》中指出，农产品冷链物流是指肉、禽、水产、蔬菜、水果、蛋等生鲜农产品从产地采收（或屠宰、捕捞）后,在产品加工、贮藏、运输、分销、零售等环节始终处于适宜的低温控制环境下,最大程度地保证产品品质和质量安全、减少损耗、防止污染的特殊供应链系统。为了促进农民增收，保障农产品品质和消费安全，我国农产品冷链物流的标准和规范逐步完善，致力于打造管理规范、设施先进、网络健全、全程可控的一体化冷链物流服务体系。尽管农产品在冷链流通中最大程度地保障了产品的品质和质量安全，但由于影响因素众多，仍然会发生质量风险。分析各种风险来源，并加以归纳、总结，可以发现农产品冷链质量安全风险主要包括运作风险、设施设备风险、技术风险、管理风险和意外风险。

1. 运作风险

运作风险是指冷链工作流程中，由具体的操作所引起的风险。农产品在冷链流通中主要的作业内容包括运输、装卸搬运、盘点、存储、采收（屠宰或捕捞）、流通加工这六个方面，因此运作风险也主要由这六个方面的相关指标来衡量。它主要由运输损失率、装卸搬运损失率、盘点损失率、存储损失率、采收（屠宰或捕捞）损失率、加工损失率等方面反映。

2. 设施设备风险

设施设备风险是指由于设施设备选取或使用不当而给农产品冷链质量安全带来的风险。设施设备的科学合理运用，是农产品质量保障的关键所在。该风险主要包括运输工具风险、装卸搬运设备风险、温控设备风险、检测设备风险、陈列销售设备风险、监控追溯系统风险等。

3. 技术风险

技术风险是指由于技术不成熟，使用不熟练，及技术落后而带来的风险。技术是维持农产品在低温环境下正常运作的重要保证，它主要包括保险技术、包装技术、冷冻和冷藏技术。因此技术风险主要包括保险技术风险、包装技术风险、冷冻技术风险和冷藏技术风险。

4. 管理风险

管理风险是指在农产品冷链的整个过程中，由于管理缺陷或漏洞而给农产品质量安全带来危害的风险。衡量的标准主要有管理机制科学性、标准体系的完善程度、员工的敬业程度。

5. 意外风险

意外风险是指由于自然灾害或者交通意外，而给农产品冷链流通带来的意外损失。衡量指标包括自然灾害发生率和交通意外发生率。

通过对农产品冷链运输的风险分析可以发现，商品的储运知识对于产品安全尤为重要，因此，要努力掌握商品储运与养护的知识。

9.1　商品储运与养护概述

9.1.1　商品储运

1. 商品储运的概念

商品储运是商品储存和商品运输的总称。它是连接商品生产和商品消费的桥梁，也是商品流通中的两个重要环节。

（1）商品储存的概念。

商品储存是商品在生产、流通领域，为实现销售目的而进行的暂时停留和存放。商品储存与商品流通相伴而行，它是商品流通中不可缺少的中间环节，是商品收购和商品销售的根本保证。

商品储存是商业企业的重要职能之一，是企业内部进行商品管理和营销管理的可控因素，它的根本任务是存储保管、数量管理、质量管理、流通调控，并利用商品在仓库的存放来开发和开展多种服务，进而提高商品的附加价值、促进商品流通、提高社会经济效益。随着社会经济的不断发展，商品储存还衍生了一些新的业务，如交易中介、流通加工、配送、配载等。

在商品储存过程中，因商品的性质特点、价格高低的差异，对停留、存放场所的条件有着不同的要求，可根据仓库建筑结构和保管条件分别储存在不同的场所，如库房、货棚、货场等。

（2）商品运输的概念。

国家标准 GB/T 18354—2006《物流术语》对运输的定义是"用运输设备将物品从一地点向另一地点运送。其中包括集货、分配、搬运、中转、装入、卸下、分散等一系列操作"。

商品运输是指借助于各种运输工具，实现产品由生产地运送到消费地的空间位置的转移。企业在商品运输的过程中，应选择最适合的运输方式、确定合理的运输数量、规划合理的运输线路，尽可能防止或减少商品的损毁。

2. 商品储运的意义

（1）协调产销地域矛盾。

商品的生产和消费通常是在异地进行的，通过商品的储存和运输可以解决商品在生产和消费地域上的不一致。例如，黑龙江五常大米、青岛海尔产品、哈尔滨红肠等，都是通过运输和储运环节来实现商品的位置转移，产品销往全国各地，解决了产销的地域矛盾，从而有效地满足市场需求，促进企业产品生产和流通。

（2）协调产销时间矛盾。

商品生产和消费并不是同时进行的，它们有着各自特定的周期，商品储运可以协调商品生产与销售之间的时间矛盾。由于商品生产和商品销售的时间往往是不一致的，经常会出现供销脱节引起价格波动的现象，这就要求企业对其加以控制和调节，而通过商品的储存和运输恰好可以解决这些实际问题。例如，空调、风扇、雨伞等是常年生产、季节性消费的商品，需要通过储运来实现季节性供应的目的，以满足较集中的商品需求；水果、粮食等是季节性生产、常年消费的商品，通过储运可以保证四季均衡供应；香皂、牙膏、碗、盆等日用品是常年生产、常年消费的商品，也存在产销时间不一致的现象，仍需要进行商品储运加以调节；清明节上市的青团、中秋节畅销的月饼等是季节性生产、季节性消费的商品，但生产和销售的季节通常不一致，因此需要通过储运来协调时间矛盾。

（3）协调市场供求矛盾。

在商品流通的过程中，通过商品储运不仅可以协调产销的地域和时间的矛盾，还可以协调市场供求之间的矛盾。因为在商品储运的过程中，只有积极地做好商品储存和运输工作，才可以保证商品货源充足，保持必要的商品数量和花色品种，进而保证市场供应，满足各种消费需求。进行储存性收购和安全运输，不仅可以保证商品货源充足，同时也能够支持生产不间断进行，避免出现市场供求关系紧张的状况，有利于社会安定。

（4）有利于开拓商品市场。

随着现代科学技术的进步，商品储存和运输的技术也在不断更新。储存的方法越来越科学合理，运输的方式不断增多，技术不断完善，进而提高商品储运的效率、降低成本，扩大了商品存储和运输的范围，从而有利于商品开拓新的市场；而成本的降低，可以使商品具有价格优势，从而提高商品的竞争力。

9.1.2 商品养护的概念和意义

1. 商品养护的概念

商品养护是指在储存和运输过程中对商品所进行的保养和质量维护。从广义上说，商品从离开生产领域而未进入消费领域之前这段时间的保养与维护工作，都被称为商品养护。

商品养护的基本目的是研究商品在储运过程中受内外因素的影响、质量发生变化规律和安全储存商品的科学养护方法，以控制不利因素，创造良好的储运环境及条件，从而保证商品的质量，避免和减少商品损耗。

商品养护的基本任务是对储运的商品，根据其数量、质量变化、危害程度、季节变化等，按轻重缓急分别研制相应的技术和措施，使商品质量不发生变化。因此，商品储运是养护的物质前提，商品养护是储运的必要条件。

2. 商品养护的意义

任何商品的质量只能在一定条件下和一定时期内保持相对稳定。商品储存和运输的条件和技术等的差异，会引起商品发生不同程度的质量变化。不同商品的化学成分和物理结构的不同，决定着它们的自然属性不同，各种商品的自然属性会随着时间的改变而发生变化，也都会发生不同程度的质量变化。进行商品养护，可以减缓储运商品质量变化的进程，避免和减少商品损失。因此，商品养护是商品储运过程中必不可少的重要环节，是保证储运商品质量完好、数量完整、有效延长商品安全储存期限和流通时间的重要手段，同时也是直接降低商品流通费用、充分实现商品价值、满足人们对商品多样化需要的一项重要工作。中国商品养护的方针是"以防为主，防治结合"。商品养护工作概括起来，就是对商品进行质量变化的预防和治理，防和治是商品养护不可缺少的两个方面。

👑【知识拓展】

柑 橘 的 储 藏

柑橘采收后在贮藏过程中，可发生 20 多种病害，其中传染性病害有青霉病、绿霉病、黑腐病、焦腐病、炭疽病等，生理病害有水肿病、褐斑病等。

引起柑橘贮藏期病害的病原菌，大多数属于寄生性较弱的真菌，这些病菌侵入果实，一般需通过果皮上的各种伤口，因此，在采收、运输及贮藏过程中，如措施不当使果实受伤，会增加发病机会。因此，要减少贮藏期间病害的发生，必须采取下列防治措施：

（1）防止果实受伤。在采收及贮运期间防止果实遭受机械损伤。适时采果、适当提早采收能预防多种贮藏病害的发生。在下雨时、雨后、重雾或露水未干时不要采果。

（2）果实采收前 10 天左右对树冠果实喷药，以减少果实带病。可喷 70%甲基托布津可湿性粉剂 1200～1500 倍液或 50%多菌灵可湿性粉剂 1000 倍液。

（3）药剂浸果处理。目前用来浸果最好的防治药物是抑霉唑，可以克服对多菌灵和苯莱特产生抗药性的青霉菌和绿霉菌。用 75%抑霉唑 700 倍液加 0.02%2,4-D 处理果实，不但可以预防青绿霉引起的果腐，对黑腐病、蒂腐病和酸腐病等均有较好的防治效果。或用 30%特克多 300 倍液加 75%抑霉唑 700 倍液加 0.02%2,4-D 浸果，除对上述病害有较好的防治效果外，对炭疽病也有很好的防治效果，果实采收后马上进行处理，效果会更好。

（4）单果包装贮藏。采用单果包装比用大袋包装的效果好，用塑料薄膜单果包装比用纸单果包装效果好。用农用聚氯乙烯薄膜比聚乙烯薄膜包装效果好。

（5）贮藏库消毒。果实进库前，库房要进行熏蒸，每立方米用硫黄粉 5～10 克或用福尔马林 1:40 倍液，每立方米 30～50 毫升，密闭熏蒸 3～4 天，待药气散后方可入库贮藏。

（6）控制库房温度和湿度。柑橘一般要求 3～4℃，相对湿度 80%～85%，并注意适当通风换气。

9.2　商品的质量变化

商品在储运的过程中，由于自身各方面（如成分、结构、性质等）原因，以及储运环境等各种因素的影响，经常会发生商品质量损失和数量损耗。这些商品质量和数量的变化归纳起来主要有物理变化、机械变化、化学变化以及生物学变化等。

9.2.1　商品的物理变化

物理变化是指改变物质本身的外表形态，不改变其本质，没有新物质生成的质量变化现象。商品的物理变化主要有溶化、熔化、挥发、渗漏、串味、干缩裂、沉淀、玷污等。

1. 溶化

溶化是指某些兼有较强吸湿性和水溶性的固体商品，在潮湿空气或环境中，吸收水分达到一定程度时溶解为液体的现象。商品溶化与空气温度、湿度及商品的堆码高度有密切关系。当商品的吸湿性或水溶性越强、储存环境的温度或相对湿度越高、商品与空气接触的表面积越大的时候，该商品越容易溶化，从而导致商品流失。对易溶化的商品应注意吸湿造成表面液化后，在空气变干燥时，表面水分逐渐蒸发而引起商品变成硬块，进而导致商品质量下降的情况。因此，这类商品应贮存在干燥、凉爽、通风的环境中，不与水分含量较大的商品同时存放，并限制堆码高度，以防止压力过大而加速溶化流失，同时还要注意对这类商品在储运期间防潮包装受损情况的检查和处理。常见易溶化的商品有尿素、糖果、食盐、明矾、氯化镁、硝酸铵等。

2. 熔化

熔化是指某些熔点较低的固体商品在温度较高时，发生软化变形甚至熔融为液体的现象。商品的熔化与商品本身的熔点、商品中杂质的种类和含量高低等内在因素密切相关，同时还受阳光直射或储运环境气温等外在因素的影响。熔点越低、杂质含量越高、阳光直射强度越大、储运环境气温越高，商品越容易熔化。商品熔化会造成商品软化变形、粘连包装、玷污其他商品、商品流失等，给企业带来巨大的经济损失。在储运过程中，针对这类商品通常可采用密封和隔热措施，选择阴凉通风的库房储存，防止日光照射，加强库房的温度管理等。常见易熔化的商品有香脂、发蜡、蛤蜊油、蜡烛、松香、石蜡、膏药等。

3. 挥发

挥发是指某些液体商品、经液化的气体商品、固体商品在空气中迅速蒸发、升华的气化现象。商品挥发主要受气温、空气流动速度、液体表面与空气接触的面积及商品挥发成分沸点等因素的影响。商品的储运温度越高、空气流通速度越快、与空气接触的表面积大、挥发成分沸点越低，商品越容易挥发，商品的损耗较大、质量下降，情况严重时还会引发火灾或爆炸事故。因此，应采取一定的技术和措施防止商品挥发，主要措施有加强包装密封性、控制仓库温度、保持较低温度条件下储存等。常见易挥发的商品有涂改液、印刷油墨、酒精、白酒、香精、乙醚、丙酮、花露水、香水、化学试、液化甲烷、液氨等。

4. 渗漏

渗漏是指液体商品由于包装容器密封不严、包装材料质量不符合商品性能的要求、内装液体受热或结冰发生膨胀或在搬运装卸时碰撞震动破坏了包装等原因而使包装破裂所发生跑、冒、滴、漏的现象。渗漏会造成商品数量的直接损失，或对其他商品的储运环境造成污染，引起商品质量下降。因此，应加强商品的交接验收、储存检查以及储运环境温、湿度的控制和管理。

5. 串味

串味是指某些具有吸附性能的商品吸附其他物品的特异气味，从而改变本来气味的现象。具有吸附性、易串味的商品，主要是它的成分中含有胶体物质，以及疏松、多孔性的组织结构，应将其密封包装或单独存放，注意运输和储存环境的清洁卫生。影响商品串味的主要因素有商品表面状况、与异味物质接触面积的大小、接触时间的长短，以及环境中异味的浓度等。常见的易串味商品有煤油、樟脑、咸鱼、农药、食糖、茶叶、卷烟、卫生球、肥皂、化妆品等。

6. 干缩裂

干缩裂是指某些商品失去所含正常水分后发生的干缩、脆裂现象。绝大多数商品都有安全水分要求，为防止商品干缩裂造成的质量和数量损失，这类商品需要储存在避免日晒、风吹的场所，注意控制环境的相对湿度，使其含水量保持在合理的范围内。常见易发生干缩裂现象的商品有糕点、卷烟、乐器、木制品、纸张、皮革制品等。

7. 沉淀

沉淀是指含有胶质和易挥发成分的商品，在低温或高温等因素影响下，引起部分物质的凝固，进而发生沉淀或膏体分离的现象。对于易产生沉淀的商品，应做好防止阳光照射、温度控制等工作。常见易沉淀的商品有墨汁、雪花膏、果酒、果汁等。

8. 玷污

玷污是指商品外表沾有其他脏物或染有其他污秽的现象。商品玷污现象的发生，通常是由生产、储运过程中卫生条件不佳及包装不严等原因引起的，因此在商品生产、储运的过程中，应注意环境卫生的清洁、包装的密封等事项。易发生玷污的商品有绸缎呢绒、针织品、服装、精密仪器、仪表。

9.2.2　商品的机械变化

商品的机械变化是指商品在外力作用下所发生的形体变化，又称机械损伤或机械破损。例如，商品在碰撞、挤压等不同外力的作用下，会使玻璃和陶瓷制品破裂、搪瓷制品掉瓷、金属壳体凹瘪、塑料制品变形、粉状商品因包装强度降低或包装不严密而脱落散开等，都是机械性变化。商品一旦发生机械变化，就会丧失其原有的商业价值，因此在搬运、堆码过程中，对于容易发生破碎和变形的商品，要注意妥善包装，轻拿轻放，在库堆垛高度不能超过一定的压力限度。

9.2.3　商品的化学变化

商品的化学变化是指不仅改变了商品的外表形态和商品的本质，并且有新物质生成，且不能恢复原状的变化现象。严重的化学变化会使商品失去使用价值，进而影响其经济价值。商品的化学变化形式，主要有氧化、分解、水解、腐蚀和老化等。

1. 氧化

氧化是商品与空气中的氧或其他氧化性物质接触时所发生的与氧结合的化学变化。商品发生氧化，不仅会降低商品的质量，有的还会在氧化过程中产生热量，发生自燃，引起火灾甚至爆炸事故。因此，要加强对易氧化商品的储运管理，尽量避免与氧接触，将其储存在干燥、通风、散热、避光和低温的库房。常见易发生氧化的商品有油脂类食品、金属制品、橡胶制品、某些化工原料和棉、麻、丝等纤维制品。

2. 分解

分解是指某些化学性质不稳定的商品，在光、热、酸、碱及潮湿的空气作用下，变成两种或两种以上物质的化学变化。商品发生分解反应后，不仅使其数量减少、质量劣变，有的还会在反应过程中产生一定的热量和可燃气体，而引起事故。例如，具有漂白或杀菌作用的双氧水，在常温下分解缓慢，但在高温下则迅速分解为氧气和水而失去效用。因此，对易于分解的商品，在储运过程中应注意其对环境条件的要求，根据不同商品的特性进行储运，避免分解现象的发生。

3. 水解

水解是指某些商品在一定条件下，与水作用所发生的复分解反应的现象。对于易发生水解的商品，在生产、储运过程中应注意外部环境条件的变化和包装材料的酸碱性，尤其不能与酸或碱性商品同库储存，以防止商品发生水解。例如，棉纤维在酸性溶液中容易发生水解，在碱性溶液中却比较稳定，这就是棉纤维怕酸而耐碱的原因。

4. 腐蚀

腐蚀又称金属腐蚀，是指以金属为材料的商品与周围环境（主要是空气）发生化学反应或电化学反应而引起的商品破坏现象，分为湿腐蚀和干腐蚀两类。湿腐蚀指金属在有水存在下的腐蚀，干腐蚀则指在无液态水存在下的干气体中的腐蚀。在潮湿环境中，金属制品的表面因吸附水蒸气形成水膜，并溶解空气中的二氧化碳、二氧化硫等气体和水溶沾附物（盐类等）于其中，成为具有导电性的电解液薄层，由于电解液中某些成分的电位较高成为正极，金属的电位较低成为负极而引起电化学反应，使金属因其离子不断进入电解液而被溶解，最后在金属制品表面造成不规则的溃疡、斑点、凹洞，并且不断向里深入腐蚀。在高温气体中，金属表面产生一层氧化膜，膜的性质和生长规律决定金属的耐腐蚀性。因此，金属类商品在储运过程中，应注意对环境的温度、湿度及有害气体控制，并保持金属商品的表面光洁。

5. 老化

老化是指以高分子有机物为主要成分的商品，在日光、氧气、热等因素的作用下，失去原有优良性能，以致最后丧失使用价值的化学变化。商品发生老化后，化学结构遭受破坏、物理性能发生改变，机械性能降低，出现变硬发脆、变软发黏等现象，从而使商品失去使用价值。因此，对易发生老化的商品在储运过程中，应注意防止日光照射和高温，堆码不宜过高、避免重压。常见易老化的商品有橡胶、塑料、合成纤维等。

9.2.4　商品的生物学变化

商品的生物学变化主要有生理生化变化、霉腐变化以及虫蛀、鼠咬等。

1. 生理生化变化

（1）呼吸。

呼吸是动植物体的一种生命现象，是为了延续动植物体生命而进行新陈代谢的一种生理活动。呼吸在不同的环境条件下，可分为有氧呼吸和无氧呼吸。有氧呼吸是动植物鲜活商品为了维持生命的需要，与吸入的氧发生反应，这种反应消耗商品的营养物质，并产生二氧化碳、水和热量。在缺氧条件下，动物会窒息而亡，植物则可以进行无氧呼吸，产生乙醇、中间产物（如乙醛）、二氧化碳和热量，这些醇、醛类的产生和积累，可使植物细胞组织中毒，并出现生理病害直至腐烂。不论是有氧呼吸还是无氧呼吸，都要消耗营养物质，降低商品的质量。因此，对鲜活商品的储运应创造条件，保证其正常的呼吸作用，维持基本生理活动，使其本身具有一定的抗病性和耐储性。冷链运输就是一种非常好的运输方式，可以延长鲜活产品的寿命，保证其品质不易改变。

（2）发芽。

发芽是有机体商品在适宜条件下，冲破"休眠"状态，继续生长的一种生理活动。发芽消耗了商品大量的营养物质，使组织粗老或空心、失去原有鲜嫩品质，不仅降低了商品的质量，并且不耐储存。对这类商品的储运应防止光照，温度应低于 5℃。例如，马铃薯、大蒜、洋葱、白菜等都是容易发芽的商品，因大量的营养成分转向新生的芽或花茎，使其营养成分遭到破坏。

（3）后熟。

后熟是指植物的果实在脱离母体后，生理活动仍在继续，并使果实逐渐成熟的生化变化过程。瓜果、蔬菜等的后熟作用，能改进色泽、香气、口味以及适口的硬脆度等食用性能，但当后熟作用完成后，这些商品很容易发生腐烂变质，难以继续储藏，甚至失去食用价值。为了降低这些果蔬商品由于后熟作用而造成的损耗和损失，需要在成熟前进行采摘，并储存在低温和适当通风的环境里，以延长其后熟期，达到延长储藏期、均衡上市的目的。

2. 霉腐变化

霉腐是商品在霉腐微生物作用下所发生的霉变和腐败现象。常见的霉腐变化主要有霉变、发酵、腐败等。

（1）霉变。

霉变是指由于霉菌在商品上生长繁殖而导致商品变质的现象。霉菌可以寄生在许多商品上，吸取它的营养物质并排泄废物，使其污染着色、成分分解、产生难闻霉味及毒素，质量受到不同程度破坏，严重时会出现变糟、发脆、强度降低等现象。商品一旦发生霉变就会影响其使用价值，给企业和顾客带来直接经济损失。易发生霉变的商品有粮食、食品、水果、蔬菜、茶叶、卷烟、纸张、皮革制品、纺织品、服装、鞋帽等。

（2）发酵。

发酵是指储运的食品商品由于受到空气中野生酵母、细菌等微生物的作用，而发生糖类、蛋白质等成分分解的变质现象。食品在储运过程中，一旦发酵就会破坏其原有的有益成分，失去原有风味，并且会产生不良气味或有害人体健康的物质。常见的发酵有酒精发酵、醋酸发酵、乳酸发酵、酪酸发酵等。

（3）腐败。

腐败是指由于腐败细菌作用于富含蛋白质的食品商品，使食品中蛋白质分解的变质现象。腐败使这类食品分解，产生酸味、臭味、毒素等其他有害物质，所以腐败是食品的一种严重变质现象，一旦发生，会使其不能食用，失去原有价值。易腐败的食品有面包、畜肉、禽肉、鱼类、贝类、鲜蛋以及豆制品等。商品本身具有糖类、蛋白质等营养成分是其发生霉腐变化的内因，在储运环境中存在霉菌、某些细菌等霉腐微生物，并具有适合这些微生物生长繁殖的环境条件是其发生霉腐变化的外因。因此，这些易发生霉腐变化的商品，应储存在低温、低氧、相对湿度低于 65% 的环境中。

3. 虫蛀、鼠咬

库房害虫是指适应库房环境，在其内完成生活史主要阶段，以库存商品为主要蛀食及为害对象的一类害虫。库房害虫的种类繁多，繁殖能力强，而且具有较强的生命力，喜欢蛀食采用动、植物材料制成的工业品商品。鼠类繁殖力很强，食性杂，害鼠不仅咬噬绝大多数贮存商品及其包装，还会携带病菌和破坏库房设备。在商品储运过程中，商品经常会遭到仓库害虫的蛀蚀或老鼠的咬损，破坏其组织结构，使商品发生破碎和孔洞，而且所排泄的各种代谢废物还会污染商品，影响商品质量和外观。

虫、鼠危害较大，要防治结合，严格做好入库检查工作，搞好运输工具和库房的清洁卫生，清理仓具，密封库房孔洞和缝隙，加强日常管理，以切断虫、鼠的来源。同时采用化学药剂或其他方法杀虫、灭鼠。易发生虫蛀、鼠咬的商品有裘皮制品、皮革制品、棉麻丝毛织品、纸及其制品、竹木制品、各类食品等。

【知识拓展】

预防粉尘爆炸的主要措施

（1）避免可爆粉尘云的产生。

（2）避免点火源。点火源一般包括明火（如电焊、气焊与抽烟等）、机械火花（如冲击火花、摩擦火花等）、热表面、静电火花、电气火花、自源火源及其他火源（如雷电火源及一些未知的火源）等。

（3）惰化预防。惰化包括气体惰化、真空惰化和粉体惰化。

1）气体惰化，即将惰性气体如氮气或二氧化碳、含氧和其他可燃气很少的炉气等，引入易发生爆炸的设备，使设备内的氧含量至少比该粉尘的最大允许氧含量低2%，降低爆炸发生的概率。此法多用于火花不可避免，爆炸感度和强度较大的粉尘。

2）真空惰化，即将设备内压力降低到标准大气压以下，使该设备内的爆炸危险降低，甚至不发生爆炸。此法需密封设备，且需消耗动力，一般用于小型设备。

3）粉体表面惰化，即向可燃粉尘中混以惰性粉料，使其爆炸性降低。防止爆炸发生所需惰性物质的浓度与点火能有关。

4）粉体惰化。即将易爆粉尘的表面涂包一层惰化的固体表面。例如，向粮食中加入2%的豆油，使粮食颗粒表面和颗粒间的粉尘进入豆油中；在纺织工业中，喷水雾于粉尘中等。这些办法可降低爆炸的可能性。

（4）泄爆技术。只适用于无毒的可燃粉尘。

（5）隔爆技术。容器之间由长导管连接时，必须采用隔爆技术以防止爆炸的传播。隔爆装置有自动快速阀门（分闸阀式和蝶式）和人动式快速切断阀门。

（6）抑爆技术。抑爆系统包括爆炸探头、抑爆装置和控制单元。当控头（即传感器）测到粉尘初始的爆炸时，控制抑爆装置用抑爆剂在爆炸压力升高到容器抗爆强度以前熄灭爆炸。比较有效的抑爆剂是磷酸铵或碳酸氢钠粉剂，卤化物（halon）和水效果差些，但水和岩石粉常用于矿山抑爆。抑爆剂装在高压缸中，缸中有60巴或120巴的氮气作推进剂，当缸的出口被雷管炸开，抑爆剂被高压的推进剂氮气喷入设备内进行抑爆。

（7）封闭技术。将粉尘爆炸封闭在设备内而不使之传播称为封闭技术。这时设备应进行最大爆炸压力的耐压与耐震设计。此方法一般用于小型有毒粉尘的生产中。

9.3　商品储运管理

9.3.1　商品储存管理

由于商品的组成成分会随着环境的变化而发生改变，因此在储存过程中，由于储存环境的改变，商品可能发生各种质量变化。为了实现商品安全储存，在储存商品的质量管理工作中，必须贯彻"预防为主"的指导思想，采取有效的综合技术措施，科学管理影响商品质量的各种外界因素。因此，为保证商品在储存期间的质量稳定，在商品储存质量管理中，应做好商品入库、商品在库和商品出库这三个基本环节的管理工作。

1. 商品入库管理

（1）严格商品入库验收。

如果想要防止商品在储存期间发生各种质量劣变，那么在商品入库时就要严格验收。商品入库时的验收，主要是核对货单和商品的货号、品种、规格、数量等方面是否一致，商品的质量是否完好，同时还应该检查商品的包装是否符合要求。验收时，如果出现商品质量、数量和包装有问题的情况，则商品不得入库，应及时采取救治措施，并且立即在货单上写明，以便查明原因、分清责任、妥善处理，做到防微杜渐。

（2）选择适宜储存场所。

商品的储存场所主要包括货场、货棚和库房，各种商品由于性质不同，对储存场所的要求也不同。商品在储存时，应根据其特性来选择适合的储存场所，以保证商品的在库安全。与此同时，对不同的商品，应当分类、分区存放，进行货位编号，做到零整分存、品种分开、干湿分开、新陈分开，对商品性质相抵或易串味以及消防要求不同的商品，不得同库存放。选择商品储存场所时应做到物得其所、库尽其用、地尽其力。例如，易腐易烂商品应存放于低温库房；易霉、易溶化、易生锈的商品，应选择地势较高、排水良好、比较干燥的库房；各种危险品要专库存放，符合防毒、防爆、防燃、防腐蚀的要求；怕受冻的商品应选择保温性较好，并备有保温设施的库房等。

（3）进行合理堆码。

商品堆码是指商品的堆放形式和方法。在选择堆码的形式和方法时，要根据商品的种类、性能、数量、包装等情况及库房高度、储存季节等条件来确定，并能保证储存商品安全、方便、量大。对入库商品进行合理堆码，是保证商品质量、方便在库商品检验和出入库的重要因素。商品堆码的主要工作包括分区、分类、货位编号、分层标量、空底堆码、零整分存等。例如，一般对含水量高、易霉变、需通风的商品，通常堆码通风垛；对易弯曲变形的商品，要堆码平直交叉式实心垛；对重量比较大的商品，为提高库容利用率，可堆码纵横交叉式实心垛；对小百货、小五金、交电零件等商品，则宜堆码在货架上。为了方便商品的出入库、检查、盘点、清扫和消防，要求保证每个货垛周围都留有一定的空间。

2. 商品在库管理

（1）做好在库商品质量检查。

商品在储存期间，质量会不断发生变化，特别是在不利环境因素的作用下，劣变的速度会加快，如不能及时发现和处理，会造成严重损失。因此，应对在库房储存的商品建立健全定期或不定期、定点和不定点、重点和一般相结合的质量检查制度，以便及时发现和处理商品发生的质量变化，避免造成严重损失。应根据商品的性质及其变化规律，结合季节、储存环境和时间等因素来确定在库商品质量检查的时间。检查方法以感官检查为主，并充分利用检测设备，必要时进行理化检验，对发现的质量问题，要立即分析原因，采取相应补救措施。检查的内容主要包括商品质量状况检查、安全检查、建立商品保管账卡等。

（2）加强温湿度管理。

仓库的温度和湿度对商品质量变化的影响极大，是影响各类商品质量变化的重要因素。

通常每一种商品对温度和湿度都有一定的适应范围。因此，要根据空气温度和湿度的变化规律，及其与库房温度、湿度的关系，结合商品对环境条件的要求，适时采取密封、通风、吸潮和其他控制与调节温度、湿度的办法，力求把仓库的温度、湿度保持在适于商品储存的范围内，以保证商品的质量不受破坏。例如，库房温度过高，会使易熔性商品和热塑性商品变软、发黏或熔化，加快商品的氧化、分解、腐蚀、老化等质量劣变过程的进程；湿度过高且延续时间较长，会造成金属生锈和动植物材料制品生霉。

1）温湿度的变化规律。

① 空气温湿度的变化规律。空气温度指大气温度，简称气温，通常用摄氏温度（℃）和华氏温度（℉）两种方法表示。它们之间的换算公式为

$$℃ = （℉ - 32）\times 5/9$$
$$℉ = ℃ \times 9/5 + 32$$

在自然界，月气温最低陆地在 1 月，沿海为 2 月；陆地最高在 7 月，沿海为 8 月。日气温最低在凌晨日出前，最高在午后 14～15 时，形成中午暖、早晚凉的周期性变化规律。

空气湿度指空气潮湿程度，即空气中水蒸气含量的多少或空气的干湿程度。表示的方法有绝对湿度、饱和湿度、相对湿度、露点等。

绝对湿度是指单位体积空气中实际所含水蒸气的质量，用 g/m^3 表示。空气中的水蒸气含量愈多，密度就愈大，气压亦愈大，绝对湿度就越大。

饱和湿度是指在一定气压、气温的条件下，单位体积空气中所能含有的最大水蒸气质量，用 g/m^3 表示。饱和湿度随温度升高而增长。空气中的水蒸气超过饱和湿度时，剩余的水蒸气即凝成水珠附在冷物体上，这种现象称为"水凇"，不利于商品的储存。

相对湿度指在相同温度下，绝对湿度与饱和湿度的百分比，表示空气的干湿程度。用公式表示如下：

$$相对湿度 = 绝对湿度/饱和湿度 \times 100\%$$

它表示在一定温度条件下，空气中的水蒸气质量距离该温度时的饱和水蒸气质量的程度。相对湿度愈大，说明空气越潮湿；反之，则越干燥。相对湿度的日变化规律是：最高值出现在日出前，最低值出现在 14～15 时，与气温的日变化规律相反。相对湿度的年变化规律是：一般最高值出现在冬季，最低值出现在夏季，与气温的年变化相反。

绝对湿度、饱和湿度和相对湿度三者具有以下关系：在空气中水蒸气含量不变的情况下，温度愈高，相对湿度愈小，温度愈低，相对湿度愈高；在温度不变的情况下，空气绝对湿度愈大，相对湿度愈高，绝对湿度愈小，相对湿度愈低。

露点是露点温度的简称，指空气中所含水汽因气温降低达到饱和状态而开始液化成水时的温度，即空气中所含水汽开始液化的温度。在气压一定时，露点的高低只与空气中的水蒸气含量有关，水蒸气含量越多，露点越高。

② 库房温湿度的变化规律。库房温度和湿度的变化不论年变化或日变化，与库外温度和湿度的变化大致相同，但改变的时间滞后，程度稍弱。库房温度变化主要受季节、库房的建筑材料、库房结构、库房建筑物的色泽、库房建筑传热面和光滑程度、库内商品的特性、堆码等因素影响。通常库温一年中在 6～8 月低于气温，1～4 月和 10～12 月高于气温，4～5 月和 9～10 月与气温近似；日库温在白天低于气温，夜间高于气温。库房湿度的变化随着大气湿度的变化而变化，日变化的时间迟于库外，幅度也较小。当库房温度降低至露点时，库

内空气所含水汽在商品表面，使商品受潮。储存商品的含水量高或库房密封性能差，则库内湿度变化较大；反之，库内湿度较稳定。

2）库房温湿度的调控方法。

库房温度和湿度的变化，与储存商品的安全有着密切的关系，只有使库房的温度和湿度控制在一个比较适宜的范围内，才能使储存商品的质量保持稳定。库房温湿度的调节和控制的方法很多，通常采用密封、通风、吸潮或加温等方法，这些是库房温度和湿度管理的有效措施。

① 密封。密封是利用防潮、绝热、不透气的密封材料，把商品整库或整垛、整架、整箱、整件地严密封闭起来，减少外界不良气候条件的影响，以达到商品安全储存的目的。常用的密封材料有塑料薄膜、油毡、牛皮纸等。对库房采用密封就能保持库内温度和湿度处于相对稳定的状态，达到防潮、防热、防干裂、防冻、防熔化的目的，还可以起到防霉、防火、防锈蚀、防老化等效果。密封是库房温湿度管理工作的基础，是采用通风、吸湿或加湿等方法调节温湿度的前提条件。密封储存应注意以下问题：库内外的温度和湿度的变化情况；商品的质量、温度和含水量是否正常；密封时期是否恰当；加强商品密封后的检查管理工作等。

② 通风。通风是根据空气自然流动规律或借助于机械形成的空气定向流动，使库内、外的空气交换，以达到调节库内空气温度和湿度的目的。通风的方法可以分为自然通风法和机械通风法。自然通风法是利用空气自然对流的原理进行的，选择适宜时机，开启门窗、风洞，使库内外空气自然对流的通风方法，这种通风法无须特殊设备，既经济又简便。当自然风达不到散热、散湿目的时，可采用机械通风法，用风扇强迫库内、外空气快速交流，从而实现库房温度和湿度调节的通风方法。通风应与密封调控结合使用，并要注意避免空气温度骤然降至露点。

③ 吸潮。吸潮是与密封紧密配合用以降低库内空气湿度的一种有效方法。当库内湿度过大又无适当通风时机的情况下，在密封库里采用吸潮的办法，以降低库内的湿度，通常采用吸潮剂吸潮和去湿机吸潮。吸湿剂分为吸收剂和吸附剂两类，其中吸收剂主要是吸收水气，常用的有生石灰、无水氯化钙；吸附剂具有大量毛细孔筛，对水汽有强烈吸附作用，常用的有活性炭、分子筛、硅胶等。去湿机械有空气去湿机，它能通过机内蒸发器，将库内潮湿空气凝成水滴后排出，同时将已冷却、干燥的空气送回库内，不断循环，除湿效率高，效果较好。

（3）搞好环境卫生。

环境卫生状况也是影响储存商品质量不可忽视的一个重要方面。环境卫生不良，周围的灰尘、油污、垃圾等污染物都会玷污商品，不仅影响商品外观，还会导致某些商品表面锈蚀、老化等；同时，尘埃、垃圾为微生物、害虫、鼠类等繁殖和潜藏提供了有利条件和场所，从而使商品发生霉变、虫蛀和鼠咬等，严重影响商品质量。因此，应经常清扫库房，保持库内清洁，并在必要时采用药剂杀虫灭鼠，以保证储存商品的质量完好。

3. 商品出库管理

商品出库是储存商品质量管理的最后一个环节，需要认真、细致地做好，要进行严格检验，并遵循相关的管理原则。商品出库要求做到"三不三核五检查"："三不"，即未接单据不登账，未经审单不备货，未经复核不出库；"三核"，即在发货时，要核实凭证、核对账卡、核对实物；"五检查"，即对单据和实物要进行品名检查、规格检查、包装检查、件数检查和质量检查。

9.3.2　商品运输管理

商品运输也可以看成是移动的商品储存。商品运输管理就是遵循商品运输原则和按照商品运输的基本要求对各种运输方式进行选择，最终确定合理的运输数量和运输线路，从而使商品保持完好的一系列活动。在此我们主要介绍商品运输的原则和基本要求。

1. 商品运输的基本原则

（1）及时原则。

及时就是按市场需求和商品流通规律，以最少的时间和最短的里程，按时把商品送达到指定地点，及时满足消费者需求。其主要措施如下：

1）缩短在途时间，减少周转环节。商品运输中常常存在着迂回、重复和对流等不合理的运输现象，使商品在途时间过长、中间环节过多、装卸次数增加，从而增加了商品损耗和质量劣变的机会。因此，只有采用直达或直线运输的方式，才可能使运输路线最短，进而减少商品在途时间，从而达到保护商品质量和降低运输成本的目的。

2）加快各环节商品运输的速度。为了及时把商品运输到顾客手中，应通过有效的管理措施，加快商品集结和送达速度，要尽量采取机械化作业，提高装卸效率，简化验收交付手续。

3）采用先进运输工具。采用先进的运输工具有利于进行机械化作业，提高作业效率，缩短商品在途时间，保证运输安全，还可以隔绝外界不利因素对商品的影响，同时可以创造良好的运输环境保证商品质量完好。

（2）准确原则。

准确就是要求在商品运输过程中，防止各种差错的出现，保证商品准确无误、保质保量地运达顾客手中。例如，同类商品不同品种、规格、等级的互串；系列、组合商品配件的丢失；商品发错地点等都是运输过程中严禁出现的情况。

（3）安全原则。

安全是指商品运输过程中，除了发生了各种不可抗拒的灾害以外，其质量和数量必须保持完整无损，这是商品运输管理中非常重要的原则。为此，应从管理上采取以下措施：

1）正确选择商品的运输包装。在商品运输过程中，要根据商品的特性合理确定运输包装，避免由于各种不利因素的影响，而出现物理、机械、化学和生物学变化等。例如，易碎、怕震商品应选择缓冲包装；怕潮、易霉变商品应选用防潮包装等。

2）做好运输包装中的商品防护工作。做好运输包装中的商品防护工作，可以避免或减少外界不良因素对商品质量的影响，保证商品在运输过程中的安全。防破损、防潮、防虫蛀、防污染、防渗漏、防死亡等是非常重要的防护措施。

3）选择合理的运输路线、工具和方式。选择合理的运输路线，可以缩短商品的在途时间；选择合理的运输工具，可以大大提高商品的安全性；选择合理的运输方式，可以避免各种性质不同的商品在运输中相互污染等。这些措施可以保证商品快速、安全地到达顾客手中。

4）反对野蛮装卸，提倡文明运输。商品装卸是商品运输过程中必不可少的环节。野蛮装卸会在很大程度上造成商品的损毁，给企业带来不必要的经济损失。反对野蛮装卸，提倡文明运输，对保证商品运输质量来说是非常重要的。其主要内容包括：使作业人员树立"商品安全质量第一"的思想意识；对商品运输的全过程和全体人员进行严格管理和控制，有效地保证商品质量的安全；建立健全各种规章制度，权责明确，奖惩分明。

（4）经济原则。

商品运输要采取最经济、最合理的运输方式、运输路线和运输工具，有效地利用一切运输设备，节约人力、物力和财力，努力降低商品运输成本，完成商品运输任务。

2．商品运输的基本要求

（1）合理选择运输方式和工具。

商品运输主要有公路、铁路、海上、航空、管道和集装箱等方式，每种运输方式都有着各自的优缺点。在商品运输过程中，应根据商品的特性和运输期限、成本等选择合理的运输方式，进而有针对性地选择运输工具，提高运输工具的使用效能，保护商品的质量不受损害。

（2）严格装载规定。

在商品运输过程中，还应建立严格的装运制度，严格遵守我国交通法规对车辆装载的具体要求，以保证商品运输的质量。例如，不准超过行驶证上核定的载重量；装载须均衡平稳，捆扎牢固，装载容易散落、飞扬、流漏的物品，须封盖严密；大型货运汽车装载，高度从地面起不准超过 4 米，宽度不准超出车厢，长度前端不准超出车身，后端不准超出车厢 2 米，超出部分不准触地；载重量在 1000 千克以上的小型货运汽车载物，高度从地面起不准超过 2.5 米，宽度不准超出车厢，长度前端不准超出车身，后端不准超出车厢 1 米；载物长度未超出车厢后栏板时，不准将栏扳平放或放下；超出时，货物栏板不准遮挡号牌、转向灯、制动灯、尾灯等。

（3）严格检查消防设备。

运输各种商品，尤其是易燃、易爆商品，装运前发货单位必须对运输工具及其消防设备进行严格的检查，避免运输过程中出现危险情况。

【知识拓展】

危险化学品运输的一般要求

（1）运输、装卸危险化学品，应当依照有关法律、法规、规章的规定和国家标准的要求并按照危险化学品的危险特性，采取必要的安全防护措施。

（2）用于化学品运输工具的槽罐以及其他容器，必须依照《危险化学品安全管理条例》的规定，由专业生产企业定点生产，并经检测、检验合格，方可使用。质检部门应当对前款规定的专业生产企业定点生产的槽罐以及其他容器的产品质量进行定期的或者不定期的检查。

（3）运输危险化学品的槽罐以及其他容器必须封口严密，能够承受正常运输条件下产生的内部压力和外部压力，保证危险化学品运输中不因温度、湿度或者压力的变化而发生任何渗（洒）漏。

（4）装运危险货物的罐（槽）应适合所装货物的性能，具有足够的强度，并应根据不同货物的需要配备泄压阀、防波板、遮阳物、压力表、液位计、导除静电等相应的安全装置；罐（槽）外部的附件应有可靠的防护设施，必须保证所装货物不发生"跑、冒、滴、漏"并在阀门口装置积漏器。

（5）通过公路运输危险化学品，必须配备押运人员，并随时处于押运人员的监管之下，不得超装、超载，不得进入危险化学品运输车辆禁止通行的区域；确需进入禁止通行区域的，应当事先向当地公安部门报告，由公安部门为其指定行车时间和路线，运输车辆必须遵守公安部门规定的行车时间和路线。

危险化学品运输车辆禁止通行区域，由设区的市级人民政府公安部门划定，并设置明显的标志。

运输危险化学品途中需要停车住宿或者遇有无法正常运输的情况时，应当向当地公安部门报告。

（6）运输危险化学品的车辆应专车专用，并有明显标志，要符合交通管理部门对车辆和设备的规定：

① 车厢、底板必须平坦完好，周围栏板必须牢固。

② 机动车辆排气管必须装有有效的隔热和熄灭火星的装置，电路系统应有切断总电源和隔离火花的装置。

③ 车辆左前方必须悬挂黄底黑字"危险品"字样的信号旗。

④ 根据所装危险货物的性质，配备相应的消防器材和捆扎、防水、防散失等用具。

（7）应定期对装运放射性同位素的专用运输车辆、设备、搬动工具、防护用品进行放射性污染程度的检查，当污染量超过规定的允许水平时，不得继续使用。

（8）装运集装箱、大型气瓶、可移动罐（槽）等的车辆，必须设置有效的紧固装置。

（9）各种装卸机械、工属具要有足够的安全系数，装卸易燃、易爆危险货物的机械和工属具，必须有消除产生火花的措施。

（10）三轮机动车、全挂汽车列车、人力三轮车、自行车和摩托车不得装运爆炸品、一级氧化剂、有机过氧化物；拖拉机不得装运爆炸品、一级氧化剂、有机过氧化物、一级易燃品；自卸汽车除二级固体危险货物外，不得装运其他危险货物。

（11）危险化学品在运输中包装应牢固，各类危险化学品包装应符合国家标准 GB 12463—2009《危险货物运输包装通用技术条件》的规定。

（12）性质或消防方法相互抵触，以及配装号或类项不同的危险化学品不能装在同一车、船内运输。

（13）易燃、易爆品不能装在铁帮、铁底车、船内运输。

（14）易燃品闪点在 28℃以下，气温高于 28℃时应在夜间运输。

（15）运输危险化学品的车辆、船只应有防火安全措施。

（16）禁止无关人员搭乘运输危险化学品的车、船和其他运输工具。

（17）运输爆炸品和需凭证运输的危险化学品，应有运往地县、市公安部门的《爆炸品准运证》或《危险化学物品准运证》。

（18）通过航空运输危险化学品的，应按照国务院民航部门的有关规定执行。

9.4　商品养护技术

为了维护商品完好，避免出现商品储运时可能产生的商品损失和损耗，应采用有效的技术措施，对储运过程中的商品进行积极地养护。

9.4.1 防霉腐技术

1. 低温防霉腐

低温防霉腐是采用低温技术，使储存食品（尤其是生鲜食品）防止霉腐的有效途径。霉腐微生物多为中温性，低温时，可以使这些微生物的生长、繁殖受到抑制，这样食品不易发生霉变和腐烂。按照低温程度的不同，可分为冷却法和冷冻法两种。

（1）冷却法。

冷却法又称冷藏法，是使储存温度控制在 0～10℃的范围内，食品不结冰的低温防霉腐方法。在此低温下，多数霉腐微生物难以繁殖，适宜储存不耐结冰的商品，包括水分含量较高的生鲜食品和短期储存的食品。但在 0℃以上，某些低温性霉腐微生物可繁殖，因此，这种方法储存时期不宜过长。

（2）冷冻法。

冷冻法又称冻藏法，是将温度控制在−18℃以下的低温防霉腐方法。这种方法抑制了微生物的活动和酶的活性，长时间的冷冻还能造成部分微生物死亡。因此，冷冻法适宜长期储存生鲜食品。具体做法是先将食品进行深冷（如−30℃）速冻下储存，深冷速冻使食物细胞内含水分只形成细小的冰晶，不会刺破细胞膜，在食物解冻后，汁液能完整保存，可以更好地保护食品的质量。

2. 干燥防霉腐

干燥防霉腐是通过脱水干燥，使商品的水分含量在安全贮存水分之下，以抑制霉腐微生物的生命活动而达到商品防霉腐目的的一种养护方法。干燥防霉腐根据脱水手段的不同，可分为自然干燥法和人工干燥法两种。自然干燥法是利用阳光、风等自然因素，对商品进行日晒、风吹、阴晾而使商品脱水的干燥方法，这种方法简单易行、成本低廉，适用于粮食、食品等商品的储存。人工干燥法是利用热风、远红外线、微波、真空等手段使商品干燥的方法，这种方法需要一定的设备、技术，会消耗较多的能量，成本较高，主要用于食品的储存。

3. 缺氧气调防霉腐

缺氧气调防霉腐技术是根据好氧微生物需要氧进行新陈代谢的特性，通过调节密封环境中气体的组成成分，进而抑制霉腐微生物的生理活动、酶的活性和减弱鲜活食品的呼吸强度，以达到防止食品霉变、腐烂和保鲜的目的。例如，气调库、密封垛、密封袋中经常靠增加二氧化碳或氮气的浓度，降低氧气含量，来实现保护商品质量的目的。

根据不同的设备条件，缺氧气调防霉腐分为自发气调法和机械气调法两种。自发气调法利用鲜活食品本身的呼吸作用来降低塑料薄膜帐（袋）内氧的含量，增加二氧化碳浓度，起到气调的作用。机械气调法是在密封库或密封垛内，利用产生二氧化碳或氮气的设备填充二氧化碳或氮气、排出空气的气调方法，适用于粮食、蔬菜、水果等生鲜食品的储存，是一种比较先进的气调方法。气调法与低温法结合使用效果更好。

4. 药剂防霉腐

药剂防霉腐是利用化学药剂使霉腐微生物的细胞和新陈代谢活动受到抑制或破坏，从而达到抑制微生物活动或杀灭微生物，防止商品发生霉腐变化的一种方法。选择防霉腐药剂时，应考虑其低毒、高效、无副作用、价廉、对人体健康有无影响、对环境有无污染等因素。常用的防霉腐药剂有多菌灵、水杨酰苯胺、甲醛、多聚甲醛、环氧乙烷、灭菌丹、五氯酚钠、氟化钠、洁而灭等，其中甲醛、多聚甲醛、环氧乙烷是一般日用工业品较理想的防霉腐药剂。

5. 辐射防霉腐

辐射防霉腐主要是利用同位素钴 60 或铯 137 放射出的穿透力很强的 γ 射线辐射状照射食品，以杀灭食品商品上的微生物，破坏酶的活性，抑制鲜活食品的生理活动，从而达到防霉腐目的的一种贮存养护技术。辐射防霉腐的优点是食品温度不上升、能带包装成批处理、方便、效率高；缺点是辐射储存的食品色泽变暗，有轻微异味。

9.4.2　金属防腐蚀技术

金属商品的电化学腐蚀，除本身原因外，还取决于外界环境因素在金属表面形成的电解液膜。为了防止金属商品的腐蚀，通常在金属商品外表设置阻隔腐蚀介质的隔离层。为此，一般采用油膜覆盖、密封以及在封闭条件下使用气相缓蚀剂等方法。

1. 涂油防腐蚀

涂油防腐蚀是在金属商品表面涂覆一层油脂薄膜的隔离防腐蚀技术。涂油防腐蚀是最常用的一种防金属腐蚀技术，简便易行，但由于防腐蚀油脂易干裂、变质，金属商品仍有发生腐蚀的危险。因此，这是一种短期防腐蚀的方法。常用的防腐蚀油脂有凡士林、黄油、机械油、蓖麻油、仪器油、防锈油等，其中以防锈油的效果最好，在金属表面吸附贴合最为紧密。此外，还可以用电镀的方法形成耐腐蚀的氧化膜。

2. 密封防腐蚀

密封防腐蚀是采用可剥性塑料将金属商品封存的一种隔离防腐蚀技术，此种方法可较长时间地防止金属商品发生腐蚀。可剥性塑料一般用高分子合成树脂作为基础原料，加入矿物油、增塑剂、防锈剂、稳定剂以及防霉剂等制成，有溶剂型和热熔型两种。溶剂型可剥性塑料在用溶剂溶解后，浸涂于金属商品表面，溶剂蒸发后能形成一层较薄的膜层；热熔型可剥性塑料在加热熔化后，浸涂于金属商品表面，冷却后能形成一层薄膜，这两种膜层在启封时，用手即可剥除，许多金属制品常用这种技术保护其外表不受损害。

3. 气相缓蚀剂防腐蚀

气相缓蚀剂防腐蚀是在金属制品的封闭包装内使用具有挥发性的气相缓蚀剂，使缓蚀气体充满包装空间以防止商品腐蚀的一种技术。气相缓蚀剂防腐蚀是一种新方法，使用方便，不污染商品及其包装，特别适用于结构复杂的金属商品制品，可长期防止金属商品发生腐蚀。常用的气相缓蚀剂有几十种，其形式有浸涂缓蚀剂的气相包装纸；喷涂在金属表面形成薄膜而缓慢挥发的溶液；均匀撒在金属表面或放在包装内的挥发性粉末等。

9.4.3　防治害虫技术

商品储存中对害虫要立足于防，严格商品入库和在库检查以杜绝虫源，同时保持库房内部和周围的清洁卫生，并认真消毒。仓虫一般是通过自然因素和人为因素这两种途径传播与扩散的。仓虫体积较小，不易被发现，经常隐蔽在商品或包装物料用品中，很容易繁殖和传播扩散，对储运商品造成巨大危害。因此，一定要加强对这些害虫的预防和治理，通常采用化学、物理、生物学等方法，直接杀灭害虫或破坏其繁殖能力，以保护储运商品的质量。

1. 化学防治

化学防治是利用化学杀虫药剂直接或间接防治虫害的技术。在使用时，要求选用的化学药剂不能对人身安全构成危害，对商品无不良影响，对害虫有足够杀灭能力，对环境无污染等。化学防治最大的优点就是杀虫力强，防治效果显著。缺点是可能对人畜有毒，会给粮食带来不同程度的污染，而且会引起害虫的抗药性。

化学防治按照作用的方式不同，可分为熏蒸杀虫、接触杀虫、胃毒杀虫等。熏蒸杀虫是利用熏蒸杀虫剂汽化后，通过害虫呼吸系统进入虫体，使害虫中毒死亡的一种技术。熏蒸杀虫在害虫抵抗力最弱的幼龄期进行效果最佳，使用中应注意熏蒸场所的密封和人员安全防护。常用的熏蒸杀虫剂有溴甲烷、磷化铝等，它们都能挥发出剧毒气体，渗透力很强，甚至能杀死潜藏在商品内部的害虫。接触杀虫是利用杀虫剂接触虫体后，透过表皮进入体内，引起害虫中毒死亡。具有接触杀虫作用的杀虫剂有敌敌畏等。胃毒杀虫是利用杀虫剂随食物进入虫体，通过胃肠吸收而使害虫中毒死亡。具有胃毒作用的杀虫剂有亚砷霜钠等。

2. 物理防治

物理防治是利用各种物理因素（如热、光、冷冻、射线等）直接作用于害虫，破坏害虫生理活动和机体结构，改变或恶化害虫的生存环境，使其不能生存或繁殖的技术。

物理防治主要有高温与低温杀虫、射线杀虫与射线不育法、微波与远红外线杀虫等。高温杀虫是利用日光曝晒、烘烤、蒸汽等产生的高温，作用于害虫机体使其致死的技术，主要用于耐高温商品的害虫防治。低温杀虫是利用低温使害虫体内酶的活性受到抑制，生理活动缓慢，处于半休眠状态，因长期体内营养物质过度消耗而致死的技术。射线杀虫与射线不育法是分别利用高剂量与较低剂量的 γ 射线照射虫体的技术。高剂量照射几乎使所有害虫立即死亡；低剂量照射主要引起害虫生殖细胞突变而导致不育。这两种方法使用方便，无污染，也不会使害虫产生抗药性。微波杀虫是利用高频电磁场使虫体内水分子等发生高频振动，分子间剧烈摩擦而产生大量热能，使虫体温度达到 60℃ 以上致死的技术。这种方法处理时间短，杀虫效率高，无污染，但需加强对人体微波辐射伤害的防护。远红外线杀虫是利用远红外线对虫体的光辐射所产生的高温（可达 150℃）致死的技术。

3. 生物防治

生物防治是利用害虫外激素和内激素以及病原微生物、害虫的天敌来防止和控制害虫的繁殖和发展。例如，性信息素合成物可用于诱杀雄虫，使雌虫只能产下未受精卵而不能孵化繁殖；保幼激素可通过表皮或吞食进入虫体，破坏其正常生长发育，进而造成不育或死亡。生物防治的优点是成效显著，能减少对商品和环境的污染，对人畜安全，费用低，是一种安全、有效、经济的防治虫害的措施。但不向化学药剂那样见效快、简捷、方便，有一定的局限性。这种措施常与其他的防治技术结合使用，效果更佳。

【知识拓展】

防 老 化 的 措 施

防老化是使在储运中由高分子材料制成的商品，能够防止各种不良环境因素的影响，从而减缓商品老化速度，保证商品在储运期间质量良好的技术。在商品储运过程中，为了防止商品老化，可采取以下措施：

（1）妥善包装。正确的、完好的包装有利于商品与外界隔离，从而减弱空气中氧和温湿度对贮存商品的不良影响。入库验收时和在库管理中要认真检查包装情况，对包装有问题的商品，要立即妥善采取救治措施。

（2）合理放置。商品存放的库房应清洁、干燥、凉爽，门窗玻璃涂刷白色以防阳光直射；不与油类、腐蚀性商品或含水量大的商品同库存放。堆码不要过高、过重，并要注意通风。

（3）调节温湿度。依据商品特性，认真调节库内温湿度，将其稳定地控制在商品要求的范围内。

此外，还可以采用添加防老化剂的方法来抑制光、热、氧等对高分子材料的作用，或用改进聚合和成型加工工艺，提高高分子材料本身的稳定性。

【本章小结】

商品储存是商品在生产、流通领域，为实现销售目的而进行的暂时停留和存放。商品运输是指借助于各种运输工具，实现产品由生产地运送到消费地的空间位置的转移。商品储运可以协调产销地域矛盾、产销时间矛盾和市场供求矛盾，同时有利于开拓新的市场。在储存和运输过程中应对商品进行养护，保证商品质量。

商品在储运的过程中，由于自身各方面原因及储运环境等各种因素的影响，会发生质量和数量的变化，归纳起来主要有物理变化、机械变化、化学变化以及生物学变化等。为此，需要对商品进行储运管理，防止或降低商品的损耗。商品的储存管理主要包括商品入库管理、在库管理和出库管理；商品的运输管理应遵循及时、准确、安全、经济的原则，符合商品运输的基本要求。除此之外，还应对储运过程中的商品进行积极的养护，主要的养护技术有防霉腐技术、防金属腐蚀技术、防治害虫技术和防老化技术等。以上知识是商品学课程的重要内容。

【案例分析】

大连国际储运"7·16"输油管爆炸火灾事故案例分析

2010 年 7 月 16 日 18 时许，位于辽宁省大连市大连保税区的大连中石油国际储运有限公司（以下简称国际储运公司）原油罐区输油管道发生爆炸，造成原油大量泄漏并引起火灾。

1. 事故单位基本情况及事故简要经过

国际储运公司是中国石油大连中石油国际事业公司（80%股份）与大连港股份公司（20%股份）的合资企业，成立于 2005 年 9 月，注册资金 1 亿元人民币。国际储运公司原油罐区的日常运营和检维修工作由中国石油天然气股份有限公司大连石化分公司负责。国际储运公司原油罐区内建有 20 个储罐，库存能力 185 万立方米；周边还有其他单位大量原油罐区、成品油罐区和液体化工产品罐区，储存原油、成品油、苯、甲苯等危险化学品。

事故当天，新加坡太平洋石油公司所属 30 万吨"宇宙宝石"油轮在向国际储运公司原油罐区卸送最终属于中油燃料油股份有限公司（中国石油控股的下属子公司）的原油；中油燃料油股份有限公司委托天津辉盛达石化技术有限公司（以下简称辉盛达公司）负责加入原油脱硫剂作业，辉盛达公司安排上海祥诚商品检验技术服务有限公司大连分公司（以下简称祥诚公司）在国际储运公司原油罐区输油管道上进行现场作业。所添加的原油脱硫剂由辉盛达公司生产。

7 月 15 日 15 时 30 分左右，"宇宙宝石"油轮开始向国际储运公司原油罐区卸油，卸油作业在两条输油管道同时进行。20 时左右，祥诚公司和辉盛达公司作业人员开始通过原油罐区内一条输油管道（内径 0.9 米）上的排空阀，向输油管道中注入脱硫剂。7 月 16 日 13 时左右，油轮暂停卸油作业，但注入脱硫剂的作业没有停止。18 时左右，在注入了 88 立方米脱硫剂后，现场作业人员加水对脱硫剂管路和泵进行冲洗。18 时 8 分左右，靠近脱硫剂注入部位的输油管道突然发生爆炸，引发火灾，造成部分输油管道、附近储罐阀门、输油泵房和电力系统损坏和大量原油泄漏。事故导致储罐阀门无法及时关闭，火灾不断扩大。原油顺地下管沟流淌，形成地面流淌火，火势蔓延。事故造成 103 号罐和周边泵房及港区主要输油管道严重损坏，部分原油流入附近海域。

2. 事故原因分析

经初步分析，此次事故原因是：在"宇宙宝石"油轮已暂停卸油作业的情况下，辉盛达公司和祥诚公司继续向输油管道中注入含有强氧化剂的原油脱硫剂，造成输油管道内发生化学爆炸。事故具体原因正在进一步调查分析中。这起事故虽未造成人员伤亡，但大火持续燃烧 15 个小时，事故现场设备管道损毁严重，周边海域受到污染，社会影响重大，教训极为深刻。

事故暴露出以下主要问题：一是事故单位对所加入原油脱硫剂的安全可靠性没有进行科学论证。二是原油脱硫剂的加入方法没有正规设计，没有对加注作业进行风险辨识，没有制定安全作业规程。三是原油接卸过程中安全管理存在漏洞。指挥协调不力，管理混乱，信息不畅，有关部门接到暂停卸油作业的信息后，没有及时通知停止加剂作业，事故单位对承包商现场作业疏于管理，现场监护不力。四是事故造成电力系统损坏，应急和消防设施失效，罐区阀门无法关闭。另外，港区内原油等危险化学品大型储罐集中布置，也是造成事故险象环生的重要因素。

问题：

1. 为了防止此类事件发生有何应对措施？

2. 危险化学品在储运过程中应注意什么问题？此案例对我们有何启示？

【理论考察】

1. 单项选择题

（1）（　　）是商品在生产、流通领域，为实现销售目的而进行的暂时停留和存放。

　　A. 商品养护　　　　B. 商品储运　　　　C. 商品运输　　　　D. 商品储存

（2）（　　）是指借助于各种运输工具，实现产品由生产地运送到消费地的空间位置的转移。

　　A. 商品养护　　　　B. 商品储运　　　　C. 商品运输　　　　D. 商品储存

（3）（　　）是指利用害虫外激素和内激素以及病原微生物、害虫的天敌来防止和控制害虫的繁殖和发展。

　　A. 生物防治　　　　B. 物理防治　　　　C. 化学防治　　　　D. 气相缓蚀剂防腐蚀

（4）（　　）是利用各种物理因素（如热、光、冷冻、射线等），直接作用于害虫，破坏害虫生理活动和机体结构，改变或恶化害虫的生存环境，使其不能生存或繁殖的技术。

　　A. 生物防治　　　　B. 物理防治　　　　C. 化学防治　　　　D. 气相缓蚀剂防腐蚀

（5）（　　）是利用化学药剂使霉腐微生物的细胞和新陈代谢活动受到抑制或破坏，从而达到抑制微生物活动或杀灭微生物，防止商品发生霉腐变化的一种方法。

　　A. 缺氧气调防霉腐　　　　　　　　　B. 辐射防霉腐

　　C. 药剂防霉腐　　　　　　　　　　　D. 干燥防霉腐

2．多项选择题

（1）商品质量变化主要包括（　　）。

　　A．物理变化　　　　B．机械变化　　　　C．化学变化　　　　D．生物学变化

（2）属于商品的物理变化的有（　　）。

　　A．溶化　　　　　　B．挥发　　　　　　C．串味　　　　　　D．沉淀

（3）商品的生物学变化主要有（　　）等。

　　A．生理生化变化　　B．霉腐变化　　　　C．虫蛀　　　　　　D．鼠咬

（4）常见的霉腐变化主要有（　　）等。

　　A．霉变　　　　　　B．发酵　　　　　　C．腐败　　　　　　D．沉淀

（5）防老化的措施主要包括（　　）等。

　　A．妥善包装　　　　B．合理放置　　　　C．生物防治　　　　D．调节温湿

3．判断题

（1）商品储运是商品储存和商品运输的总称。它是连接商品生产和商品消费的桥梁，也是商品流通中的两个重要环节。　　　　　　　　　　　　　　　　　　　　　　　　　　　（　　）

（2）商品养护的基本目的是研究商品在储运过程中受内外因素的影响、质量发生变化规律和安全储存商品的科学养护方法，以控制不利因素，创造良好的储运环境及条件，从而保证商品的质量，避免和减少商品损耗。　　　　　　　　　　　　　　　　　　　　　　　　（　　）

（3）熔化是指某些兼有较强吸湿性和水溶性的固体商品，在潮湿空气或环境中，吸收水分达到一定程度时溶解为液体的现象。　　　　　　　　　　　　　　　　　　　　　　　（　　）

（4）氧化是商品与空气中的氧或其他氧化性物质接触时所发生的与氧结合的化学变化。

　　　　　　　　　　　　　　　　　　　　　　　　　　　　　　　　　　　　　　　（　　）

（5）分解是指以高分子有机物为主要成分的商品，在日光、氧气、热等因素的作用下，失去原有优良性能，以致最后丧失使用价值的化学变化。　　　　　　　　　　　　　（　　）

4．简答题

（1）商品储运具有什么意义？

（2）商品出库要求做到的"三不三核五检查"的具体内容是什么？

（3）商品运输的基本要求有哪些？

5．论述题

商品的养护技术有哪些？其具体内容是什么？

【同步实务】

仓储实地考察与体验

实务描述：

教师带领学生到当地的大型物流企业或仓储企业参观学习，了解不同商品的储运方法和养护技术，以满足学生的求知欲，激发学生的学习热情。

实务分析：

（1）体会商品储运的方法；

（2）熟悉商品的质量变化常识；

（3）掌握商品的一般储藏要求和养护技术。

实务要求：

（1）遵守纪律，有秩序地进行参观学习。

（2）任何人不得擅自进行储运操作。

（3）认真观察该企业的商品储运管理情况，分析其是否存在安全隐患。

（4）在企业工作人员的指导下进行简单的储运与商品养护工作。

（5）分组讨论该企业的商品储运管理水平及是否存在安全隐患问题，如果有请分析原因，并写出整改措施；如果没有请写参观学习心得。

实务步骤：

（1）4～5人一组，进行任务分工；

（2）每组成员在教师的带领下负责观察不同的工作任务。

（3）在企业工作人员的指导下进行储运操作，加深对商品储运与养护的理解。

（4）小组讨论，根据参观学习的内容，及在企业搜集的资料，完成工作任务。

（5）指导教师对学生的完成情况进行评价和总结。

实务评价：

填写评分表（表9-1）。

表9-1　　　　　　　　　　　　　　评　分　表

学生姓名	自评得分	小组评分	教师评分	总分

注：① 每人总分为100分；

　　② 学生自评满分为20分，小组评分满分为30分，教师评分满分为50分；

　　③ 三项分数相加为学生本次实务的最后得分。

第10章　商品与环境

学习目标

1. 理论目标
了解商品和环境的关系；
了解环境污染的种类和防治；
掌握环境污染、生态设计、清洁生产的含义；
了解商品生产对资源及环境造成的影响。
2. 实务目标
培养保护自然资源与环境的意识；
结合实际，熟悉环境标志、生态包装、生态设计等手段的应用；
运用生命周期评价思想分析商品的环境影响，为改进商品及其活动的决策服务。

导入案例

橙 汁 与 资 源

德国是世界上人均橙汁消费量最高的国家，每人年消费 21 升橙汁。德国消费的橙汁中80%以上来自橙汁生产国巴西。橙汁从巴西到德国要经过 12000 公里的长途运输。为了运输的经济性，橙汁要浓缩成原来状态的 8%的总量，并在-18℃的条件下冷藏。这就消耗了大量的能源和水，但在橙汁的生产过程中会发生更多的消耗。

橙汁生产需要投入两大原料：水和石油。在德国，每饮用一杯橙汁，需要至少22 杯水，这些水主要用于浓缩过程中产生蒸汽和运到德国后稀释浓缩橙汁。石油主要用于生产蒸汽，用于橙汁浓缩加工。就巴西而言，一半的能源来自蔗渣，另一半来自矿物燃料。生产 1 吨橙汁，相当于需要81 千克石油。包括运输与冷藏在内，每吨橙汁约需要 100 千克石油。这还不包括为了取得生产橙汁所需的石油和水而需要消耗的能源与原料。

不过，即使这样，在德国生产 1 升橙汁需要至少25 千克的其他物质消耗。如果要做全面分析，这些也应该包括进去。同时，还应该把生产杀虫剂所耗用的原料与能源也包括进去，同样也应该包括橙汁运输分销过程中用于适应航空与铁路运输需要的大量的小规格的包装物料以及最终由此产生的大量废料。关于这些方面的代谢分析还处在不断发展和完善之中。

不过，能量流和物质流也并不是生态效益的唯一尺度，所用的农耕地面积同样是一个十分重要的因素。就德国而言，每人每年喝掉21 升橙汁，生产这21 升橙汁相当于需要24 平方米的土地。换言之，德国每年消费的橙汁总量，需要巴西的 15 万公顷良田，超过德国自身用于果园种植面积的 3 倍。如果地球上所有居民都像德国人那样消费橙汁，那么，我们就需要13 万平方公里的橙树园，相当于瑞士这样的国家国土面积的 3 倍以上。

10.1 商品与环境污染

10.1.1 环境的概念和特性

1. 环境的概念

环境指围绕着人类的空间及其中可以直接或者间接影响人类生活和发展的各种因素的总体。广义的环境概念包含了自然环境和社会环境的概念。狭义的环境概念单指自然环境，大多数情况下，人们通常所说的环境是指自然环境。

2. 环境的主要特性

环境要素之间具有相互作用、相互制约和相互联系的特性。

（1）最小限制性。最小限制性是指整个环境系统的质量不是由各环境因素的平均状况来决定的，而是由各要素中与最优状态差距最大的要素决定，受其控制，自然环境质量的优劣取决于各要素中处于最差状态的要素。因此改善环境质量时要遵循由差到优的顺序，依次改造每个要素，使其状态均衡地达到最优。

（2）整体效应性。也称为结构性，是指自然环境的整体性大于各要素的个体和，也就是说，自然环境的性质不具有加和性，而是比和更复杂、更丰富。因此在研究环境问题时，要从整体观念出发，不仅要考虑各个环境要素的单独作用，还应考虑它们相互作用所产生的整体效应。

10.1.2 商品对环境的污染

1. 环境污染的概念

环境污染是指由于人类在商品生产和消费过程中向自然环境排放有害物质超过自然环境消解能力而引起的一类环境问题，如水域污染、固体废物污染、大气污染、噪声污染以及气候变暖和臭氧层耗竭等全球性问题。

2. 商品对自然环境的污染

自然环境被污染的原因可分为化学的、物理的和生物的三个方面。化学污染是指某些有害的有机、无机化合物被引入环境发生化学反应而产生破坏作用，如商品生产消费中排放的含毒化学物质铜、铅、砷、氰、酚等；物理污染是指粉尘、固体废弃物、放射线、噪声等对环境产生的破坏；生物污染是指各种致病菌、有毒霉菌等对环境的侵袭。

商品从生产开始经过流通最后进入消费这些环节都会对环境造成污染（图 10-1）。

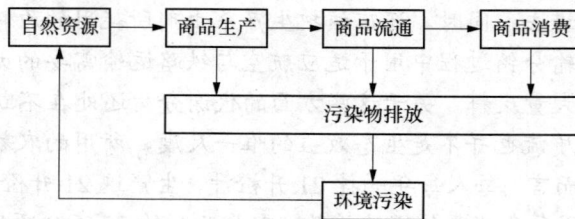

图 10-1　商品对环境的污染

（1）商品生产对环境污染。

商品生产是造成环境破坏的主要原因。工业生产中形成的废水、废气、废渣未经处理或者处理不当直接排放到环境中，就会对空气、水域、土壤和食品等造成污染。农业生产中大量的使用农药也会造成农产品及野生动植物农药残留增加，并通过生物链富集对人类造成危害。

（2）商业对环境污染。

在商品流通中，由于储存保管不当，运输中遭受意外事故使得易燃、易爆的化学危险品发散到空气、水域和土壤中造成环境污染。

（3）商品消费对环境污染。

商品消费可以产生大量污染物，如生活垃圾、包装废弃物、生活污水以及洗涤污水等都可能对环境产生污染，甚至还会造成疾病传播。

3. 商品对生态环境的污染

自然环境中的各种生态系统对某些外来化学物质有一定的自净能力，能够形成良性循环。少量污染物进入环境时，不会发生较明显的影响。但当污染物数量超过一定程度，就会发生生态系统的恶性循环，进而导致生态平衡失调，如食物链中断、物种毁灭和气候异常等。这种危害需要很长的时间才能表现出来，而其后果通常也是灾难性的，并且防治措施也很难在短时期内奏效。

4. 环境对商品的污染

商品对环境的污染主要针对的是工业品商品，而环境对商品的污染主要指对食品商品的污染，如在食品生产、加工、运输、储藏和销售等各环节中加入有害于人体健康的微生物或化学毒物。按其受污染性质不同可分为生物性污染和化学性污染两种。

10.1.3 商品环境污染防治

1. 商品对空气的污染及其防治

人类及生物生存的重要外部环境因素就是空气。人体从空气中吸收氧气，在代谢过程中排出二氧化碳，维持生命活动。空气是否清洁、有无毒害成分对人体健康非常重要。大气也是各种气候现象的活动场所，大气污染的程度制约着气候的正常与否。所以，人类的生存和发展直接受空气质量和大气环境的影响。

正常情况下，大气是清洁的。然而人类不断从事商品生产活动，尤其是现代工业的发展直接向大气中排放各种污染物质，致使大气中增加了新的成分，超过了环境所能承载的范围，对人类和动植物产生了极大的不良影响。

（1）商品生产过程的空气污染及防治。

从事商品生产的各种企业从原料进厂到成品出厂都会排放出有害气体和物质，造成空气污染，是大气污染的重要源头。例如，生产过程中排放的二氧化碳过多引起气温升高，导致全球气候异常；生产过程中排放到空气中的二氧化硫与空气中的水汽形成硫酸，并以酸雨形式毁灭森林资源，并对人体造成伤害；还有各种有毒的气体可排放引起呼吸道疾病和癌症。

为控制我国二氧化硫和酸雨污染不断恶化的趋势，国务院正式批复了我国二氧化硫和酸雨污染控制区。防治措施是：禁止新建煤层含硫量大于 3% 的矿井，已经建成的逐步实行限产和关停；新建和改造含硫量大于 1% 的煤矿要建设煤炭洗选设施；禁止在大中城市城区及近郊区新建燃煤火电厂；已建燃煤含硫量大于 1% 的电厂，要分期分批建成脱硫设施；并从制定规划、强化监督管理、推行污染防治技术和经济政策、开展科技研究、积极进行宣传培训等方面提出具体计划，来实现控制目标。在防治商品工业污染的措施方面，提出以合理的工业布局减少对城市的污染；绿化造林、利用植物吸附有毒物质和净化空气；使用无污染能源，改善燃料种类；改进生产工艺取代有害物质；综合利用、变废为宝等积极有效的措施。

（2）机动车的空气污染及防治。

我国近年来机动车的增幅巨大，其尾气排放已成为城市大气污染的一个主要来源。汽车尾气中含有大量的有害气体，如一氧化碳、氮氧化合物、碳氢化合物、二氧化硫及微粒等。氮氧化合物和碳氢化合物经过太阳紫外线照射会形成二次污染，也就是光化学烟雾，会使人患红眼病，并刺激呼吸系统，诱发癌症，长期吸入会加速人的衰老；废气中一氧化碳与人体血液中的血红蛋白结合，会使人体血液的输氧功能下降，致使人体缺氧中毒严重甚至会造成死亡。

防治机动车空气污染的主要措施：严格排放标准，控制新污染源；加强对机动车尾气排放污染的监控和治理，落实汽油无铅化，推广使用清洁燃料汽车和电动汽车；制定税收政策，引导有利于污染控制的机动车生产和消费。制定有利于防治汽车尾气排放污染的交通管理政策等。

（3）电冰箱的空气污染及防治。

家庭用电冰箱和泡沫塑料工业等都广泛使用氯烃化学品。电冰箱制冷剂氟利昂在冰箱损坏时，就会进入大气，并破坏臭氧层，从而使阳光紫外线辐射强度增加，增加皮肤癌患病率，并使人体免疫功能下降。也会导致气温升高，使南极冰层融化，进而使海平面升高等。

控制消耗臭氧层物质的生产和使用，保护臭氧层已成为全球性的行动，已制定有30多项有关保护臭氧层物质的政策措施，如1985年签署的《保护臭氧层维也纳公约》、《中国逐步淘汰消耗臭氧层物质国家方案》等。

（4）商品造成的室内空气污染及防治。

造成室内污染的重要来源就是室内吸烟，吸烟产生的烟雾中含有大量的氯氧化合物和尼古丁，它们具有致癌和致病的物质；厨房内烹饪方法，如油炸、爆炒、熏烤等也会产生氮氧化合物和醛类等有害物质，刺激呼吸系统和眼睛。室内所用的绝缘材料、油漆、黏合剂，以及塑料制品中的添加剂、织物中的纤维助剂、合成材料中的有毒单体都会挥发出有毒成分，造成室内空气污染；有些玻璃幕墙含有一定的金属成分，在阳光照射下，容易使人受到放射性污染。另外，清洁剂和杀虫剂等化学用品也是室内空气中有机蒸汽的主要来源，这些物质挥发都会造成人体的慢性中毒。

解决室内污染最简单、最有效的措施就是开展戒烟活动和良好的通风，同时加强对材料的检测，使其符合国家环保标准的要求。

2. 商品对水的污染及防治

水是一种极为重要的物质，不仅一切形式的生命需要水，而且大量的物理和化学作用也需要有水的参与。水是自然资源的重要组成部分，没有水，就没有生命，水也是人类宝贵的天然财富。

"水"主要是指河流、湖泊、沼泽、水库、地下水和海洋等地表储存水的总称。水污染是指进入水的污染物超过了水的自然净化能力，水的利用受到影响的现象。水污染主要包括工业废水、生活污水和农业污水三个方面。污染物可分为化学性污染物和生物性污染物。与商品有关的水污染主要包括商品生产过程中的水污染和商品消费中的水污染。

（1）商品生产过程中的水污染及防治。

生产企业在生产过程中排放的生产废水和污水等称为工业废水。工业废水如不经过特殊处理，直接排放到河流、地下或海洋就会造成水污染。冶金、建材、化工和酸碱行业主要排放含有无机物的废水；食品、塑料、石化、毛皮和合成材料等行业主要排放含有有机物的废水。水的酸污染主要来自电镀、制酸和农药厂的污水。这些酸可严重腐蚀管道和船舶，排入农田会影响农作物生长。水的碱污染主要来自造纸厂、化纤、印染和制革厂的废水。这种废水会使土壤发生盐碱化，使农作物枯死，废水中无机盐增加会导致水的硬度提高，水垢增加，不利于食品工业用水和生活用水，废水中的有机和无机毒物也会引起人体急性和慢性中毒，并能在生物体内不断富集，影响生态环境，对人和生物危害非常大；污水中的有机氮经过微生物的分解，可转化成硝酸盐，经过还原生成亚硝酸盐后在人体中生成亚硝胺，增加致癌率。

防治商品生产水污染的主要措施：改进工艺技术；对废水进行综合利用和回收处理；对无法回收的废水要进行无害化处理；调整工业布局，改变商品成分等。

（2）商品消费中的水污染及防治。

商品消费中的水污染是指合成洗涤剂的大量使用，并以生活污水形式排放到环境中去。合成洗涤剂由表面活性物质和洗涤助剂组成，能够降低表面张力。早期使用的是支链型的烷基苯硝酸钠，它的发泡力很强，在自然环境中生物降解困难，使河道泡沫泛滥，危害鱼类，影响水稻生长。目前改用直链型烷基苯硝酸钠，生物降解快，发泡污染易消失，泡沫污染问题得到了基本的解决。

合成洗涤剂的主要成分是三聚磷酸钠，它是植物和藻类的营养物质，直接排放到湖泊、水库和内海等水流缓慢的水体中，会使水中的浮游生物和水生植物大量繁殖，形成富营养化。在富营养化的水域中，藻类大量出现，形成赤潮。富营养化的水质不断恶化，藻类带有恶臭，有的在代谢过程中产生有毒物质，致使鱼类丧失了生存空间而导致窒息死亡。防治这种水污染的最有效措施是找到一种替代物，目前较有前途的替代品是沸石，具有磷酸盐的洗涤功能但不会造成江河湖海的富营养化。

3. 固体废弃物的处理和利用

（1）固体废弃物的污染。

废物是指被丢弃的固体和泥沙状物质，包括从废水中和废气中分离出来的固体颗粒。其主要来源于人类的生产和消费活动。人们在开发资源和制造产品的过程中会产生废物；任何商品经过使用和消费后变成废物。固体废物的种类有很多，按来源可以分为五类：矿业固体废物、工业固体废物、城市垃圾、农业固体废物和放射性固体废物。这些废物会对水、大气和土壤造成污染。例如，固体废弃物进入水中会影响生物的生存和水资源的利用；投弃海洋的废物在一定海域形成生物死区；废弃堆或垃圾堆，经雨水浸淋，渗出液和滤渣会对土地、河川、湖泊和地下水产生污染。

固体废弃物中的粉煤灰、干污泥和垃圾中的尘粒遇到大风会吹到很远的地方。许多固体废物本身或在焚化时，会散发霉味和臭气；固体废物及其渗出液所含的有害物质会改变土质和土壤结构，影响土壤中微生物的活动，有碍植物生长。

固体废物的危害是多方面的，许多固体废物中所含的有毒物质和病原体除通过生物传播外，还可以以水和大气为媒介传播和扩散，危害人体健康。固体废弃物堆放也占用大量土地。

（2）固体废弃物的处理与利用。

不同类型的废弃物的处理方法不同，对于不溶解、不散发臭气或毒气的块状和颗粒状废物可一般堆存；含对于含水量高的粉尘和污泥等可围隔堆存；对于大型块体以外任何形状的废物可进行填埋；对于经焚化后可以缩小体积或减轻重量的有机废物和垃圾等可通过焚化处理；对于微生物能够降解的有机废弃物可利用微冷物进行降解。

变废为宝既可以减轻污染，也可以为社会增加财富。例如，利用矿物废料作建筑材料、道路工程材料等工业原料；从含碳或其他有机物质的废物中回收提取能源，利用含有土壤、植物所需要的元素或化合物的废物作土壤肥料等。为了更好地利用废物资源，可以采取有效措施来实施管理，如改进生产工艺，减少废物；发展物质循环利用工艺，把固体废物纳入资源管理范围，制定固体废物的管理法规等。

【知识拓展】

无公害农产品、绿色食品、有机食品的特点如表 10-1 所示。

表 10-1　　　　　　　　　无公害农产品、绿色食品、有机食品的特点

概念 比较项目	无公害农产品	绿色食品	有机食品
目标定位	规范农业生产，保障基本安全，满足大众消费	提高生产水平，满足更高需求、增强市场竞争力	保持良好生态环境，人与自然的和谐共生
质量水平	中国普通农产品质量水平	达到发达国家普通食品质量水平	达到生产国或销售国普通农产品质量水平
运作方式	政府运作，公益性认证；认证标志、程序，产品目录等由政府统一发布；产地认定与产品认证相结合	政府推动、市场运作；质量认证与商标转让相结合	社会化的经营性认证行为；因地制宜、市场运作
认证方法	依据标准，强调从土地到餐桌的全过程质量控制；检查检测并重，注重产品质量	依据标准，强调从土地到餐桌的全过程质量控制；检查检测并重，注重产品质量	实行检查员制度。国外通常只进行检查；国内一般以检查为主，检测为辅，注重生产方式

10.2　商品的生态设计

随着科学技术的发展，新商品不断涌现，人们的生活方式不断发生着变化，资源与环境问题也随之而来，使人们不得不关注商品在生产和使用过程中资源的消耗以及造成的环境污染问题。商品的生态设计是实现人性化设计的根本保障。减少环境污染和能源消耗是商品生态设计的目标。

10.2.1　生态设计的概念

生态设计也称为绿色设计、环境设计或生命周期设计。名称不同，但含义大体一致。

　　传统的产品或服务设计是以人为中心，出发点是以满足人的需求和解决问题，而不注重生产及消费过程中的资源和能源的消耗以及对环境的影响。它主要考虑市场消费需求、功能、成本、质量、技术可行性等技术和经济因素，而没有考虑将生态环境因素作为开发设计的重要指标。

　　生态设计将环境因素纳入设计之中，帮助确定设计的决策方向，是一种新的产品或服务设计方法。生态设计活动的含义主要有两方面：一是保护环境方面，减少资源、能源消耗，减低环境污染，进而实现可持续发展战略；二是商业方面，降低成本、减少潜在的责任风险，进而提高市场竞争能力。生态设计把产品或服务的生态环境特性看作是提高市场竞争力的重要因素，因而在产品或服务开发的所有阶段，在考虑生态环境因素并从产品或服务的整个生命周期努力减少对环境影响的同时，也充分考虑产品或服务的功能、质量、成本等需求要素（图 10-2）。

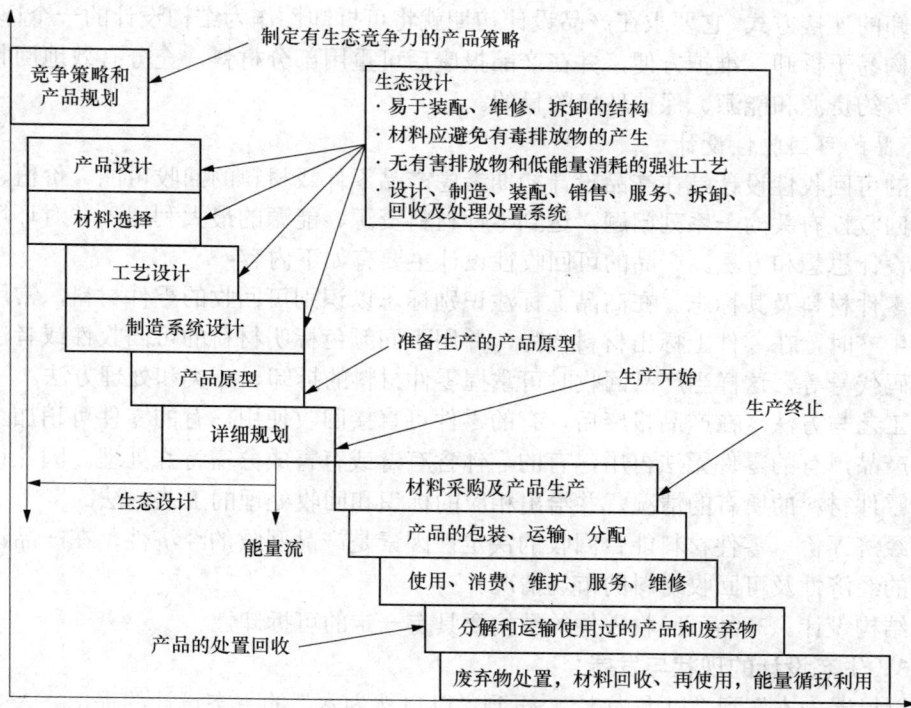

图 10-2　面向产品生命周期的生态设计过程

10.2.2　生态设计的内容

　　产品生态设计要求在产品的整个生命周期考虑自然资源和能源的节约、污染预防、材料的生态选择、可拆卸性和可回收性等。在满足环境要求的同时，还要确保产品的基本功能、质量、使用寿命和经济性等要求。有案例表明生态设计可减少 30%～50%的环境负荷。环境负荷是指对某一产品在其生产过程中耗用的资源和能源的多少，以及向环境排放的废弃物多少的综合值。

　　1. 产品材料的生态设计

　　生态设计要求产品设计人员改变传统选材程序和步骤，选材时要尽量考虑产品的使用条件和性能、环境约束准则，了解材料对环境的影响，选材时需考虑如下要求：

（1）材料使用过程中要对人体无毒，对环境无害。

（2）废弃后可降解。

（3）易回收、处理，可再用。

（4）低能耗、低成本。

（5）易加工、污染小。

（6）减少材料种类。设计时要尽量避免采用多种不同材料，利于废弃后回收再利用。有公司把包装的材料从 20 种减少到 4 种，处理废物的成本下降了 50%以上，材料成本减少的同时性能也得到了改善。

2. 产品的可拆卸性设计

产品生态设计的主要内容之一是可拆卸性。在产品结构设计时改变传统的连接方式，代之以易拆卸的连接方式。它要求在产品设计初期就将可拆卸性作为结构设计的一个评价准则。设计的结构易于拆卸，维护方便，并在产品报废后可重用部分材料，充分有效地回收和再使用以达到节约资源和能源、保护环境的目的。

3. 产品的可回收性设计

产品的可回收性设计是在产品设计初期考虑产品零件或材料的回收可能、价值、处理加工性等与回收性有关的一系列问题，达到零件材料资源、能源的最大利用，并对环境污染最小的一种设计思想和方法。产品的可回收性设计主要有如下内容：

（1）零件材料及其标志。在商品上标注识别标志以识别可回收的零件材料，常用的方法是在产品生产时，在零件上标出材料代号，并用不同颜色标明材料的可回收性或者注上专门的分类编码代号等，这样当产品回收时可掌握零件材料的拆卸、分类和处理方法。

（2）工艺与方法。在产品报废后，有的零件可直接回收使用，有的零件可稍加工后用于其他型号产品，有的零件无法再用，有的零件含有毒或有害成分需特殊处理。因此设计时要考虑商品零件材料的所有的情况，并给出相应的标识和回收处理的工艺方法。

（3）经济评价。零件材料能否回收的决定性因素是产品回收的经济性，在产品设计中要掌握回收的经济性及可回收材料的市场情况。

（4）结构设计。产品可回收零件的结构要具有一定的可拆卸性。

10.2.3　生态设计的现状与发展

从"以机器为本"到"以人为本"，再到"以自然为本"的生态设计的提出，人类对于人与生态、设计与生态的认识不断深入。生态设计充分考虑到生态是人类赖以生存和发展的基础，只有生态平衡，才有人类社会的进步，才能创造出更加灿烂的人类文明。

生态设计是人类对生态研究和借鉴并加以运用的直接体现，它将环境因素纳入产品设计当中，在产品生命周期的每一个环节都考虑其对环境产生的可能影响，通过改进设计使产品对生态的影响降到最低。

欧洲是目前世界上最重视产品生态设计的地区，许多国家为了向欧洲出口产品，开始重视产品的生态设计。中国作为发展中国家，面临着资源危机和全球竞争的压力，一定要有适合国际新形势的产品设计体系才能够找到自己的立足点，为此我国工业产品倡导生态设计具有十分重要的现实意义。生态设计强调的是环境与人和谐相处，这与中国传统儒家思想是一致的。中国的自然观也始终贯穿着"天人合一"的思想，这也与生态设计在本质上是一致的，人是自然界的一个有机的组成部分，人类的活动应与自然相互协调，从而最大限度地达到人与自然的和谐可持续发展。生态设计要以"自然为本"。这就要求产品在研发与设计时不能仅仅以产品外观的创新为宗旨，还要将设计的重点真正放到产品与生态环境的和谐相处上。人类社会的可持续发展将是一项紧迫而重大的课题，而生态设计必然在其中发挥着关键性的作用。

　　商品产品设计的生态化是人类生存和可持续发展的基石，所以企业决策者要从大环境进行定位，将生态设计运用到新产品的研发设计中，提倡简朴，优先使用来源充分、易再生、对人类和环境无公害的材料，尽量延长产品的使用寿命，从而在不久的将来实现真正意义上的商品生态设计。

👑【知识拓展】

生态设计思想发展的几个阶段

　　生态设计思想源远流长，按时间尺度，它的形成与发展历程大致可分为自发产生孕育期、认识觉醒形成期和理论飞跃成长期三个阶段。

　　（1）自发产生孕育期（1960 年以前）。生态设计有其悠久的历史根源，在民间很早就自发形成一些适应自然的设计行为。例如，中国西北地区的地窖等，就是巧妙结合了气候与自然条件，并充分利用当地材料设计而成的。

　　（2）认识觉醒形成期（20 世纪 60～80 年代）。随着环境危机步步逼近，人们逐渐对生态投入更多关注。1969 年，麦克哈格试图引导设计师从单纯考虑客观的单一角度转向更多考虑过程、系统、与自然相关联的观察角度，为设计领域开创了新天地。生态学成为设计思想的重要组成部分，这是设计领域的重大变革，生态设计也因此进入了全新时代。

　　（3）理论飞跃成长期（1980 年以后）。进入 20 世纪 80 年代，生态学理论开始飞跃发展，创造出许多新概念、新思维，为生态设计注入新的理论活力。人们认识到设计不是为了提供产品，更不是人为控制着的客体，而是一种协调方式，是一种通过生态学来重新认识人类的方式，从而达到与自然过程相协调。

10.3　商品的清洁生产

10.3.1　清洁生产的定义

1. UNEPIE/PAC 的定义

联合国环境规划署工业与环境规划活动中心（UNEPIE/PAC）于 1989 年正式提出了清洁生产的概念：清洁生产是指将综合预防的环境战略持续地应用于生产过程和产品中，来减少对人类和环境的风险性。该定义简明扼要、概括性强，已逐渐被各国所认同和接受。对于生产过程，清洁生产包括节约原材料和能源，淘汰有毒原材料并在全部排放物和废物离开生产过程前减少它们的数量和毒性。对于产品，清洁生产战略旨在减少产品在整个生命周期过程中对人类和环境的影响。清洁生产不包括如空气污染控制、废水处理、固体废弃物焚烧或填埋等末端治理技术，而是通过应用专门技术、改进工艺技术和改变管理态度来实现。

联合国环境规划署将该生产方式视为一种战略，作用对象为工艺和产品，其特点为持续性、预防性和综合性（图 10-3）。

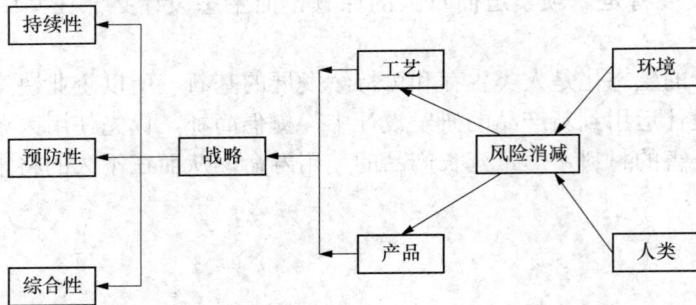

图 10-3　清洁生产战略

联合国环境规划署不仅对生产过程与产品提出要求，而且对服务也提出了要求。要求将环境因素纳入产品设计和所提供的服务中。这种服务实际上是对产品最终处理的进一步强调与补充。在产品问世之前的设计应考虑环境因素，采用产品生态设计，消除产品形成后对环境产生的负面影响，也就是强调从商品的生产到消费直至最终处置的全过程的清洁生产。

2. 《中国 21 世纪议程》的定义

我国于 1993 年制定的《中国 21 世纪议程》把商品清洁生产列入了落实可持续发展战略的重要措施。其关于清洁生产的定义为：清洁生产是指既可满足人们的需要，又可以合理地使用自然资源和能源，并且保护环境的实用生产方法和措施，实质是一种物料和能耗最少的人类生产活动的规划和管理，将废物减量化、资源化和无害化，消灭于生产过程之中。同时对人体和环境无害的绿色产品的生产将随着可持续发展进程的深入而日益成为今后产品生产的主导方向。

我国关于商品清洁生产的定义是在吸收国外经验的基础上，结合自身情况所作的概括性总结，不仅包含了所强调的商品清洁生产目的在于降低人类和环境的风险，而且强调了发展经济应与保护环境并重的思想。

清洁生产主要强调三个方面：

（1）清洁能源，开发节能技术，尽可能地开发利用再生能源以及合理利用常规能源等。

（2）清洁生产过程，尽可能不用或少用有毒有害原材料和中间产品。对原材料和中间产品进行回收，改善管理，提高效率。

（3）清洁产品，以不危害人体健康和生态环境为主导因素考虑产品的制造过程，以及使用后的回收利用，减少原材料和能源的使用量。

10.3.2　清洁生产的目标

1. 资源利用合理化

通过资源的综合利用、资源替代使用、能源再利用，以及节能、降耗和节水等措施，合理利用自然资源，减缓资源的耗竭，以达到资源利用的合理化。

2. 危害最小化

通过减少废物和污染物的排放，促进工业产品的生产，商品消耗过程与环境相融，降低商品活动对人类和环境的风险，以达到对人类和环境的危害最小化。

3．利益最大化

（1）从资源节约和环境保护两个方面，对产品生产从设计开始到产品使用直至最终处置，给予全过程系统的考虑和要求。

（2）不仅对产品生产，对服务也要求考虑对环境的影响。

（3）对商品废弃物实行费用有效的源头削减，转变传统的不顾费用有效或单一末端控制办法。

（4）提高企业的生产效率和经济效益。

（5）着眼于全球环境的全方位彻底保护，为人类社会共建一个洁净的地球。

商品清洁生产是以节能、降耗和减污为目标，以技术和管理为手段，通过对商品生产全程实施污染防治，以消除和减少商品生产对人类健康和生态环境的不利影响，从而达到防治商品污染和提高经济效益双重目标的综合性措施。

10.3.3　清洁生产的主要内容

清洁生产的内容为清洁的原料与能源、清洁的生产过程、清洁的产品以及贯穿清洁生产的全过程控制，可归纳为"三清一控制"。

1．清洁的原料与能源

清洁的原料与能源是指产品生产中能被充分利用而极少产生废物和污染的原材料和能源。产品清洁生产的一个重要条件就是选择清洁的原料与能源。其要求如下：

（1）在生产中能被充分利用。生产所用的大量原材料中，通常只有部分物质是生产中需用的，其余部分可能是无用的。在生产的物质转换中，能源存在可利用率大小的问题，只有可利用率高的原材料被称为清洁原料。能源还存在能效转换比率和废物排放量大小的问题。如果选用较纯净的原材料与较清洁的能源，则有用物质较多、转换率高、废物排放少，随之资源利用率也就高。

（2）不含有或不产生有毒或有害物质。有些原料内含有一些有毒或有害物质，能源在使用中及使用后会产生有毒或有害气体，它们在生产过程和使用过程中会产生毒害和污染。清洁生产应通过技术分析，淘汰有毒或有害的原材料与能源，以无毒无害或低毒低害的原料与能源代之。

在商品清洁生产原料与能源方面的措施主要如下：

（1）选用高纯和无毒害原料。

（2）清洁利用矿物燃料。

（3）开发利用可再生的新能源。

（4）加速节能技术进步，提高能源利用率。

2．清洁的生产过程

清洁的生产过程是指在生产中选用特定的技术工艺，将废物减量化、资源化和无害化，最终消灭废物。

（1）废物减量化，是指采用先进设备，改善生产技术和工艺，提高原材料利用率，将原材料尽可能转化为商品，使废物达到最小量。

（2）废物资源化，是指将生产环节中的废物综合利用，变废为宝，转化为能够生产的资源。

（3）废物无害化，是指减少或消除将要离开生产过程的废物的毒性，使之不能危害环境和人类。

实施商品清洁的生产过程，需要采取的具体措施如下：

（1）尽量少用或不用有毒或有害的原料、中间产品。

（2）减少生产过程的各种危险性因素。

（3）做到物料的再循环。

（4）采用高效的设备。

（5）使用可回收再利用的产品包装。

（6）完善的生产环境管理。

3. 清洁的产品

清洁的产品，是指有助于资源的有效利用，在生产、使用和处置的全过程中不产生有害影响的产品。清洁产品也可称为生态产品、绿色产品、可持续产品等。清洁的产品是清洁生产的基本内容之一。

清洁产品设计工艺应使产品功能性强，既满足人们的需要又省料耐用。为此应遵循精简零件，容易拆卸；稍经整修，可重复使用；经过改进，能够实现创新三个原则。清洁的产品还要避免危害人体健康和环境。在设计清洁的产品时，还应遵循产品生产周期的环境影响最小，争取实现零排放；产品对生产人员和消费者无毒、无害；最终废弃物易于分解成无害物三个原则。在实际生产中，要尽量用无害、低毒的产品取代有害产品。

4. 贯穿清洁生产的全过程控制

贯穿清洁生产的全过程控制包括原料或物料转化为产品的全过程控制和生产组织的全过程控制两方面的内容。

（1）原料或物料转化为产品的全过程控制。是指从原材料的提炼、加工到产出产品、产品使用直到报废处置的各个环节采取的必要的污染预防控制措施，也称为产品的生命周期的全过程控制。

（2）生产组织的全过程控制。是指从产品的开发、规划、建设到运营管理，所采取的防止污染发生的必要措施，也就是工业生产运行的全过程控制。

清洁生产是一个相对的和动态的概念，所谓清洁生产的工艺和产品是和现有的工艺和产品相比较而言的。推行商品清洁生产是一个不断完善的过程，随着社会经济的发展和科学技术的进步，需要适时地提出更新的目标，不断采取新的方法和手段达到更高的水平。

【知识拓展】

重视清洁生产

目前国内的工业发展大多数仍然处于一种资源高浪费、能源高消耗、污染高排放的状况，为此国家在"十一五"期间提出要加大节能减排和环境保护力度，具体提出了十个方面的内容，而实施清洁生产，是能够帮助解决我国资源、能源、环境三大问题的有力手段。必须要对现有的清洁生产方法和推行方式进行改善，才能更符合目前我国的工业发展现状。降低污染虽然是最终环境目标，但是应该从企业的角度出发来进行考虑，即首先就要从经济效益着手进行改进。从本质上来看，企业在生产过程中的浪费是清洁生产过程中最需要关注的对象。

因此，实施清洁生产需要我国政府和各界机构、人士的进一步的努力，把重点放在减少企业浪费的不懈努力上。

10.4　商品生产经营的绿色理念

随着工业化进程的加速发展，生态平衡受到威胁。面对生存环境的逐渐恶化，公众的态度逐渐发生了变化，对环境的关注程度超过了对经济增长的关注。近些年来，受环境保护压力的影响，世界各国政府明显加强了对与消费有关的环境管制，国际对环境进行保护的协定和公约也逐渐增多，国际商品生产与交换会受到环境管制方面的制约，要求增强人们的环境意识，流通市场商品要具备环境标志。

10.4.1　商品环境生命周期

把商品生命周期的概念引入环境管理，从生命周期角度，对商品本身、生产商品所使用的原材料、工艺过程、消费过程和回收利用等方面对环境的影响进行整体评价和认知，在此基础上设计、生产以及消费产品。

1. 环境生命周期评估程序

商品环境生命周期评估是指对一种商品或服务生命周期所使用的材料、能源的投入与产出及伴随的直接对产品或服务系统功能发生作用的环境影响进行汇总与评定的全部工作。商品环境生命周期评估程序一般包括确定环境生命周期评估的目的；生命周期列项分析；环境影响评价三个环节。

2. 商品环境生命循环阶段

商品生命循环可以划分为原材料采购及储存—商品生产—商品储存—使用和服务—废弃—后处理阶段。在商品生命循环的各个阶段中，可能会有残余物质直接排放到环境中，为了减少这些残余物的体积和毒性，往往要对它们进行物理或化学和生物处理。

3. 商品系统的构成

商品系统由商品、过程、分配和管理四个部分构成。商品系统是指材料、能量和信息在商品生命循环过程中的流动和转化。

（1）商品由商品生命周期每一个阶段中的各种形式的材料、半成品和成品构成。

（2）过程是指商品的生产或服务过程，主要包括商品的开发、设计、生产、研究、测试和商品应用过程中消费的资源等。

（3）分配是指商品的包装、维护及运输商品的包装系统、运输网络和商品销售。

（4）管理主要包括在整个商品生命循环过程中决策的活动。

4. 商品生命周期过程中的环境要求

商品生命周期的每一个阶段都要尽量地提高资源的利用率，节能降耗，减少垃圾的产生，降低健康安全风险及生态恶化因素对环境的影响。不仅要考虑与商品的性能要求相适应，还要考虑成本及商品的生产和消费所涉及的法律和文化方面的问题。

10.4.2　环境标志

1. 环境标志的兴起

20 世纪 80 年代兴起的环境标志是一种商品质量标识，是由政府的环境管理部门依据相关的环境法律、环境标准及规定向某些商品颁发的。环境标志表明该商品从生产到使用以及回收处理的整个过程均符合环境保护的要求，对生态环境基本无害无毒。配套制定的环境标志制度为商品环境标志工作的落实与执行提供了强有力的保证。

第一个环境标志诞生于 1978 年的联邦德国。随后，西方经济发达国家相继制定了环境标志规划。1992 年，亚洲也开始实施环境标志规划。1993 年我国由国家环境保护局宣布推行环境标志制度，并向六种产品颁发了首批环境标志。现在已有很多个国家和地区实施了环境保护制度，环境标志商品的种类和数量也在快速的增加；国际上制定的环境与资源保护的公约和协定已超过 150 个，中国参加了其中的 27 个。现在，许多国家已有较为严格的环保技术标准和商品包装要求，有了规范化的检验、认证和审批程序，并有较为完善的环境标志制度。有部分国家还实施征收环境进口附加税制度。

环境标志工作的实施引导消费者选择对环境保护有利的商品，有效地向消费者直接传递了有关环境保护方面的信息，提高了消费者的环境保护意识，加强了消费者对环境的监督与管理，进而促使企业在生产过程中必须注意环境问题，减少对环境的危害，进而使保护环境成为社会上每个公民的自觉行动。

2. 环境标志商品

环境标志商品指该商品在生产周期的整个过程中符合新一代环境标准要求，并且通过环境标志商品资格认证获得环境标志的商品。环境标志商品不仅满足人们物质和精神的需要，并且满足社会发展的需要，因此，环境标志商品具有市场竞争力。

在世界性的环境保护影响下，近年来人类的环境意识逐渐增强与提高，消费者的消费观念也发生了巨大的改变。绿色消费的心理产生了对绿色商品的需求。有关调查资料表明，发达国家中很多的消费者喜欢购买带标志的绿色商品，在选购商品时也会考虑环境问题。在日本有 1/4 的居民表示愿意购买价格更高的生态商品。由于环境标志商品销量增长，国际市场随之盛行绿色贸易之风。例如，很多国家对裘皮制品、毛皮、皮革和鲸皮制商品执行单方面禁止进口政策；德国《危险物质使用条例修订草案》规定：从 1994 年始全面禁止进口、制造和使用石棉，并敦促其他的国家在欧洲范围内禁止石棉的使用；美国依据《海洋哺乳动物保护法》，禁止从加拿大进口金枪鱼及其制品，因为墨西哥与加拿大采用拖拉大围网捕捞金枪鱼的方式，不利于对环境的保护；丹麦宣布所有进口的啤酒、软饮料和矿泉水必须使用可再盛装的容器，否则拒绝进口。一些经济发达国家，实施环境标志制度后，在对没有环境标志的商品进口时，实行数量和价格方面的限制。我国一些企业生产的电冰箱，虽具有环保功能且质量高，但因没有环境标志，在进入法国市场时就受到数量及价格方面的限制。据统计，我国有数百个品种五十多亿美元的出口商品会因保护臭氧层的有关国际公约规定限制被禁止生产销售，有四十多亿美元的出口商品因主要贸易对象国实施环境标志制度面临出口危机。

3. 环境标志的类型

（1）I 型环境标志计划。这种类型的环境标志为世界多数国家所采用。如德国的蓝色天使、日本的生态标志、中国的十环标志等。

I 型环境标志计划是自愿的、基于多准则的第三方认证计划，以此颁发许可证授权商品使用环境标志证书，说明在一定的商品种类中基于生命周期考虑，该商品具备总体环境优越性。I 型环境标志具有以下六个方面的特点：

德国的蓝色天使　　　　日本的生态标志　　　　中国的十环标志

图 10-4　世界部分国家环境标志

1）需要经过独立的第三方认证。

2）对选定的每类产品有一套考查其整个生命周期的科学的标准，因而被认证的产品在同类产品中具有总体环境优越性。

3）标志一般仅限于证明性商标图形和定型的支持性语言的使用，能够避免商品机密数据的泄露。

4）标志的商品种类选择严格，标准制定程序烦琐且需要的时间较长，不适用于市场寿命小于两年的商品，从而限制了商品类别的扩展。

5）商品标志目的在于帮助消费者快速识别商品，但仅通过标志本身来提高消费者环境意识的作用是很有限的。

6）标志申请和认证费用相对较高。

（2）Ⅱ型环境标志计划。

Ⅱ型环境标志计划也称为"自我环境声明"，是不经过独立的第三方认证，基于某种环境因素提出，由制造商、进口商、分销商、零售商或任何能获益的一方自行作出的环境声明。

Ⅱ型环境标志的常用术语有可堆肥、可降解、可拆解设计、延长寿命产品、使用回收能量、可再循环、再循环含量、节能、节水、可重复使用、可重复充装、减少废物量，如"产品中有 1%是由回收材料制造的"。

Ⅱ型环境标志具有以下七个方面特点：

1）不需独立的第三方认证。

2）针对商品环境因素作出的自我声明，主要体现生产和废物处置阶段的环境优越性，遵循国际标准 ISO 14021 规定的基本原则。

3）只要求相关方提供可验证、不误导、表达准确的资料和数据。

4）由生产商和经销商全权掌控，较好地保证产品数据的机密性。

5）适用于符合自我声明特性的全部商品，无市场寿命限制。

6）能提供给消费者关于商品的一种或有限范围内环境影响的特别信息。

7）没有明显的附加费用，仅限于资料数据的收集资用。

（3）Ⅲ型环境标志计划。

Ⅲ型环境标志计划是一个由供应商自愿提供的、以预先设定和基于 ISO 14040 系列标准的参数来描述的定量的产品环境信息，经过有资格的第三方进行严格评审、检测、评估，证明该信息公告真实有效并符合 GB/T 24025—2009/ISO 14025—2009《环境标志和声明 Ⅲ型环境声明 原则和程序》后，准予颁发评估证书和允许使用第三方的Ⅲ型环境标志。

Ⅲ型环境标志的特点是：

1）需要独立的第三方的参与和认可。

2）供应商只提供商品寿命和定量的环境影响信息，而不做任何判断，由用户自己判断，但对普通消费者而言判断有一定困难。

3）由于量化信息的使用，有可能产生数据的泄密。

4）分析、测试费用可能较大。

5）其形式是一个量化的产品环境影响信息简介，与Ⅰ、Ⅱ型大多采用的特殊意义图形及少量文字说明不同。

虽然以上每种环境标志和声明方法有着共同的目标，也就是鼓励人们尽量消费和生产那些对环境污染影响小的商品，并由此刺激市场驱动下的环境持续改善，使之充分发挥潜力，但这三种方法也有非常显著的区别。三种不同环境标志的出现是源于不同的需要和市场，Ⅰ、Ⅱ型环境标志的出现是针对普通的市场和消费者，Ⅲ型环境标志是针对专业的购买者。三种环境标志也有着不同的名字，Ⅰ型叫环境标志，Ⅱ型叫自我环境声明，Ⅲ型叫环境产品声明；由于三种环境标志采用的评价方法不同，在实施起来有着巨大的区别，Ⅰ型的特点是要对每类产品制定产品环境特性标准，Ⅱ型企业可以自己进行环境声明，Ⅲ型是要进行全生命周期评价，然后公布产品对全球环境产生的影响。

4. 加强对环境标志商品的研究

面对世界环境保护和绿色贸易的挑战，我国应该加强相关方面的研究与探索，采取相应的对策。

（1）加强环境保护的研究。

对生产周期全过程环境保护行为的研究，就要使环境意识贯穿于商品的设计、生产、流通、消费到废弃的每个环节，商品设计除了其他必备条件外，还应从资源和环境两方面因素着手，力求合理科学，避免造成资源浪费污染环境。

（2）树立环境价值观。

企业应懂得自然环境和资源也是一种有价值的资产，占有者应付出代价，摒弃"产品高价、资源低价、环境无价"的观念。在市场经济条件下，政府建立有效的经济调控手段，使环境污染的企业转变成改善环境的承担者。为了能在市场竞争中取胜，企业必须自觉变革传统的大量消耗资源和能源的粗放型生产方式，实行降耗、节能、减污的措施，努力提高商品在国际和国内市场上的竞争能力。

（3）推广绿色商品。

我国目前的绿色商品主要是食品，如大米、茶叶、水果、蔬菜、食用油以及乳制品等。中国绿色食品发展中心于 1992 年成立，目前已向 400 多个产品颁发了绿色食品标志，取得了一些成果但还不够。一方面应该加强开展保护环境的宣传教育工作，增强公众的环保意识，树立新型消费观念，鼓励公众参与环保；另一方面应该积极引进对环境无害的技术和设备，采用清洁生产工艺，建立商品的环境质量保证体系，提高并完善商品的环境保护标准，保证企业的经济效益增长。

（4）完善我国的环境标志制度。

我国企业在参加对外经济贸易活动中，应严格履行相关的国际公约及协定。同时要认真研究借鉴其他国家所建立的保护生态环境和保护消费者健康与安全的各项法规，并参照国际惯例根据国际公约的要求，结合目前情况修改并尽力完善我国自身的环保法规体系，使我国经济健康有序地发展。

（5）积极探索持续发展之路。

保护环境与发展经济既互相促进又互相制约。我国是一个发展中国家，综合国力不强，必须开创一条新路，彻底摆脱"贫困—过度开发自然资源—生态环境恶化—自然灾害加剧—更加贫困"的恶性循环模式。近几年来，我国在这方面做了一些工作。例如，我国每年投入约 200 多亿元用于控制环境污染；加上森林防护、水土保持和动植物保护等方面的投入，我国投入资金每年不少于 1000 亿元。我国化学制药工业的生产能力增长很快，目前能生产 24 类化学原料药 1300 多种。出口量占产量的 30%左右，出口市场大部分集中于欧洲和美国。1993 年欧盟宣布，进入该市场的化学原料药品必须经"药品原料联合管理部"（DMF）审核，并办理手续，美国要求进口药品品种要通过"食品、药品管理局"（FDA）的审核与认可。为此，许多企业花费多年时间，投入约百万美元进行技术改造。随着改革开放的迅猛发展，国际贸易不断扩大，国内市场与国际市场接轨，我国必须顺应环境保护发展的潮流，从根本上真正保证国民经济持续和稳步地向前发展。

【知识拓展】

绿色生产经营理念

实施绿色生产经营是一项战略决策，观念的转变是第一位。实施绿色生产经营的最大挑战在于转变商品经营者的经营理念。生产经营者必须率先把环境保护作为商品生产经营和发展的立足点，在不危害环境和人体健康的条件下，确立商品的生产经营方针和生产经营战略，并通过宣传教育、制定规则、贯彻实施等具体措施，把这一指导思想落实到每个人，使全体都认识到，商品的一切生产经营活动都要与环境保护结合起来，环境保护是每个人不可推卸的社会责任。

【本章小结】

随着商品经济的快速发展，人们越来越关注商品与环境的相关问题。商品对环境的污染主要包括商品生产对环境的污染；商业对环境的污染；商品消费对环境的污染。在商品污染环境的同时，环境对商品也会产生污染，二者之间关系密切。因此，商品与环境污染的防治是越来越多学者和企业家关注的焦点。

本章对商品的生态设计、商品的清洁生产和商品生产经营的绿色理念这三个方面进行了介绍。商品生态设计的主要内容包括产品材料的生态设计；产品的可拆卸性设计；产品的可回收性设计。商品清洁生产的内容为清洁的原料与能源、清洁的生产过程、清洁的产品以及贯穿清洁生产的全过程控制，可归纳为 "三清一控制"。商品生产经营的绿色理念近年来备受关注。商品生产经营的绿色理念主要从商品环境生命周期和环境标志两个方面进行阐述，通过对这两个方面内容的了解，能够加深对商品生产经营绿色理念的理解，并有利于商品与环境的可持续发展。

🎧【案例分析】

1.6 升及以下节能环保汽车推广补贴政策继续实施

2013 年 9 月 30 日电（记者高立、韩洁）记者 30 日从财政部获悉，为推进节能减排，促进大气污染治理，报经国务院批准同意，财政部、发展改革委、工业和信息化部决定从 2013 年 10 月 1 日起，实施 1.6 升及以下节能环保汽车推广政策。

根据财政部等三部委当日联合发布的《关于开展 1.6 升及以下节能环保汽车推广工作的通知》，现行 1.6 升及以下节能汽车推广补贴政策执行到 2013 年 9 月 30 日。三部委将组织专项核查并根据核查情况对补贴资金进行清算。

《通知》要求，从 2013 年 10 月 1 日到 2015 年 12 月 31 日，推广车辆要达到产品综合燃料消耗量标准，且污染物排放能够满足《轻型汽车污染物排放限值及测量方法（中国第五阶段）》GB 18352.5—2013 标准中 I 型试验的限值要求；鼓励采用发动机怠速启停、高效直喷发动机、混合动力、轻量化等节能环保技术和产品。

《通知》明确，推广补贴标准不变，即对消费者购买 1.6 升及以下节能环保汽车继续给予一次性 3000 元定额补助，由生产企业在销售时兑付给购买者。

同时，工业和信息化部、财政部、发展改革委等有关部委将对节能环保汽车的燃料消耗量和排放进行监督检查，其中以不磨合方式进行车辆燃料消耗量核查试验所采用的渐变系数调整为 0.95。

思考：

1. 请同学们分析我国为何要对 1.6 升及以下节能环保汽车进行财政补贴？

2. 试从商品与环境发展的角度思考，实施 1.6 升及以下节能环保汽车财政补贴对我国汽车的销售将有何影响？对我国商品经济的发展将有何启示？

📦【理论考察】

1. 单项选择题

（1）我国环境标志的图案外围有（　　）个环。

　　A. 10　　　　　　　　B. 5　　　　　　　　C. 7　　　　　　　　D. 11

（2）下列（　　）资源是可再生资源。

　　A. 植物　　　　　　　B. 石油　　　　　　　C. 铁矿　　　　　　　D. 天然气

（3）以下商品可回收利用的是（　　）。

　　A. 废食品袋　　　　　B. 废电池　　　　　　C. 废易拉铝罐　　　　D. 废玻璃

（4）从环境保护方面考虑，生态设计的最终目标是要寻找到（　　）的方案来持续减少产品对环境的影响。

　　A. 所有人都满意　　　　　　　　　　　B. 更优化、更合理

　　C. 最奇特　　　　　　　　　　　　　　D. 比较大众化

（5）在产品设计中考虑使用可再循环材料、组件、零部件和材料属于（　　　）的设计。

    A．提高材料效率   B．提高能效

    C．进行清洁生产和使用   D．再使用、回收和再生利用

2．多项选择题

（1）清洁生产的主要内容有（　　　）。

    A．利用清洁的原材料与能源   B．生产过程清洁

    C．生产的产品或服务清洁   D．包装废弃物回收利用

（2）政府和企业在扎实推进绿色发展方面应注意的问题是（　　　）。

    A．以绿色技术推动绿色发展   B．以绿色文化打造品牌形象

    C．以绿色服务增加绿色价值   D．以绿色认证融入绿色市场

（3）下列不属于建筑施工企业可实施清洁生产的具体措施是（　　　）。

    A．采用节能、节水等有利于环境与资源保护的建筑设计方案

    B．采用节能、节水等有利于环境与资源保护的建筑和装修材料

    C．采用节能、节水等有利于环境与资源保护的建筑构配件及设备

    D．搅拌机冲洗、混凝土养生等废水采用沉淀池处理后排放

（4）从事工艺、设备、产品及包装物设计，应当按照减少资源消耗和废物产生的要求，优先选择采用（　　　）的材料和设计方案，并应当符合有关国家标准的强制性要求。

    A．易回收   B．易拆解、易降解

    C．无毒或低毒   D．无害或低害

（5）在开发和设计清洁产品时需要考虑（　　　）。

    A．产品是否便于清洗   B．对原材料和能源的使用

    C．产品的包装   D．生产过程中"三废"的产生

3．判断题

（1）商品的生态设计注重商品的设计环节，而清洁生产注重商品的生产环节。（　　　）

（2）清洁生产主要体现在生产场地整洁、物质摆放有序、人员着装整齐等方面。

                    （　　　）

（3）Ⅲ型环境标志则是企业可根据公众最感兴趣的内容，公布产品全部环境信息。（　　　）

（4）环境标志培养了消费者的环境意识，强化了消费者对有利于环境的产品的选择。

                    （　　　）

（5）将环境因素引入产品的设计和开发的目的在于减少产品在使用中产生的不利环境影响。   （　　　）

4．简答题

（1）什么是清洁生产？它包括哪些内容？

（2）什么是生态设计？它主要包括哪些内容？

（3）什么是绿色产品？常见的绿色产品有哪些？

5．论述题

我国在商品与环境上存在哪些问题？你认为应如何解决？

【同步实务】

实务描述:

根据本章所学知识,探究不同商品对环境造成的负面影响及危害程度,加强学生的环保意识。

实务分析:

商品在使用及废弃的过程中对环境造成的危害是多种多样的,只有深入了解不同商品在使用及废弃过程中对环境所带来的危害,才能引起消费者对相应危害防治的重视。因此请学生们根据所掌握的知识,分析塑料制品对环境的危害;废旧电池对环境的危害;洗衣粉、洗涤剂对环境的危害;一次性餐具对环境的危害;其他商品对环境的危害。

实务要求:

每个小组根据实务分析内容,任选一个主题进行调查分析。

(1)设计调研问卷,要能够针对所调研的主题进行,形式完整,内容充实。

(2)实施调研,每个学生都要参与调研活动,态度积极认真。

(3)撰写调研报告,调研报告的撰写要符合要求,并能对此次调研活动进行充分的概括和总结,充分反映所了解的问题。

实务步骤:

(1)4~6人一组,选出小组长并制订调研计划,分工要明确。

(2)各个小组按计划进行前期准备工作,收集和整理相关实物材料和文字资料。

(3)在充分掌握有关信息的基础上,小组成员集中分析讨论,拟定调查报告提纲。

(4)各小组集中完成调研报告。

(5)各小组抽选一名学生作为评委,成立评委组,设计评分表格。

(6)全班学生集中,由各小组选出代表,采取适当的形式,讲述调查报告。

(7)评委组根据评分标准对各小组调查情况进行评比、打分。

(8)指导教师作为整个调研活动的组织者、观察者、记录者,对各小组表现进行总结。

实务评价:

填写评分表(表10-2)。

表10-2　　　　　　　　　　　　　　　评　分　表

学生姓名	自评得分	小组评分	教师评分	总分

注:① 每人总分为100分;

② 学生自评满分为20分,小组评分满分为30分,教师评分满分为50分;

③ 三项分数相加为学生本次实务的最后得分。

参 考 文 献

[1] 万融. 商品学概论. 5版. 北京：中国人民大学出版社，2013.

[2] 胡东帆. 商品学概论. 大连：东北财经大学出版社，2008.

[3] 丁溪. 商品学. 北京：中国商务出版社，2011.

[4] 汪卫华，吴明涛. 商品学原理与实务. 北京：北京交通大学出版社，2010.

[5] 李凤燕. 商品学概论. 北京：清华大学出版社，2009.

[6] 刘北林，白世贞. 海关商品学. 北京：中国人民大学出版社，2007.

[7] 汪永太，李萍. 商品学概论. 3版. 大连：东北财经大学出版社，2009.

[8] 张智清. 商品学基础. 2版. 北京：电子工业出版社，2008.

[9] 刘增田. 商品学. 2版. 北京：北京大学出版社，2013.

[10] 徐沁. 商品学. 北京：人民交通出版社，2007.

[11] 申纲领. 商品学. 北京：化学工业出版社，2011.

[12] 张烨. 现代商品学概论. 2版. 北京：科学出版社，2011.

[13] 马三生. 商品学概论. 武汉：武汉理工大学出版社，2008.

[14] 赵苏. 商品学. 北京：清华大学出版社，2012.

[15] 赵小柠. 商品学概论. 成都：西南交通大学出版社，2009.

[16] 顾峰. 商品学理论与实务. 北京：电子工业出版社，2011.

[17] 谈留芳. 商品学. 北京：科学出版社，2004.

[18] 汤云，翟玉强. 商品学实务. 大连：大连理工出版社，2008.

[19] 刘建廷，迟福峰，沙鸣. 现代商品学. 北京：人民邮电出版社，2012.

[20] 王常华. 商品学. 北京：中国传媒大学出版社，2014.

[21] 盛显欣. 商品学概论. 北京：中国商业出版社，2012.

[22] 郭洪仙. 商品学. 上海：复旦大学出版社，2005.